中 见史料丛刊【第四辑】

张 彭国忠 主编

达亭老人遗稿

王棨华 著

朱姗 整理

本辑执行主编 张剑

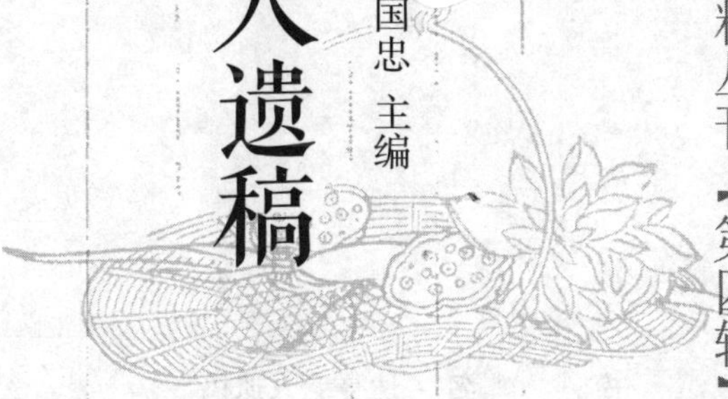

凤凰出版社

图书在版编目（CIP）数据

达亭老人遗稿 / 王棨华著 ; 朱姗整理. -- 南京 : 凤凰出版社, 2017.6（2024.10重印）
（中国近现代稀见史料丛刊. 第四辑）
ISBN 978-7-5506-2594-5

Ⅰ. ①达… Ⅱ. ①王… ②朱… Ⅲ. ①王棨华－日记 Ⅳ. ①K825.4

中国版本图书馆CIP数据核字(2017)第099244号

书　　名	达亭老人遗稿
著　　者	王棨华 著　朱姗 整理
责任编辑	陈晓清
责任监制	程明娇
出版发行	凤凰出版社(原江苏古籍出版社) 发行部电话025-83223462
出版社地址	江苏省南京市中央路165号,邮编:210009
照　　排	南京凯建文化发展有限公司
印　　刷	唐山楠萍印务有限公司 河北省唐山市芦台经济开发区场部
开　　本	880毫米×1230毫米　1/32
印　　张	5.75
字　　数	149千字
版　　次	2017年6月第1版
印　　次	2024年10月第2次印刷
标准书号	ISBN 978-7-5506-2594-5
定　　价	50.00元

(本书凡印装错误可向承印厂调换,电话:022-69381996)

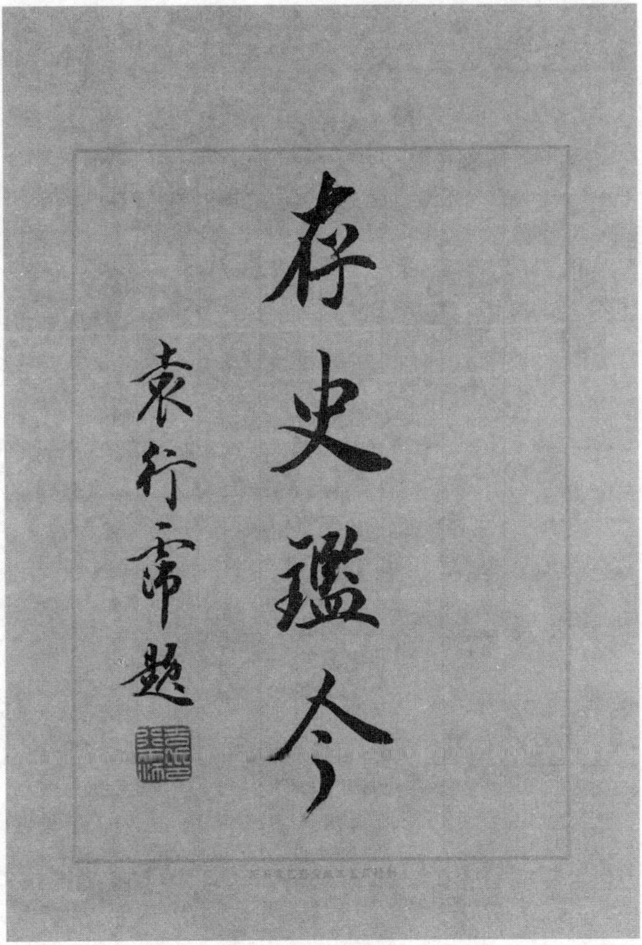

袁行霈先生题辞

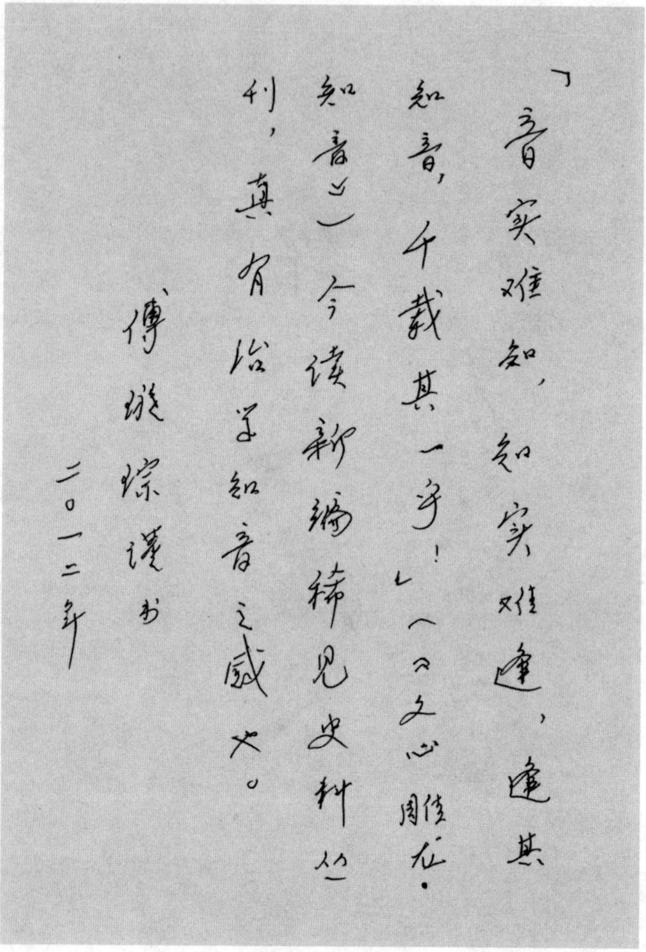

「音实难知，知实难逢，逢其知音，千载其一乎！」（《文心雕龙·知音》）今读新编稀见史料丛刊，真有治学知音之感矣。

傅璇琮谨书

二〇一二年

傅璇琮先生题辞

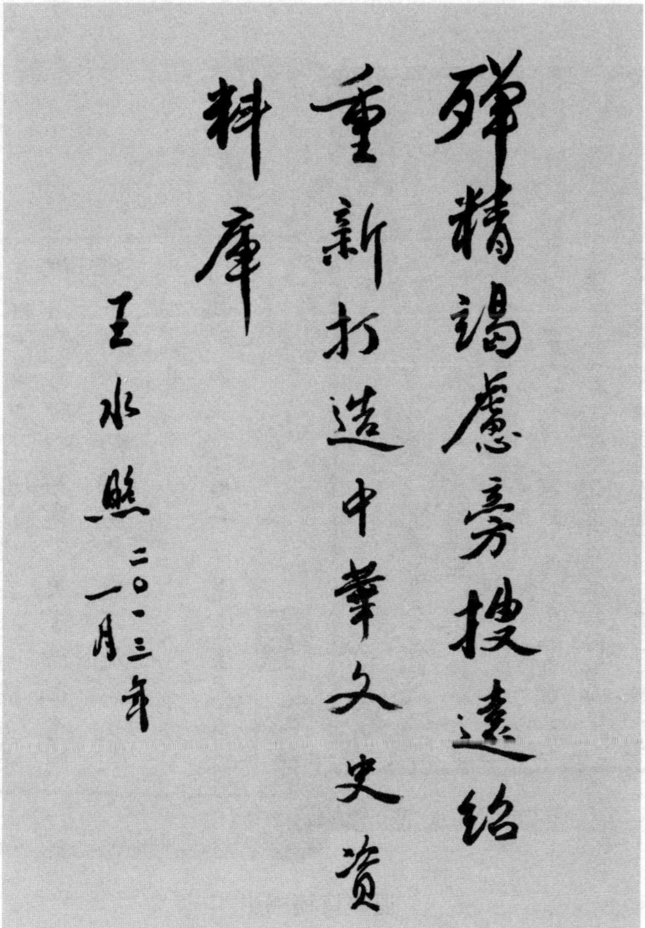

王水照先生题辞

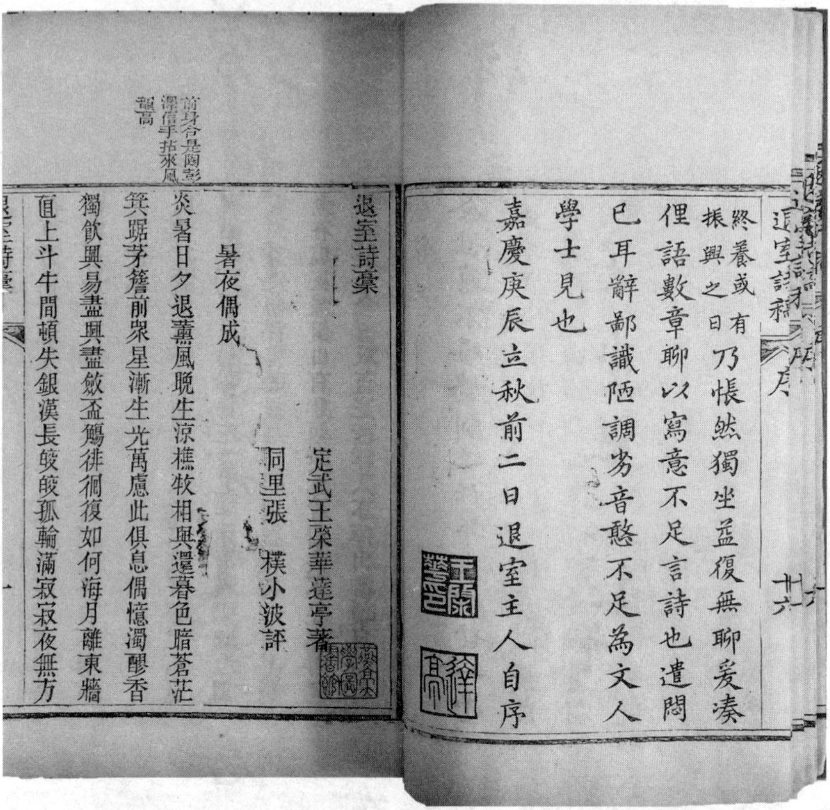
前身合是陶彭澤信手拈來風韻高

退室詩稿

定武王棨華蓮亭著

同里張楧小波評

暑夜偶成

炎暑日夕退薰風晚生涼樵牧相與還暮色暗蒼茫箕踞茅簷前衆星漸生光萬慮此俱息偶憶濁醪香獨飲興易盡興盡斂盃觴徘徊復如何海月離東牆直上斗牛間頓失銀漢長皎皎孤輪滿寂寂夜無方

退室詩稿 序

終養或有振興之日乃悵然獨坐益復無聊爰湊俚語數章聊以寫意不足言詩也遣悶已耳辭鄙識陋調劣音憨不足為文人學士見也

嘉慶庚辰立秋前二日退室主人自序

十六

退室诗稿书影

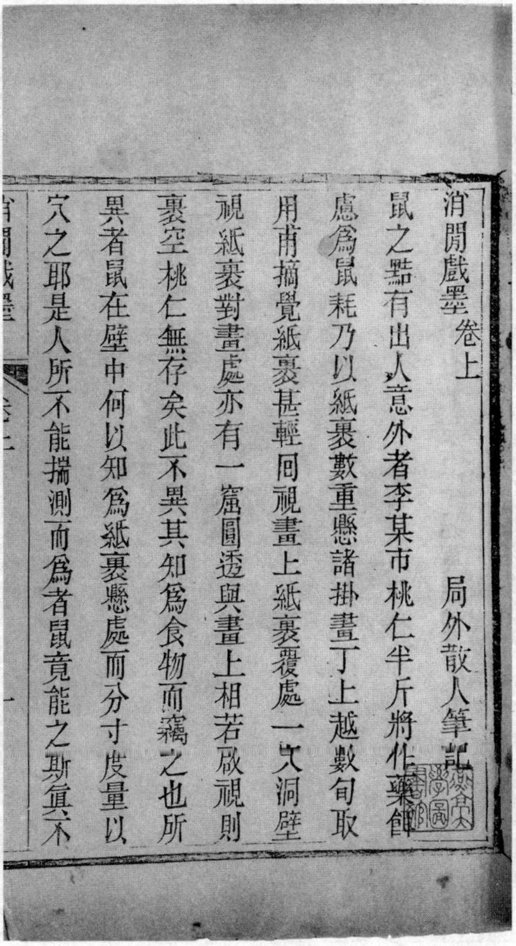
消閒戲墨卷上　局外散人筆記
鼠之黠有出人意外者李某市桃仁半斤將作藥餌慮爲鼠耗乃以紙裹數重懸諸掛畫丁上越數旬取用甫摘覺紙裹甚輕同視畫上紙裹覆處一穴洞壁視紙裹對畫處亦有一竅圓透與畫上相若啟視則裹空桃仁無存矣此不異其知爲食物而竊之也所異者鼠在壁中何以知爲紙裹懸處而分寸度量以穴之耶是人所不能揣測而爲者鼠竟能之斯眞不

消闲戏墨书影

位于今保定定州明月街的王灏庄园正门

《中国近现代稀见史料丛刊》总序

在世界所有的文明中，中华文明也许可说是“唯一从古代存留至今的文明”（罗素《中国问题》）。她绵延不绝、永葆生机的秘诀何在？袁行霈先生做过很好的总结：“和平、和谐、包容、开明、革新、开放，就是回顾中华文明史所得到的主要启示。凡是大体上处于这种状况的时候，文明就繁荣发展，而当与之背离的时候，文明就会减慢发展的速度甚至停滞不前。”（《中华文明的历史启示》，《北京大学学报》2007 年第 1 期）

但我们也要清醒看到，数千年的中华文明带给我们的并不全是积极遗产，其长时段积累而成的生活方式与价值观具有强大的稳定性，使她在应对挑战时所做的必要革新与转变，相比他者往往显得迟缓和沉重。即使是面对佛教这种柔性的文化进入，也是历经数百年之久才使之彻底完成中国化，成为中华文明的一部分；更不用说遭逢“数千年来未有之变局”、“数千年未有之强敌”（李鸿章《筹议海防折》），“数千年未有之巨劫奇变”（陈寅恪《王观堂先生挽词序》）的中国近现代。晚清至今虽历一百六十余年，但是，足以应对当今世界全方位挑战的新型中华文明还没能最终形成，变动和融合仍在进行。1998 年 6 月 17 日，美国三位前总统（布什、卡特、福特）和二十四位前国务卿、前财政部长、前国防部长、前国家安全顾问致信国会称：“中国注定要在 21 世纪中成为一个伟大的经济和政治强国。”（徐中约著《中国近代史》上册第六版英文版序，香港中文大学 2002 年版）即便如此，我们也不能盲目乐观，认为中华文明已经转型成功，相反，中华文明今天面对的挑战更为复杂和严峻。新型的中华文明到底会怎样呈现，又怎样具体表现或作用于政治、经济、文化等层面，人们还在不断探索。这个问题，我们这一代恐怕无法给出答案。但我们坚信，在历史上曾经灿烂辉煌的中华文明必将凤凰浴火，涅槃重生。这既是数千年已经存在的中华文明发展史告诉我们的经验事实，也是所有为中国文化所化之人应有的信念和责任。

不过，对于近现代这一涉及当代中国合法性的重要历史阶段，我们了解得还过于粗线条。她所遗存下来的史料范围广阔，内容复杂，且有数量庞大且富有价值的稀见史料未被发掘和利用，这不仅会影响到我们对这段历史的全面了解和规律性认识，也会影响到今天中国新型文明和现代化建设对它的科学借鉴。有一则印度谚语如是说："骑在树枝上锯树枝的时候，千万不要锯自己骑着的那一根。"那么，就让我们用自己的专业知识与能力，为承载和养育我们的中华文明做一点有益的事情——这是我们编纂这套《中国近现代稀见史料丛刊》的初衷。

书名中的"近现代"，主要指1840—1949年这一时段，但上限并非以一标志性的事件一刀切割，可以适当向前延展，然与所指较为宽泛的包含整个清朝的"近代中国"、"晚期中华帝国"又有所区分。将近现代连为一体，并有意淡化起始的界限，是想表达一种历史的整体观。我们观看社会发展变革的波澜，当然要回看波澜如何生，风从何处来；也要看波澜如何扩散，或为涟漪，或为浪涛。个人的生活记录，与大历史相比，更多地显现出生活的连续。变局中的个体，经历的可能是渐变。《丛刊》期望通过整合多种稀见史料，以个体陈述的方式，从生活、文化、风习、人情等多个层面，重现具有连续性的近现代中国社会。

书名中的"稀见"，只是相对而言。因为随着时代与科技的进步，越来越多的珍本秘籍经影印或数字化方式处理后，真身虽仍"稀见"，化身却成为"可见"。但是，高昂的定价、难辨的字迹、未经标点的文本，仍使其处于专业研究的小众阅读状态。况且尚有大量未被影印或数字化的文献，或流传较少，或未被整合，也造成阅读和利用的不便。因此，《丛刊》侧重选择未被纳入电子数据库的文献，尤欢迎整理那些辨识困难、断句费力、裒合不易或是其他具有难度和挑战性的文献，也欢迎整理那些确有价值但被人们习见思维与眼光所遮蔽的文献，在我们看来，这些文献都可属于"稀见"。

书名中的"史料"，不局限于严格意义上的历史学范畴，举凡日记、书信、奏牍、笔记、诗文集、诗话、词话乃至序跋汇编等，只要是某方面能够反映时代政治、经济、文化特色以及人物生平、思想、性情的文献，都在考虑之列。我们的目的，是想以切实的工作，促进处于秘藏、边缘、零散等状态的史料转化为新型的文献，通过一辑、二辑、三辑……这样的累积性整理，自然地呈现出一种规模与气象，与其他已经整理出版的文献相互关联，形成一个丰茂的文献群，从而揭示在宏大的中国近现代叙事背后，还有很多未被打量过的局部、日常与细节；在主流周边或更远处，还有富于变化的细小溪流；甚至在主流中，还有漩涡，在边缘，还有静止之水。近现代中国是大变革、大痛苦的时代，身处变局中的个体接物处事的伸屈、所思所想的起落，藉纸墨得以留存，这是一个时代的个人记录。此中有文学、文化、生活；也时有动乱、战争、革命。我们整理史料，是提供一种俯首细看的方式，或者一种贴近近现代社会和文化的文本。当然，对这些个人印记明显的史料，也要客观地看待其价值，需要与其他史料联系和比照阅读，减少因个人视角、立场或叙述体裁带来的偏差。

知识皆有其价值和魅力，知识分子也应具有价值关怀和理想追求。清人舒位诗云"名士十年无赖贼"(《金谷园故址》)，我们警惕袖手空谈，傲慢指点江山；鲁迅先生诗云"我以我血荐轩辕"(《自题小像》)，我们愿意埋头苦干，逐步趋近理想。我们没有奢望这套《丛刊》产生宏大的效果，只是盼望所做的一切，能融合于前贤时彦所做的贡献之中，共同为中华文明的成功转型，适当"缩短和减轻分娩的痛苦"(马克思《资本论》第一卷第一版序言)。

《丛刊》的编纂，得到了诸多前辈、时贤和出版社的大力扶植。袁行霈先生、傅璇琮先生、王水照先生题辞勖勉，周勋初先生来信鼓励，凤凰出版社姜小青总编辑赋予信任，刘跃进先生还慷慨同意将其列入“中华文学史史料学会”重大规划项目，学界其他友好也多有不同形式的帮助……这些，都增添了我们做好这套《丛刊》的信心。必须一提的是，《丛刊》原拟主编四人（张剑、张晖、徐雁平、彭国忠），每位主编负责一辑，周而复始，滚动发展，原计划由张晖负责第四辑，但他尚未正式投入工作即于 2013 年 3 月 15 日赍志而殁，令人抱恨终天，我们将以兢兢业业的工作表达对他的怀念。

《丛刊》的基本整理方式为简体横排和标点（鼓励必要的校释），以期更广泛地传播知识、更好地服务社会。希望我们的工作，得到更多朋友的理解和支持。

2013 年 4 月 15 日

目　录

前　言

《达亭老人遗稿》三种，含《退室诗稿》一卷、《妄谈录》一卷、《消闲戏墨》二卷，王棨华著。

王棨华，清直隶定州（今属河北）人，字达亭，号局外散人。嘉庆年间增贡生。生年不详，卒年八十七岁，生活年代大约经历清乾隆、嘉庆、道光、咸丰四朝。王棨华出身“中山巨族”定州王氏，自曾祖王恩大迁居定州西关，到王棨华已历四代，“家称素封，孙曾繁衍”（陈鹤年《王达亭先生诗序》）、“子孙丰盛甲于州”（《（民国）定县志》卷十二）。据《（道光）定州志》《（咸丰）定州续志》《（民国）定县志》等方志记载，定州王氏一族取得功名、封赠者多达数十人。王棨华本人曾任团练，议叙封赠祖父王又曾、父亲王毂、叔父王琏一品武功将军。在王棨华的子侄辈中，还有著名学者王灏，编纂乡邦文献《畿辅丛书》，名重一时。

王棨华生平“学优不仕，颐养林泉”（刘赓年《王达亭先生诗稿序》），而雅好藏书。《大清畿辅书征》引清王朝笏《广川学舍笔记》：“达亭先生嗜书，收藏几万卷，暇辄垂阁下帘，浏览编摩不辍。”清陈鹤年《王达亭先生诗序》称：“先生性情恬澹静穆，不事家人生产，业悉以委之子若弟，筑‘退室’以自娱。……古所谓‘蓄道德而能文章’者，先生其庶几乎！”王棨华集的评点者张朴《妄谈录序》称：“先生聪明夙负，学问深醇，生平不求闻达，而善气迎人，和情处事，谦抑之怀，久为远近所钦慕。”同时代学者对王棨华学识及为人的推崇，由此可见一斑。

《达亭老人遗稿》见录于《大清畿辅书征》卷四十《定州二》《定州书征》《(民国)定县志》卷二一《艺文志》。另有《清人诗文集总目提要》著录《达亭老人遗稿》四卷,《中国丛书综录》以丛书收录《达亭老人遗稿》三种。《中国古籍善本书目》《中国古籍善本总目》皆未载本书。《达亭老人遗稿》包括:

《退室诗稿》一卷。王棨华诗多写乡镇士人闲情逸致,陶冶性灵、淳朴平易。"先生古诗追渊明,近体亦韦、孟之流"(陈鹤年序)、"无论何题,皆有一番至理,发为名言,语浅淡而味深长,于和平静穆中,别饶一种恬退清高之致"(刘赓年序)。长篇歌行《恶奴埋母曲》取材近世,叙事生动,说理浅近,是较为出色的叙事诗。

《妄谈录》一卷,录文二十七篇。含史论如《马伏波》《唐太宗力取兰亭》,读书随笔如《读〈汲冢周书〉》《读〈博物志〉》,散文如《退室记》《远心斋序》,书启如《与彭惺圃书》《邀会启》等。王棨华为文"议论精确,多前贤所未发"(陈鹤年序)语言平实,多富劝惩。

《消闲戏墨》二卷,是尚未见于著录的文言小说集,也是《达亭老人遗稿》最具史料、文学价值的部分。由于《消闲戏墨》依附于《达亭老人遗稿》刊行,长期以来不为小说研究者所知,《中国古代小说总目》《中国古代小说总目提要》《中国文言小说总目提要》皆未载此书。事实上,在《大清畿辅书征》中,已注意到《消闲戏墨》的小说家笔法:"其新著皆近时琐事异闻,类小说家言,然中寓劝惩,亦多有可采。"所谓"琐事异闻,类小说家言",正是《消闲戏墨》叙事性乃至文学性的体现。《消闲戏墨》卷上三十八则,卷下二十三则,卷末附《酒令》一则,凡六十二则,全书以清中后期定州乡镇生活为背景,对一系列社会底层士民如塾师、童生、班头、商贩、厨役、车夫、说唱艺人、泥瓦匠、箍桶匠、木匠形象多有刻画,多篇作品取材于钱铺经营活动中的纠纷、诈骗和竞争,颇具特色。细致描写了清中后期以定州为中心的华北乡镇的士民生态，反映了这一时期华北市镇自足而富庶、闭塞而有序的真实风貌。从成书时间看，《消闲戏墨》所描写的时间下限已至道光年间，距鸦片战争爆发不过几年时间，《消闲戏墨》描绘了中国华北乡镇最后的繁荣与宁静，弥足珍贵。

《达亭老人遗稿》有清同治十三年(1874)刻本。此本由王檠华孙王槐龄付梓，也是王檠华集唯一刊行的刻本。本次校点，以北京大学图书馆藏本为底本。此本《退堂诗稿》首有《王达亭先生诗序》，“同治三年上元甲子春南宫陈鹤年露坪氏撰”；次《王达亭先生诗稿序》，“同治十年辛未夏知正定府事楚北黄安刘秉琳识”；次《王达亭先生诗稿序》，“同治十年岁次辛未清和上浣知灵寿县事古滇开南竹淇氏刘赓年拜识于退思堂”；次《自序》，“嘉庆庚辰立秋前二日退室主人自序”；次正文，卷端题“退室诗稿/定武王檠华达亭著/同里张朴小波评”。《妄谈录》内封白纸，从右至左，题“同治甲戌夏镌”、“达亭老人遗稿”。《妄谈录》首有《序》，“咸丰九年岁次已未仲春姻再晚张朴谨志”，次正文，卷端题“妄谈录/定武王檠华达亭著/同里张朴小波评”。《消闲戏墨》无序，首卷卷端题“消闲戏墨卷上、局外散人笔记”。各则自为起讫，不设小题。全书半叶八行，行二十字，白口，四周双边，单黑鱼尾，无界栏，板框 16.6 厘米×12.5 厘米。《退室诗稿》《妄谈录》栏上镌眉批，行六字。书中避“玄”、“历”、“宁”、“醇”字。书中钤有“燕京大学图书馆”朱文方印。

本书附录一，为《斯陶说林》卷十二《随笔》，清王用臣著，凡一二七则。王用臣，直隶定州深泽县(今属河北)人，字念航，号斯陶居士。据《(咸丰)定州续志》卷二《封荫》：“王用臣，附生，以父肇谦军功，荫一子入监读，报满，以知县侯铨。”《斯陶说林》凡十二卷、十门：卷一箴规，卷二至三轶事，卷四至五文艺，卷六考证，卷七至八清谈，卷九诙笑，卷十技术、闺秀，卷十一祥异，卷十二随笔。据其《例言》：“是编共分十门，前九门十一卷，皆择录成说……其卷十二，则随笔自记者也。”《斯陶说林·随笔》与《达亭老人遗稿》具有天然的联系：其一，王用臣与王棨华同属定州王氏后裔（据《斯陶说林》卷十二：“定武王文泉先生灏，余同宗长者也。”可知王用臣与王灏同宗）；其二，两部作品在地域上都以定州及其周边乡镇为描写对象，可资参考；其三，在时间上，《达亭老人遗稿》以清嘉、道时期见闻为主，成书时间下限不早于清道光十五年(1835)，《斯陶说林》以清同、光时期见闻为主，成书于清光绪十八年(1892)。在两部作品诞生的半个世纪间，中国北方乡镇生态发生了天翻地覆的变化，《斯陶说林》在客观上反映了华北乡镇在战乱动荡下民生凋敝的状况，两部作品中定州乡镇的鲜明对比，是十九世纪中国华北乡镇急剧变化的缩影。

《斯陶说林》见录于《大清畿辅书征》卷四十《定州二》《定州书征》《中国古代小说总目·文言卷》。《斯陶说林》有清光绪十八年(1892)深泽王氏刻本，见录于《贩书偶记》《中国版刻综录》，是《斯陶说林》唯一刊刻行世的版本。“海王村古籍丛刊”曾据此本影印(1991 年 3 月)。本次校点，以国家图书馆藏本为底本。全书首有王用臣《自序》，末署“壬辰闰月上浣斯陶居士识”，次《例言》，次目次，次正文。首卷卷端题“斯陶说林卷一/深泽王用臣念航辑”；正文部分半叶九行，行十八字，白口，左右双边，单黑鱼尾，上书口刻“斯陶说林”，上鱼尾下刻卷次，版心下刻叶次。此本为周作人旧藏，书中钤有“苦雨斋/藏书印”朱文方印。

本书附录二，收录了王棨华及《达亭老人遗稿》相关史料数十则，主要来自《大清畿辅书征》《定州书征》等书目文献，《(道光)定州志》《(咸丰)定州续志》《(民国)定县志》等方志文献，以及《晚晴簃诗汇》等诗文总集。在内容上，既包括王棨华生平、撰述的相关史料，也适当收录了王棨华祖父王又曾，父亲王榖，伯父王珍，叔父王琏，兄长王度华，孙王槐龄的研究材料，以资进一步研究之需要。

在点校中，本书对原著或有可能之讹误，以校记形式附于本页之下；对于明显讹字，则在文中以“[ ]”订正，俗字及异体字径改为正体字，不出校记。《退室诗稿》《妄谈录》所含眉批、夹批，皆附于各段末处。《消闲戏墨》《斯陶说林·随笔》各段自为起讫，不设小题，为方便查阅引用，本书按原书次序予以编号。其中疏漏不足处，尚祈指正。

退室诗稿一卷

王达亭先生诗序

世尝谓"诗人少达而多穷"。欧阳子以为非诗之能穷人，殆穷而后工耳。盖蓄其愁苦不平之气，发为瑰奇磊落之词，故其言尤易于动人。若夫家席丰厚，风尚朴淳，不役志于名途，不撄情于俗务，而惟啸歌泉石、枕腊诗书，偶有所作，如山水之发音、松篁之敲韵，发于天籁，而自无不工，非有道之士，未易几此，求之，令人不数数观也，乃于达亭先生而遇之。先生中山巨族，家称素封，孙曾繁衍，而先生性情恬澹静穆，不事家人生产，业悉以委之子若弟，筑"退室"以自娱。博览群籍，胸首所得，则笔之积久成帙，议论精确，多前贤所未发。而又莳花木，备豚酒，与二三知己相唱酬，其所为诗，陶写性灵，不假雕饰，间多见道之言。年至耄耋，勤学不倦，古所谓"蓄道德而能文章"者，先生其庶几乎？噫！吾见今之处富厚者矣，挟其多资，广宫室，骋车马，以炫耀乡里，纵恣声色，以损其天年，其有鉴此者，又或刻苦俭啬，握算持筹，手足胼胝，终其身不知有生人之乐者，比比也。闻先生之风，其亦可以憬然悟矣。余久耳中山王氏之名，及忝主定武书院讲席，见王氏子弟，类多恂恂儒雅，不染骄奢习气，其为文皆醇粹，有先正典型，知先生之陶淑而涵濡之者，深也。先生寿九十而终，其文孙槐龄持先生诗集及杂著，将付之梓，以存手泽，浼余为序。余以为先生古诗追渊明，近体亦韦、孟之流，并杂著多寓劝惩，有裨世道，固有识者所目，而知余独敬先生之为人，养性持身，可以为世法也，为弁数语于篇首，以广其传。

同治三年上元甲子春南宫陈鹤年露坪氏撰。

王达亭先生诗稿序

定州古中山地，晋则后燕建国，宋则定武建镇，山河雄壮，士马精强，居然用武之地也，而文学之士，代不乏人。以诗名者，唐之刘梦得为尤著，梦得当元和之初遭贬谪，刺远州，亦啬于遇矣，而诗之清新俊逸，与钱仲文齐名，殆所谓"穷而后工"者耶？虽然，穷达者，时运不能齐者也，工拙者，学力不能强者也，必"穷而后工"，世之膺高爵、享千钟者，诗又何尝不可传耶？王达亭先生，定州人，与梦得同里闬者也。家世素封，颐养林泉，涵濡风雅，晚年以家事委子弟，筑"退室"以居。种竹莳花，以诗酒自娱悦。和平静穆，于世无争，未尝遭贬谪也，恬退清高，隐居不仕，未尝刺远州也。其诗近体淡远清微，于王、储为近，古体高淡简古，规模渊明，亦可谓工矣，又何尝穷耶？同治庚午，余守正定，比邻定州，先生久归道山，已不及见矣。其孙公三，司训灵寿，将以遗集付梓，问序于余。览其全诗，因得患其家世，然后知闻梦得之风而兴者，诗不穷而亦工也。

时同治十年辛未夏知正定府事楚北黄安刘秉琳识。

王达亭先生诗稿序

定州为古中山地，左北岳，右尧峰，恒水东流，唐河南注，自昔号称山川奇丽，故渊博宏通之士，迭出其间，如汉之雒[鲑]孟孙[①]，南北朝之张吴子，隋之杜少山、李文(博)辈[②]，指不胜数。有唐则刘梦得，号为诗豪，千秋独擅。嗣后如宋之杜审琼，金之高正臣、石子美，元明

---

① 《后汉书》卷七九上："时中山鲑阳鸿，字孟孙，亦以《孟氏易》教授，有名称，永平中为少府。"后同。

② 《隋书》卷五九："博陵李文博，性贞介鲠直，好学不倦。至于教义名理，特所留心。"

之田玉卿、张叔京等，类皆博览群书，各有著述者。矧今畿甸五百里内，声教所涵濡者为最久，且先其士风民俗，宜何如盛哉！达亭先生，郡之素封也，学优不仕，颐养林泉，晚年尤以诗酒自娱。余公车十上，过其境，早耳其名。庚午秋，调宰燕川，与厥孙公三、广文同舟共济，来往间，见其悃悃款款，极亲爱之至情。居愈久，见愈数，相喻亦愈深。每登其堂，秩然蔼然，觉邓、窦之家风未远。辛未夏，公三出其遗稿，问叙于余。披阅简端，见黄安刘崑圃太守、南宫陈露坪太史已先为之弁言，各体均被两先生评之稔矣，余抑何须添足。惟细绎《咏伯兄迁居南乡》诸篇，语挚情真，字字皆从至性中流出。想先生孝友睦姻，任恤之行，已显寓于咏叹啸歌之内。卒读终篇，无论何题，皆有一番至理，发为名言，语浅淡而味深长，于和平静穆中，别饶一种恬退清高之致。真可振三五六经之羽翼，而罗二十八宿于心胸，并可想见先生之为人。嗟乎！俗士以文采风流炫耀当世，一切根本之地，鲜有留心者，读先生诗，庶几可以转乎。诵其诗，而知其人，即以先生为士林中不多觏之望也。安见不与昔之雒[鮭]孟孙、张吴子、杜少山、李文博、杜审琼、高正臣、石子美、田玉卿、张叔京诸人后先相辉映哉！至其诗，则定与刘梦得齐名，流传千古而不朽，是为序。

时同治十年岁次辛未清和上浣知灵寿县事古滇开南竹淇氏刘赓年拜识于退思堂。

自　叙

余性简，不胜繁剧之任，年来四世一堂，食指日增。亲丁五十余口，仆役四五十口。事多滋扰，几无宁晷，实由治理之不善，然才绌负荷，义难息肩。《易》曰“羝羊触藩，不能退，不能遂”，余之谓矣。自己卯三冬，惟日独居一室，苟免烦嚣，偷安旦夕，且有待焉。伯兄议乞终养，或有振兴之日。乃怅然独坐，益复无聊，爰凑俚语数章，聊以写意，不足言诗也，遣闷已耳。辞鄙识陋，调劣音憨，不足为文人学士见也。

嘉庆庚辰立秋前二日退室主人自序。

退室诗稿

定武王棨华达亭著　同里张朴小波评

暑夜偶成

炎暑日夕退，薰风晚生凉。樵牧相与还，暮色暗苍茫。箕踞茅檐前，众星渐生光。万虑此具息，偶忆浊醪香。独饮兴易尽，兴尽敛杯觞。徘徊复如何，海月离东墙。直上斗牛间，顿失银汉长。皎皎孤轮满，寂寂夜无方。仲夏乃秋爽，五月铺地霜。是空还是色，空色两恰当。江畔扁舟子，高楼离人床。共此清夜里，各自不寻常。

眉批：前身合是陶彭泽，信手拈来风韵高。

有感

处世真若梦，何必多所争。让人仍故我，好胜岂遂赢。豺狼不可驯，虺蜴毒性生。避之非示弱，灵蠢理宜明。况乃身外物，浮云等送迎。消长与盈虚，造物司其精。金谷成灰烬，铜山有时倾。莫此矜得失，不足宠辱惊。非义严一介，弃取有定衡。悖入亦悖出，循环自暗行。暧昧一失检，愧惭五夜萌。何如任去来，息事怗心旌。更有浮末者，惟口兴戎兵。采听背后言，操戈两隙成。良朋忘投契，骨肉语绝情。谬将黑白较，虚实鲜持平。喇喇语不休，罔计旁观清。面折人所忌，月旦有品评。谁能发深省，回头顾重轻。总为公论屈，心慑口不更。制此亦有术，横来勿怦怦。贲育即好强，孤掌势难鸣。愚哉气矜人，恶态徒自呈。天下本无事，君子戒骄盈。

眉批：可当座右铭。

下圃后庵歌

茅斋自清肃，长轩资幽敞。课读三余间，时复资偃仰。夭桃艳春华，红药初夏赏。晴薰榴花明，池鱼荫荷掌。雨滋苔阶滑，风送修篁响。联凳偎石几，羌笛飞月朗。玉簪依秋砌，白露浥晨爽。逸情淡如菊，臭味参无两。快雪得时晴，爱日一帘晃。兰缸复幕静，夜案芸编广。诗文见古人，浮名未入想。耽此自怡悦，羲皇兹神往。

青布袄

布袄装新绵，轻暖适我体。欲卧免加被，还宜藉椅底。胜彼狐腋裘，垢污复拆洗。缓步以当车，晚食脱粟米。岂惟惜物力，淡泊士之礼。暮年识此义，不避俗相诋。回首少年时，恍如醒醇醴。

伯兄迁居南乡作七言古风留别捧读堕泪率成二十四韵

捧读留别语，泪落尺幅笺。聚散寻常事，情意讵同然。忆昔两亲在，朝夕侍一筵。不知有情苦，惟日娱膝前。中年痛失恃，境遇殊天渊。拮据互绸缪，甘苦志同坚。雁行復缺一，运舛履危颠。抚幼事萱堂，荏苒十九年。中岂无别离，八载仕广川。节序寿筵开，两地一堂圆。慈帏忽见背，苫块复同眠。大事既全终，棣萼意拳拳。食指日盈百，事事惟从权。婢仆失控御，日费等流泉。大惧隳先业，不敢久迁延。一堂环泣泪，四灶析炊烟。念我同根生，形影互相怜。迁居如分飞，能无意缠绵。所幸咫尺违，埙篪非孤悬。事散情乃聚，藕断丝犹连。临行无别语，世事且随缘。欢愉复几时，休为百虑煎。珍重一身外，子孙任愚贤。我行亦如是，狥乐共勉旃。

忆别风体四章

兄弟日日聚，何妨暂分离。分离亦未久，不如常聚时。

又

聚时不觉近，别后方悟远。莫谓七八里，终须劳往返。

眉批：谁能作到如此情真、理真、无一不真耶？

又

往返亦不惜，但愿常相见。三人六鬓白，几经炊灶变。

又

念此每伤情，恨为世事限。谁言蜀道绝，剑阁有飞栈。

眉批：数诗情真语挚，句句从至性中流出，故语淡味长，耐人咀嚼。

昼雪自遣

冬仲苦严寒，萧条白日短。茫茫无际雪，巷陌人迹罕。拥炉坐独室，遂此一时懒。浩漫意无之，楮墨托萧散。静念身所历，半生履平坦。先人多种德，而我安饱暖。草木自生春，飞潜自育诞。谁知天地恩，默默无偏袒。身为太平民，感戴秘忠款。踽踽恐不足，何事敢自满。

眉批:雪景逼真。

寒夜偶感

两被加重裘,寒仍苦夜半。凌冽时宜然,景或因人判。同室小儿女,不闻寒号唤。感此知我衰,切切滋悽惋。履霜兆坚冰,迟暮渐入畔。大衍数有奇,现年五十一岁。少壮成昔案。年光如流水,逝者无回澜。七十古来稀,不堪回首算。辗转已通宵,长夜不能旦。晨兴觅笔楮,俚语托柔翰。数行未及终,豁然悟迷岸。人生有代谢,造命终有断。古来概如斯,我何多忧叹。一息幸犹存,壮思凌霄汉。意气准物理,岂为浮名绊。悠悠天地间,何事多扼腕。

眉批:千古同慨。

眉批:名言至理。

眉批:数行气如长虹,有得意疾书之乐,读竟觉胸襟开阔,启我乐天安命之思。

新居

筑室离村墟,颇适野人趣。隔窗看禾稼,迎门见高树。樵牧各有营,悟我无所务。犹有半亩园,耕食理不误。

又

屋前罗秋花,屋后殖秋蔬。花蕃尊可喜,蔬嫩厨有余。耰锄颇自诩,逸兴还自舒。蹇劣有如此,此生聊不虚。

饮酒

贫贱少适意,富贵忧患多。人生无所宜,进退将若何。翔禽羡高举，乔木任择柯。下视当无恐，犹须忌网罗。世事有际遇，不尽归巧拙。患常生备外，机虑每徒设。寒暑递推嬗，日月恒盈缺。盛满不可恃，夷险贵一节。知足心常乐，无求品自高。随遇皆有适，岂复论所遭。平淡一如水，无自生波涛。未有燃眉急，何弗醉浊醪。

眉批：句句箴铭，直可羽翼经传，陶淑性情，不得仅以闲咏目之。

眉批：一笔到题，戛然而止，以上绝大议论，皆令人随遇自适、及时饮酒耳。小题大作，笔力高绝。

读史

太上有立德，万古常不朽。奸雄爱贻臭，亦期历年久。二者虽并传，恶人难为后。百世孝慈孙，不认先人某。

眉批：断尽千古无奈，恶人终不悟何？

老感

终年不窥镜，偶行临水湾。低头见白叟，悟我近日颜。

又

比来耳目短，闲自扪拟款。马齿日日增，雁行日日散。

又

老至寡欢趣，畴昔志已违。偶过笑谈场，坐久人便稀。

眉批：迟暮人共尝之苦，经先生道出，当令大千中苍颜皓首同声一叹。

又

出门何所适，人事殊今昔。落落复归来，书中数晨夕。

又

人皆有投契，浊醪我知己。满引近十觥，何事不可已。

又

少年不更事，常有再误时。覆手转眼间，翻嫌儿孙痴。

又

十年艰于视，近复多耳鸣。所幸犹健饭，颇喜甘脆声。

又

平昔爱惜费，不向酒边筹。千钱沽一樽，此外亦无求。

又

世事久不问，博得心地宽。家人闲相对，一日谋三餐。

又

饭后更无事，兴来句每迟。孙儿戏眼前，不知我所思。

和侄善征拟太湖秋夕

维舟洞庭夕，霁月流寒素。移棹乘夜风，浸篁凝薄露。橹声偶傍堤，惊起双宿鹭。

眉批："霁月"、"薄露"二句，六朝佳句。

古意

原壤登木歌，徽之叹琴亡。旷达阮步兵，终局始奔丧。千载称高人，我独嫌太狂。

又

周公兄管叔，大舜弟有庳。讵非同根生，善恶两不移。丹漆慎所藏，古有名训垂。相亲不相染，此理安能推。天地生斯世，顺逆互有之。纯驳理不一，间生亦无期。古来尽圣贤，世道何庸为。古来尽恶逆，世道无今兹。生人复生虎，物性偶参差。谷秕共一穗，造物若兼施。孟子道性善，教世当若斯。上智与下愚，圣言可勿思。异端坏正教，有论莫坚持。悠悠天地心，惟宜付难知。

眉批：付之难知，正是知之深处，非洞悉造物之理，焉足语此？

野老

野老甘贫贱，菜畦拔秋草。自顾有深意，非徒谋温饱。高爵岂不荣，祸福不可保。财雄敌王室，季伦不终考。孔翠毛羽鲜，伤哉罹矰缴。兕象痛焚身，致害由牙角。洪者败之苗，满乃覆之道。俚言合圣训，默诵奉为宝。雄雉自剪尾，物犹见机早。人胡泥名利，营营不知老。守拙半亩园，晨兴理蓬葆。孟秋尚余热，槐下曲肱倒。葺垣设柴关，非为私瓜枣。懒散畏见人，幽趣自寻讨。意入桃花源，心到蓬莱岛。幸生太平时，寤寐常颂祷。

"俚言合圣训,默诵奉为宝"句夹批:"二句通篇枢纽。"

眉批:"自顾"句振起,通篇以下,俱明深意也。

眉批:先生诗无论何题,皆有一番至理名言,络绎不绝,真乃深合圣训,允堪为宝,篇篇如是,不独此篇为然。

又

锦鳞跃深渊,劲翮翱秋旻。飞潜原自适,焉有困不伸。一朝忘机械,误归钓弋人。华池与雕笼,豢养非不仁。推原禽鱼性,未免失天真。正如田园叟,心与山水亲。亦知王侯贵,自乐野人贫。五柳拟同调,桃源欲问津。虽无济世才,自信羲皇民。不有羊裘翁,垂纶汉江春。

读六朝诗

诗语贵清新,流弊入镂刻。六朝文章富,颜谢尤秀特。开府与参军,藉藉风韵则。宣城益清发,余妍生笔墨。名句如天成,何尝重雕饰。借由刻画工,亦知妙手得。余第矜华藻,填缀失骨力。寄语琢句客,无为深晦极。

眉批:说诗正宗,一片婆心。

聋

是聋不是聋,相呼邂逅中。掉臂如无闻,不与人情同。此意非今始,昔有陆放翁。身于世无与,何须声气通。问渠意所在,深山海之东。

眉批：此诗笔力纵横，意态雄杰，在先生集中别一境界。

早起

夏月宜早起，爱此晨气清。朝墩上乔木，枝叶玲珑明。花间收宿露，槐下闻雏莺。悠然见西山，苍翠旷我情。半亩长秋菜，嫩绿多新生。徙倚阅园圃，逍遥步庭楹。微风动荷沼，盘珠走欲倾。顽石倚松根，雨过苔藓成。赋性原迂拙，敢妄希荣名。所期惟行素，不知计前程。

财奴

树谷忧旱涝，树木迂其程。劳劳百年中，惟日计亏盈。铜山不厌高，锱铢不嫌轻。安兴金谷羡，何暇惜身名。阳虎昔有言，富与仁异行。敛财斯敛怨，五伦致寡情。放进不放出，宜若享其成。乃自甘菲薄，每厌衣食精。富室贫寒身，憔悴可怜生。堪笑鼠藏金，积之欲何营。愚哉守钱虏，至死不能明。一文将不去，能无夜台鸣。

眉批：财奴性情、财奴形态、财奴行事流弊，无一不曲曲写出，真一面照妖镜。

见道

人世纷竞事，总缘饥寒萌。菽粟如水火，焉有不仁行。圣人忧其然，垂训劝力耕。衣食既有源，礼义油然生。畴无室家累，何莫由斯程。念兹时在兹，劳苦不须惊。四民各有业，相资为治平。尽其当然事，无求分外赢。谋生术虽多，勤俭总其成。不足但自省，相交孰有争。君子行素位，所入无违情。尽己复推己，扮谦曷有盈。居易乃知命，尽性道斯明。日用家常事，粗中俱有精。

眉批：二字可当座右铭、韦弦佩。致富奇书，无出于此。

又

平生怀至道，愧无至德通。不期圣贤诀，乃在一字中。问心有不欲，应思人情同。推此以善世，行之诚无终。圣道何尝远，欲求有近功。子曰其恕乎，一言即发蒙。

读椒山绝命诗

分宜憨窃柄，尚非莽曹比。埃尘翳日光，炀灶乱纲纪。一朝阳曜宣，冰山化为水。夷系翻掌间，盈覆乃天理。奸贪威不煽，孤忠名莫起。马市忤仇鸾，狄道谪千里。况复撄巨恶，致祸伊胡底。桎梏迫罗织，几回肉脱髀。丹诚苍昊鉴，浩气薄云里。风吹枷锁香，顾盼应自喜。仍期魂报恩，命断志无徙。忠佞同归尽，祝诅各有以。遗臭与流芳，万年百世矣。椒山灵爽在，九原恨当已。

眉批："憨"字判断分宜，无此恰当。

眉批：千古忠奸，二语断尽。

眉批：照妖镜一面。

未见九十翁

三十为一世，六十花甲终。人生期百年，未见九十翁。修短数命定，荣枯造化功。悟得代谢理，失却利名雄。世易虑徒远，景过事皆空。昔之彭与殇，荒丘将毋同。李白终日醉，刘伶锸随躬。庄生梦蝴蝶，何分人与虫。君子惟居易，所期天爵崇。畎亩自悦性，免处忧危中。富贵适情多，尚须运际通。盗憎与民怨，孰虞祸机丛。知足无不乐，逐欲焉有穷。洪范敛时五，一身鲜兼隆。威重靖夷燹，坦白息伏戎。德优福泽厚,汾阳郭令公。

眉批:无如溺情利名者,终身不悟何?

眉批:当令秦皇汉武同声一哭。

眉批:尚须透过一层深沉阅历语,浅见者动谓富贵人无不适情矣,乌足知此?“一身兼隆”,惟见先生识者,必不河汉斯言,五字先生足当。

新秋开樽

壶中有美酒,烹鲜冀一醉。且尽今朝欢,不知明日事。

又

七十古来稀,行年六十九。此日不追欢,知有来年否。

又

麦场已饱登,秋禾满郊外。共享太平年,谁知君恩大。

冬至

冬至一阳生,阳生寒未了。夜来风尤烈,晨窗闻鸣鸟。声声唤字黑,自呼何缭绕。造化传消息,莫忽微禽小。感之念岁华,阳回如天晓。万物转生机,默运知多少。藐躬沧海粟,亦厕吹万兆。枯杨又逢春,窃幸机已肇。

短歌行·与彭惺圃

人生快意,能得几何。两鬓星星,去日苦多。栖鸟倦飞,止于其止。骥服盐车,何日得已。惺公足下,仰止高山。好乐不荒,雅俗之间。期我会饮,未或间之。久要不践,谁或尼之。知足便足,偷闲即闲。斯言不刊，孰悟此关。岁云秋爽，藏醪可开。乐贵及时，时哉时哉。摘我园蔬，酌我元醇。非多非旨，聊以娱宾。胥子之车，秣子之马。分阴当惜，暂为我假。

眉批：八字真不刊之论，非身亲经历，不能道此。

恶奴埋母曲

恶奴家贫逼岁除，瓮头苦无升斗储。妻子号饥兼有母，嗷嗷不胜殆何如。岳家咫尺近邻村，父母应多怜女恩。浼妻诣乞杖头钱，呼母暂将乳下孙。衰年病妪筋力散，勉强持儿精神短。不防失手坠千金，惶忙提抱慰款款。恶奴一见愤怒生，凶暴无言威势呈。夺儿恨恨往外行，此时无声胜有声。妇归絮絮诉所予，良人抱子却不语。突然命妇假锹锨，含怒莫敢讯所举。负锨挟锹径出门，声言田有枯树存。岁久不生伐作薪，暂弭家人背后论。去久方见徒手归，适闻舅氏卧病帏。同胞谊切念阿母，亟须临存宜莫违。妇人年迈最情长，不辨虚实意先忙。归途未审向何处，忽忽随子步劻勷。出村数武步暂停，此途得非素所经。欺心恶奴怨母耄，焉将瞶瞶识郊坰。越陌度阡凡几更，行近田间五尺坑。自称事母不克终，为母卜得新茔成。七十龙钟意早明，冷笑开言心不惊。清晨误落掌中珠，已伏瓜熟断蔓情。我老岂复恋余生，一言望汝听哀鸣。有衣敢怨土亲肤，若待蒙首任汝行。含泪从容下四堵，偃卧整衣情自苦。闭目方将两袖遮，连叫我儿亟下土。三呼两唤土不填，举袖见子立穴边。依锨面白双眼合，魂魄不归已溘然。重生老妇复出穴，不期恶子气先绝。抚摩悲哀肤无温，转使慈母痛永诀。踉跄蹀躞转回身，哭述田间始末因。惊闻街坊动邻里，一时奔视叹逆伦。不图恶子妻独驯，怜母哀痛慰语频。劝母不必太伤情，道母不必过慈仁。禽兽之中有鸱鸮，彝伦岂容如此人。豺狼不闻自食母，猛虎虽恶子母亲。隋文不幸生杨广，楚成无辜育商臣。古事每疑天鉴爽，今日方显果报真。即以此穴葬逆骨，自开自用知有神。乍听此事惊稀闻，爰将俚语勒成文。养子固非专望报，生埋未免痛恩勤。

眉批：老妪仓惶情形，摹写逼真。

眉批：当局只付冷笑，旁观代为痛哭，痛心之甚，七字传出。

眉批：摹写苦情，不忍卒读。

眉批："亟下土"三字，上偏用"我儿"二字，妙极。此作史笔刀也。读至此，愤释心快，浮一大白。

眉批：此哭是痛定思痛耶？抑果悲哀其子耶？不欲遇此事，竟遇此事，哭或因此。是耶？非耶？

眉批：即以妻语作断语，是叙事妙处。

评诗妄语

昔日爱菊陶渊明，锐意归来似逃名。琴书歌诗时对酒，此中真意共谁有。

又

池塘春草谢家风，声希味淡意无穷。宣城后起益清新，眼前景物善写真，天然逸韵尤可人。

眉批：此首即谓先生自评也可。

又

草堂先生托兴微，只词片语必有归。纵饮岂是玩世客，浊醪能遣意不适。胸藏万卷笔有神，古来诗史有几人。艰难愁苦哀不怨，满怀忠义思靖献。

眉批：字字神肖杜陵，非工部无能当也。

又

太白本是谪仙才，妙笔潇洒飘然来。斗酒百篇迈陈思，望古小谢仰徘徊。

又

右丞中岁悟禅关，清风明月满空山。诗格清逸气静恬，想见意在水石间。

又

诗家雄浑推襄阳，难与工部论坚强。音节虚实施权衡，轩轾自在人心藏。

又

羲皇之民韦苏州，胸中无物意无求。风怀澄淡安谦退，彭泽而后复谁优。

又

吐嘱自然香山诗，韵语灵活元微之。一任谈诗说轻俗，江河万古流不移。

末评：品评诸家，俱恰当不易，可与琅琊论诗三十二首并传。

又

八十五岁陆放翁，醉里吟诗气犹雄。墨泼惊风动山岳，笔摇郁律盘虚空。镜湖扁舟花月夜，剑关铁马风雨时。忧国无分身进退，莫忽忠义第谈诗。

末评：渔洋论诗，以“九岁诗名铜雀台”止，是其自谓也。先生评诗，以“八十五岁陆放翁”止，毋亦先生自谓欤？“醉里吟诗气犹雄”，先生与放翁固自后先同符，余谓又有异而同者。先生退居世外，而挥毫落笔，便有一段振聋发聩、觉世牖民、婆心洋溢行间，不啻暮鼓晨钟，唤醒多少梦梦，请为先生续二语云：“觉世无分身显晦，莫忽道义第谈诗。”质之先生，定不斥余为不知言。

中秋玩月

中秋日暮洁几筵，待月儿童盼青天。一霎皓魄从东起，展转渐近银河边。千家万家钦供献，通衢曲巷奏管弦。太平佳节民间庆，时和景象非偶然。九重暗转一轮孤，寒光匝地如霜铺。王母奁前开宝鉴，江湖水底沉明珠。寥寥青宵无片云，袅袅笙箫处处闻。山河大地冰壶里，玻璃世界静无垠。三五盈虚不衍辰，一番圆满一番新。人各有情感明月，明月无心偏照人。秋风几度挂阶前，六十九年月又圆。暂喜追欢同年少，偶怀往事忆先贤。昔年同堂弟兄多，雁序莱衣布太和。春风桃李宴南园，秋水芙蓉属匏尊。韶华红颜不可驻，惆怅月在人不存。人生代谢成今昔，贵贱不同同此夕。不知玩月几多人，忧喜光阴各自惜。镜湖载酒掉扁舟，渔子江潭下钓钩。朱楼绣户珠帘卷，歌馆琼筵羽觞酬。离人床前益徘徊，捣衣砧上拭不开。鸡鸣茅店孤眠客，辗转愁看凡几回。忽闻空中过雁鸣，嘹唳惊留塞寒声。闰月之年节气早，寒衣未制吟虫老。霜期已迫雁先知，残红剩绿不能保。夜久酒阑人不齐，箫鼓无声月转西。罢筵又闻隔墙语，拇战犹争拳高低。无穷乐趣会青年，阿谁谈宴戒流连。添衣频移宵寒坐，游人不归不成眠。屡挑残烛落灯花，静听远近皆不哗。阖扉送出幽辉去，任尔阶前逗影斜。

眉批：绝大笔力，绝大景象，疑老杜复生。

眉批：数句上下转换，长歌中须有此间架结构。

眉批：摹写忧喜光景，铺排绮丽。

眉批：一结高浑，悠然不尽。

己卯腊后作

一年刚欲尽，新岁又将来。敢有蹉跎恨，原无干济才。非忧心自困，未老志先隤。故作粘泥絮，何须命理猜。

又

人生皆自困，世事亦何常。知足多如意，求全枉热肠。量宽能任重，心退即身藏。且莫惊烦琐，惟欣庆一堂。

眉批：非于人情世故透彻之极，不能道此。二句可作先生论赞。

又

何事奔波暂不闲，倦飞栖鸟尚知还。局中将相真如戏，梦里周蝶孰有关。久历人情归淡远，旁看世事悟循环。利名朝市森罗网，自幸生平少妄攀。

又

无能乐得一身闲，世事浮云任往还。俯仰怡然终宇宙，不知何所用跻攀。

除夕

残冬耐尽幸新春，未到新春且恼人。此夜此生曾几度，无端只觉过来频。

又

今夕非犹夕，感怀此际多。一身无缺事，不乐复如何。

又

新年连旧岁，此夜两分开。割断闲愁绪，任教新岁来。

新年

新年平日等闲过，有酒无情可奈何。且看儿童争爆竹，一堂欢跃亦堪多。

又

偷闲闲不得，避事事还多。春色无从觅，将如新岁何。

十日雪

狡兔投村舍，山禽敢近人。非关能物化，积雪已经旬。

眉批：非如此命意运笔，不能传出十日之雪。

春感

百年岁月指弹间，焉有蓬莱可驻颜。但见春光如逝水，东流一去几时还。

又

春光一似水东流，总有潆洄别一周。只任浮生随浪转，焉知逝者再来不。

又

但能无欲自消闲，何必蓬莱始是山。暖日一帘春色足，忘机花鸟会心间。

眉批：可惜甲帐汉武不闻词语。

春初雪寒独处斗室

斗室栖迟别觉宽，日消楮墨度春寒。迂愚应与浮名淡，蹇劣焉知世路难。一物无求常自得，百年有限但相安。居心愿学卫公子，事事胥教说苟完。

叠前韵

暂得偷闲暂觉宽，春来挪却客冬寒。情牵利欲倘能去，力涤烦愁岂尚难。致远诚非千里足，巢林但借一枝安。苟全久任旁人笑，懒惰无求美与完。

午睡

日长睡觉意茫茫，几虑诗情尽混忘。寂寂闲窗香暗透，阶前开遍紫丁香。

第二儿习骑射早起往观

走马南郊驿路东，朝暾才上辔珑璁。野含细润过时雨，衣透微寒御晓风。春色欲来天地变，浮名争趋古今同。仕途久已违心事，勉强从儿试角弓。

眉批：小题有如此大议论、大气概，宏中肆外，无所不宜。

复看骑射

缓辔踏春紫陌晴，斜风侵入马蹄轻。青抽宿麦新畦润，绿转长杨古道明。四极浮云边际落，一川春色望中生。少年理有功名趣，应笑乃翁太不情。

眉批：与前作同一机轴，然即景玩味，却是复看。

清明

清明最好四时中，万物争春见化工。草色遍铺原上绿，花光欲转树头红。频飞语燕来还去，百啭流莺西复东。生意满前人自老，韶华何亦不存公。

萱慈八十一初度

灵萱八秩耀中堂，丹桂森森卓两行。一叶新添神荚闰，九重适降紫泥章。覃恩封初到。筵开北海尊长满，颂拟南山寿并昌。恰值清秋仙露沃，玉盘祝上万年觞。

又

正好莱衣舞寿觞，承欢遑计已头苍。未能养志方曾氏，敢使离肠结北堂。十里已关游远惧，八年不宿客中床。桑榆晚景惊心事，忍羡区区薄宦场。

眉批：情真事切，便览分外警策。

九日

回头几度过重阳，半百年华两鬓霜。适意浊醪挥漫兴，留心甘旨事萱堂。秋深岂减重门爽，菊淡能余晚节香。何必登高矜老健，只将觅句当寻芳。

春日拥炉

世路原修阻，徐行亦幸安。幽居从僻性，省事免争端。漫惜蹉跎久，须知宇宙宽。拥炉消永日，帘外任春寒。

儿辈夜学来迟

坐久忽惊晚，挑灯复独看。柝声繁静夜，月影淡回栏。弓马危身技，诗文忍性端。归来求食急，笑啫虎狼餐。

眉批：即“柝声”、“月影”见其迟，景中传情，婉妙之至。

春窗闲咏

化日临窗久，疏棂转影迟。昼长人意懒，春到草心知。万事期随分，一身谨自持。陶然幽兴足，独赏复奚疑。

又

茅斋春向暖，静几对明窗。砚绕新蜂一，檐翻幕燕双。敦庞崇泰岳，涤虑挹西江。排闷诗原拙，凭人笑语哝。

又

老去名心淡，春来病骨苏。种花多远砌，排闷只寻书。饱暖无余事，安闲得自娱。未忘儿女计，此意竟谁殊。

眉批：语愈浅，风愈高。

又

深院人言寂，重门卧睡尨。鸟啼春入梦，花落日当窗。寡欲离尘网，安身即乐邦。桃源谁谓远，自有意中矼。

眉批：肖物各得所气象。

眉批：数诗多出水芙蓉，不加雕琢之句，那得不令人心折。

荷之为瑞每应科名辛巳岁两侄务举业书斋筑小沼种荷欲占祥也初发一枝喜为吉兆口占二绝句以示劝勉

翠盖荫苍波，浮香绕碧罗。一枝红映日，应是兆秋科。

又

莫恃荷为瑞，而忘业贵勤。谁曾题雁塔，衡命不衡文。

答伯兄鲁亭作再次原韵

少小同眠席,残年托异乡。离怀时入梦,别泪暗沾裳。名利应从淡,诗书勿断香。何须谈仕宦,不必问耕桑。既有尊中好,无怜室内忙。原诗有"辞宾减妾忙"之句。宾朋兼骨肉,一醉释愁肠。

又

无求心自泰,随处是安乡。性僻耽幽室,年衰利短裳。弄孙娱暮景,五十抱孙,自觉已晚,不免顾复之意。然老人之趣,不过如此。问课缅书香。问子侄辈功课,因念先人书香,庶几勿断。薄有尊中趣,懒贪世路忙。蹉跎忘岁月,变易任沧桑。不厌歌吟拙,时时竭鄙肠。

眉批:诗、酒,先生一生得意事,足见高雅。

种花

种花心与爱花殊,日掩重门一事无。随意栽培随意长,何须检点费工夫。

末评:先生事事纯任,自然于此可见。

咏莲

桃花未许比风流,丹桂香浓亦逊幽。品贵须知由自重,不栽盆景不簪头。

又

可处清流可浊流,不教秾艳掩清幽。虚心到底无从见,惟有花开总出头。

“可处清流可浊流”句夹批：无人不自得。

“不教秾艳掩清幽”句夹批：先生处富贵之中，淡泊宁静如此。

“惟有花开总出头”句夹批：君子之品，到底高人，世无能及。

眉批：咏物而不言物，直抒胸臆，自然关合，品格高绝。

又

亦尝蒙垢处泥涂，出水何曾见染濡。孤直到头原有本，圣心七窍自根殊。

末评：数诗，先生自为写照也。寄托遥深，超有远神，诗亦高绝，非盛唐无此神品。

过彭惺圃赏菊

篱畔几枝斜，秋深陶令家。主人能醉客，真不负黄花。

又

主人具尊酒，邀我赋黄花。安有青莲韵，空来靖节家。何殊宴桃李，正可话桑麻。胜事无今古，徒羡温八叉。

又

不惜江南酒，开筵坐菊花。谜猜矜博雅，拇战喜喧哗。北海当年意，东篱此日华。多君今既醉，后会更谁家。

早起

昧爽被衣有似勤，却来三径看朝云。虚心绿竹常修健，得气黄花正晚芬。诗句淹迟空漫兴，秋声萧瑟独惊闻。农人质朴专劳悴，偶话依依暂与群。

眉批：高情逸致，出笔便尔。

老感

记得当年爱险游，登山每至最高头。清虚三月春云锁，不见完唐见定州。

眉批：高极矣。

又

算来事事不如前，止有须眉胜少年。天道好还难尽信，妄谈沧海是桑田。

眉批：词意高浑。

又

髯翁已改少年观，况复童童日就斑。漫说零秋如蒲柳，可能依样逐春还。

又

春风最会转机关，草色已枯吹又还。岂到人身能事尽，不将白发变朱颜。

眉批：意味隽永，与“桑田”一联异曲同工。

又

休将白发羡青年，践履须从阅历坚。不有高堂残烛短，儿童几个识危颠。

又

人生原是隙中驹，多少骅骝事半途。我以驽骀还伏枥，至今空日齿残刍。

新居

野庐光顾少，村市近如何。雁序嗟难复，莱衣怅猝过。林园韬迂拙，楮墨坐消磨。岂学于陵子，知稀却足多。

又

庭草年年绿，蓬门日日闲。无尘来复室，有客启重关。半亩园成趣，三分酒悦颜。太平容物逸，劳扰自人间。

眉批：一气呵成，兴会之至。

己丑上元日善征偕昆季登开元塔归以诗呈余亦韵事也喜其风雅兴高即用原韵赋二章以和

喜有新诗赋塔头，清词丽句不胜收。凌虚泼墨情先远，绝顶敲金韵易流。王勃应征江渚阁，青莲怀古谢宣楼。频年习汝娴声律，忘我衰躯羡此游。

又

历尽浮图更举头，惊风白日惬神收。山连极塞峰千叠，溪枕荒城水一流。兴会慈恩岑补阙，意深工部岳阳楼。廿年不是贾余客，犹喜从旁纪胜游。

和韵

孰是清流孰浊流，百年一样度春秋。邯郸寤后黄粱熟，无复荣枯著念头。

寄诗彭惺圃

会期定于二月十九，急切不能得到，兴之所动，不能静俟。暂寄诗三首，一如面谈。

少年同侪几人存，莫厌频邀酒共温。记否彩觞歌舞日，不堪回忆旧时尊。昔日尊府开筵演剧，有钧宰亲家、漆园亲家、会午先兄、纶音亡弟，皆一时登场。作戏之人今何在矣，得不回首怆然。

又

暂逢无事好开尊，彼此族大人多，一岁之中，能得几日无事。牵情关礼，不得宴会者多矣。酒味茶香细细论。莫笑鄙哉贪口腹，闲情当放老人存。

眉批：雅人深致

又

厌闻浮浪说天真，亦莫多愁误此身。恬淡不教风趣减，微君谁是个中人。

昭烈帝

英雄末路最伤神，一世艰辛付后人。鼎足未安雠尚在，仔肩谁复计君臣。

又

榻前数语出情真，成败攸关在一身。甘苦共尝心共鉴，多猜不是事中人。

又

灭曹非徒欲存刘，协帝权奸万众仇。义始楼桑终抱痛，歼吴不克恨难酬。

又

仁义多从假处论，谁能纸上见真存。问心心已为黄土，惟有悠悠被覆盆。

诸葛武侯

南阳岂是不求闻，管乐奇才必待君。堪叹赤心天下事，草庐先已定三分。

又

三顾难藏自在身，两朝开济信纯臣。纶中羽扇逍遥客，恰是鞠躬尽瘁人。

又

运筹决胜信如神，大节尤难在致身。王业偏安赍恨殁，数诚天定不由人。

又

一生知己惟先主，百世称才遍后人。可怜白帝托孤日，贻议君臣信未真。昭烈、武侯，功名中人。其歼吴灭曹，未见满志，殊为恨事。然忠臣义士，万古不磨。独贻命一节，有“嗣子不才，君自取之”之言，人多议其假，愚不谓然。二人君臣鱼水，千载一时，患难死生，与聚与共，真有不分彼此，惟恐败事之意。临危之际，热心苦衷，不顾嫌疑，其情可哀，其语可怜，武侯必能以心相照，无疑无惧。乃后人不谅诚伪，不白冤狱。不惭固陋，作诗八首，聊舒管见，以问同心。

汉高

大舜江山犹敝屣，汉高乃父可分羹。世人莫作虚言视，骨肉因人判重轻。

又

鸟尽弓藏自古传，功成名遂退宜先。韩彭休说汉恩薄，湖上谁禁范蠡船。

商臣

蜂目豺声识忍人，空将忠告悟君亲。只因未忍知其恶，致启乱阶召逆伦。

又

欲熟熊蹯尚自痴，忍人岂复更容时。早知父子恩难恃，免使九原抱悔迟。

又

妙笔由来惯写生，忍人纸上有容声。曰能一字豺狼见，千载人闻意尚惊。

又

大逆复何责，恩勤剧可哀。穆庄安授受，天道令人猜。

乐羊

灭亲石碏自纯臣，食子乐羊信忍人。漫说两人行近似，是非于义认须真。石厚逆亲弑君，罪不容诛，大义灭亲，碏真不愧圣教。羊之子未闻有过，羊以功名之故，残及骨肉，何其太忍。虽同是为国杀子，律以圣人之义，两人优劣，何啻天渊。甚矣！义岂易言哉。

祖龙

祖龙不仅是燕雠，庆忌应留篡弑忧。侠士殉名衡大义，荆轲耻与要离俦。祖龙强横，蚕食六国，诸夏之敌雠阖庐篡弑，庆忌犹存故君之孤孽，侠士为人所用，不问义礼如何，是匹夫之勇，乌得以成败区其高下？故人或訾荆轲之疏，吾不取要离之密。

春兴五首

雨侵寒食百花迟，恰是花朝未破枝。春意漫夸无漏泄，草阶檐柳已先知。

绿杨亭畔染条齐，红杏含苞燕啄泥。春色无声疑暗度，忽闻枝上啭黄鹂。

怜春花下日徘徊，几树葩肥待夜开。贪看露华争早起，输他蜂蝶已先来。

袅袅垂杨笼水烟，桃花夹岸照婵娟。东风不见穿波入，何得韶光绿到泉。

晓窗不住有莺啼，初听东南又转西。似嘱诗人春尚在，踏青早去柳荫堤。

春日即事

春暖嫌裘重，酒醇恕馔粗。结巢鸦择树，投骨犬窥厨。只有书为伴，还无杖可扶。夜来风断续，晨起雨模糊。

眉批：人情物理，体验入微。

又

篱旧还须补，草新未忍除。力园储蝇息，课稚学鸦涂。曲径风回处，疏阑月到初。今宵殊可许，明日又何如？

又

有约期空至，与彭惺圃约会不果。无言序暗殊。含泥禽翼仄，出土蒜苗孤。风雨连朝过，莓苔取次苏。杏花春最早，开到北枝无？

暮年

青年曾几已衰翁，梦觉邯郸万事空。修短聊同秦越视，利名尤是马牛风。学穷病眼书无尽，诗竭枯肠句未工。余日尚耽磨铁砚，问心亦自笑秋虫。

又

平生自信百无能，养静年来更似僧。暑共庄骚消永日，夜同李杜伴孤灯。荷风散馥清非艳，菊意藏幽淡不矜。切磋琢磨期自豫，妄希知己亦何曾。

眉批：意有寄托，耐人寻味。

秋兴八首

井梧一叶下新秋，禾黍云连岁事优。锄住犹忙灌园叟，田成暂息负耕牛。潜鱼出藻深深见，鸷鸟凌虚款款游。俯仰化机皆自适，须知乐利沛恩周。

爽气侵晨白露飘，仲秋光景半萧条。荞花盖地千重雪，鸦阵盘空万点椒。赤壁江间光浩渺，慈恩塔上色苍遥。西成省敛厪王政，庆锡三农答盛朝。

策策西风警暮秋，萧萧落木被林丘。山非晕酒遥丹面，获不忧时近白头。断雁叫回孤客梦，清砧捣尽塞垣愁。瞥看岁月如波逝，莫挽江河亘古流。

苍苍之发学无成，而视茫茫对短檠。文迨六朝纷树帜，诗源五字有长城。蠹鱼枉用雕虫技，蟋蟀空矜附草鸣。独夜覃思忘坐久，月明萧飒动秋声。

静聆墙下草虫音，已悟梁间燕子心。鸿翥迅飙催字断，雀投脱木失林深。久疏荷沼窥红影，空忆蕉窗借绿阴。不共群芳惊岁晚，东篱才制菊花吟。

霜染鲜虞旧版图，秋深古郭慕容都。股肱近日三台座，旌辔朝天九省衢。界向横唐拖练渺，标城涌塔入云孤。量沙遗迹崇丘在，惆怅西风事有无。

萧条几度众春园，迹重韩苏尚有存。百里屈施调鼎手，三朝难破党人论。林深栝柏秋风动，日绕芙蓉雪浪蹲。人物一时标宋室，盛名千载遍乾坤。

比连畿辅近京华，雨露承恩百万家。蜀汉先宗寄巍冢，陶唐遗趾没风沙。暮年敢恃身犹健，秋景那看日又斜。幸有砚池方寸地，优游今古事无涯。

诗前双行评点：统阅八首，典丽高义，感慨跌宕，气象阔大，魄力沉重，真堪与工部亢衡，读竟不觉低首。

冬日

偏从野外定荒居，野趣环生附野墟。黄叶陨风秋去后，昏鸦争树月来初。餐刍懒驾如羸马，咲字无文似蠹鱼。六十七年观奕客，犹余踪迹厕樵渔。

又

巷接荒城夜色赊，谯钟催动戍楼笳。九重碧落星回近，万里寒空月陟遐。工部思深言有物，宣城语妙笔生花。文章不得天然句，尚属磨刊未到家。

又

衢通九省会燕京，冠盖鸣轲动五更。旅驿平传关塞事，轮蹄争赴利名程。巴人冀有闻猿梦，游子回思倚闾情。岂好劳生违故里，可怜无已载行旌。

又

啧啧忽惊晓梦还，何来冻鹊噪檐间。荣枯绝少关心事，潦倒奚由动喜颜．诗酒陶情渊亮逸，湖山悦性放翁闲。两贤造巳尢违义，未许狂矜窃一斑。

昔年护城河本地泉源从西转南一带清溪可以种稻可以栽莲柳阴垂钓月夜扳罾真佳况也而今不为禾稼即为茂草景物之变迁曷胜惋惜

护城春水绕清溪，曾记踏青息柳堤。五十年前渔钓处，蓬蓬禾黍草萋萋。

柳絮八首

九十韶光有剩妍，荼蘼迟发岂无缘。垂杨为诉三春冷，入夏条条尽着绵。

离树杨花散且飞，翩翩自去弄晴晖。无心反被轻狂误，不管人嫌悄入帏。

百花有子都依树，惟有杨花带子飞。好似人间慈母意，飞来飞去不相违。

悄地无声入院来，随风飘泊令人猜。是绵是雪都成用，只共芦花两不才。

惹草粘帏不自禁，偶随燕子亦无心。有时误挂佳人鬓，错认华钿白发侵。

轻飏得意任他狂，草野公然入玉堂。翰苑游行人不问，可曾腹内有文章。

因风时与画檐齐，欲落几回不肯低。恰似自怜清白体，无言飞过海棠西。

虽系飘飘不定身，扑帘糁径亦宜人。芳辰点缀情无已，绿水浮萍又一新。

半亩园

半亩园宜托兴深，地兼幽僻即山林。犁锄自笑谋生拙，淡泊谁知老去心。桃杏频年蕃及实，榆杨随意各成阴。鸣禽信有忘机乐，对我交交弄好音。

燕子

双双燕子绕回廊，何事频来看草堂。顾我原非曾作主，怜他恰是欲巢梁。乌衣在昔从风雅，僻巷于今近酒狂。若得不嫌人纵饮，明年还至监壶觞。

又

忽来忽往欲如何，镇日逍遥自在过。语每近人原意洽，巢仍旧主似情多。梨花院落频回影，柳絮池塘数点波。风雅于今王谢少，适从谁处听吟哦。

消夏十首

负郭长林耀夕曛，敌楼飞角映霞氛。风翻夏木惊涛转，雨霁残阳鸦背分。任地农桑经绿野，朝天冠盖志青云。邻翁翘首依门望，应有牛羊未下群。

野色苍茫百务休，闲看银汉渡牵牛。疏钟定夜严城静，疲马兼程独旅愁。课业勿缘名利尽，歌吟特验性情流。六朝藻绘饶佳句，风格还宜气骨求。

眉批：雄浑绮丽，兼擅其长。

平明曙色满荒城，捧日五云出海瀛。古木含辉垂白果，藩王遗家啭黄莺。衣冠不省田家务，野草焉知宦海情。注意林园常早起，颇教幽事费裁成。

眉批，起便景象阔大，气味深厚。

辰餐小憩息前楹，坐听黄鹂隔叶鸣。玫瑰泛香红锦璨，芭蕉舒影绿阴横。覃思错应人言事，纵饮还教酒解酲。不有浊醪消永日，那来好景适余生。

眉批：写难写之情，出笔却极跳脱。

小塘莲叶静亭亭，荫绕扶疏垂柳青。燕掠水波成绉縠，鱼惊人影入浮萍。偶余黍麦教储酒，闲课儿童学默经。烦暑不为幽处减，且将箕帚洒槐厅。

昼长卓午益炎蒸，应羡浮图最上层。暑气远随天气廓，日光近似火光凝。珠帘绣户倩挥扇，画阁琼楼迭供冰。惟有渔人清兴好，绿杨阴里尚扳罾。

久传槐夏午荫清，果见槐花照眼明。自古名人留胜迹，由来佳句得真情。书田克裕才华著，世故尝深机械生。学问贵优何所用，半为穷理半敦行。

人品端由学问真，休将名利寄华绅。扬雄徒有《玄经》妙，刘秀空传《七略》新。君子畏刑非畏势，儒生忧道不忧贫。文名要与清操并，母[毋]得图全富贵身。

笔墨消闲夏日长，文章恰是静中忙。人才鼎峙存三国，墨宝玄藏蔑二王。风雅无妨经济事，德施不计利名偿。每因昼寝惭雕朽，默补琢磨坐夜凉。兰亭墨宝，当与天下后世共之。唐太宗竟以殉葬，幽诸玄宫，永不出世。讵非灭绝名流。

过午仍悬畏日威，槐阴深处有斜晖。楼台倒影人闲聚，枝叶朝阳鸟不归。万古自多名莫朽，百年难得意无违。浮生藐藐托天地，畴异沧溟一粒微。

早春

近郭闻朝市，沿郊见早春。蛰虫随气动，宿草随时新。岁月从无已，枯荣凡几循。谁能图不朽，千古作名人。

又

春来人不觉，生意著林塘。抱卵鸦声嫩，牵风柳线黄。闲情无处着，幽事可相将。菜圃花篱里，犁锄笑独忙。

白牡丹

雪为魂魄玉为容，锦绣丛中间气钟。一种清幽何所似，流云乍吐月华浓。

又

昔经天后贬曹州，任买胭脂笑浊流。不见洛阳花似玉，谁言富贵不清幽。

眉批：先生本色。

众春园怀古

物阜民和报政宽，春园逸事缅苏韩。名留岂独文章在，功业曾兼将相安。曲径草饶新雨露，回塘水绕旧波澜。千年胜迹因人著，花木宜邀别眼看。

又

众春园古宋时观，夏木森森遗址宽。尚有楼台停日午，依然花鸟报春阑。松醪漫逐薰风酝，雪浪空存炮石丸。相业文章垂莫朽，非关留迹重苏韩。

冬至

亥子穷阴厄病身，欣逢三五小阳春。吹葭又动黄钟旧，搔首空多白发新。朝市利名争岁月，衣冠文武逐风尘。漫云世事如观弈，谁果逍遥局外人。

牡丹

群芳百卉逊蕃奇，秾艳推王理自宜。花岂有心矜富贵，人胡作意买胭脂。太真色沃三分酒，金带祥呈六相时。不惬清流遭眼白，任施轻薄可曾知。

雨过

炎郊新雨过，薄暮益清幽。东郭横霞绮，西林挂月钩。鸟栖深叶稳，炊动晚烟稠。落日余残照，依稀望斗牛。

望云

乍见云峰起，峥嵘似绘峨。声光含震电，气量运江河。莫测神功巨，惟期惠泽多。时行龙乘化，带雨岂空过。

初夏

芳菲随入夏，曾莫觉春阑。绿满浮萍水，红厌芍药栏。葵心初向日，荷颖渐倾盘。菜圃飞双蝶，风光耐静看。

对酒

岂无长夏闷，每借酒杯挥。蛱蝶穿庭过，蜻蜓入院飞。竹喧风弄影，花绽雨添肥。身外寻常事，何须问是非。

端阳

春风才几日，忽又过端阳。艾叶称尊绿，榴花笑鬓霜。龙舟吴楚剧，忠恨古今长。未见湘江水，长沙意不忘。

牡丹

三春红紫百花明，织巧无多早向荣。牡丹得天原自厚，独饶妩媚殿群英。

又

葛巾玉版传名久，曹国夫人早受知。偏爱非由今俗薄，同情已自李唐时。

又

细蕊浓葩朵朵肥，垂垂带露益芳菲。繁华不入高人眼，莫向清流问是非。

又

雨露何曾异众芳，竹间水际自殊常。檀心不借东皇点，金粉堪迎丽日长。

又

名花美女每相方，飞燕西施古擅场。汉室吴宫成往事，谁还国色妒花王。

又

羊脂白雪玉容端，淡扫胭脂肖色难。若问风流如活态，太真带酒倚阑干。

又

富贵不宜太发扬，应留余技再登场。牡丹客岁曾如锦，此日依然似锦张。

又

彭泽归来爱菊黄，幽芳逸士两相当。牡丹艳丽伊谁似，宜植汾阳富贵堂。

陋室怀古

室陋何妨陋，主人贵德馨。仙龙栖托久，山水得因灵。草色无今古，苔痕异径庭。文章真寿世，千载诵高铭。

又

刘郎虽作古，陋室有余馨。迹岂关存没，人堪纪秀灵。意方诸葛宅，名并子云亭。自喻诚高远，微言寄一铭。

菊花

荻白潭澄木叶黄，雁声嘹唳渡斜阳。菊花不省秋深意，只管凝妆侍草堂。

又

百卉之中数节强，才知逸质胜群芳。迎霜遍体环金甲，战罢西风彻骨香。

又

风翅鹤翎岂翥霄，松针龙爪却神超。东篱未便拟铜雀，亦得秋深锁二乔。

眉批：趣极。

又

留心不到旧朝衣，珍重金环种最稀。培养尤难灯草管，终须秾艳逊杨妃。

又

牡丹果是玉葩肥，不减秋荷取义微。五柳宅非诸葛室，何来羽扇倚柴扉。

又

藕色衣裳醉六郎，不知何谓玉身长。厌闻更有西施面，牙痒令人不可当。

又

肖形肖色檀香球，硕大蓬蓬狮子头。谁道虎须难仿佛，偶然取似莫深求。

又

最宜入画懒梳妆，别有风情意里藏。何日奁前重粉黛，涂唇再着紫霞裳。

又

方菊一如墨菊奇，西风持矩莫参差。黑花果是人间有，畦畔应多洗砚池。

又

檐下阶前孰擅场，金魁色正宜推王。星星扫耳丛生者，名谱不收尚几行。

又

名传百种使人迷，陶令当年果几畦。裛露啜英吟咏日，夫闻色色加品题。

末评:余请妄续二语:“读书解尚不求甚,何况花名琐琐题。”先生应当一笑。

又

白日临窗对酒时,闲中漫拟菊花诗。几回踏遍篱边草,又看灯花落砚池。

眉批:点出作诗意,是十二首结束语。

菊花

半亩蔬园半菊畦,春来每自把锄犁。养叶始终全到底,分枝多寡纵须齐。骨香岂仅称颜色,意淡何尝要品题。直到重阳功告蒇,对花应许醉如泥。

眉批:寄托遥深。

又

欲博尊中趣,无辞艺菊忙。枝疏宜叶密,干短得葩长。既饱三时雨,何惊九月霜。爱闲林下士,应与意同芳。

又

早知秋必至,蓄足一身香。北雁催妆靓,西风试骨强。不争先弄色,应许晚登场。培植功原久,荣华自尔长。

眉批:用功深者,其收名也远。凡事皆当如是观。

散步

心闲身欲动，幽趣自寻求。倚树听禽语，沿溪看水流。屡牵瓜蔓短，间补菊篱稠。散步行郊郭，村农话陇头。

眉批：此等句，虽陶集中不可多得。

待酒

莫言城市近，沽酒每来迟。身世凭天置，诗文惟自知。问年空马齿，无茧愧蚕丝。已迫从心日。还多觅句时。

眉批：诗酒不知老时至，又是东篱一渊明。

暮年

暮年疏对弈，不愿动机心。静阅尘中客，聊开物外襟。老庄参别趣，陶韦嗜闲吟。汲古休嗟晚，华颠日钧深。

眉批：以三诗殿集，可称后劲。

妄谈录一卷

序

古人著一书、立一说，非侈高谈而矜博辨也，原为世道人心计耳。然而此意也，凡著书者皆知之。即凡著书者皆言之，究之言，其所言大抵以新奇之言悦人心，以诡异之言惑人心，以放诞淫佚之言摇荡乎人心，而心之不正，适足启之。求其庄言以警、婉言以讽者卒寡。此虽盈筐积案，亦乌足正人心，以维世道哉！今读达亭先生《妄谈录》一编，及《消闲戏墨》一编，窃有感矣。先生聪明夙负，学问深醇，生平不求闻达，而善气迎人，和情处事，谦抑之怀，久为远近所钦慕。迩来岁登大耋，而心益孜孜，诗不必穷而后工，文可以触手而就。人第知"年弥高而德弥劭"，寿可以德征，而不知言则近而指则远，实德可以言著也。兹编中所载，不过举古今人一言一事而论列之耳，然天地经常之义、身心体用之学，莫不由显入微，因小推大，准情度理，咸有以酌其平而权其当，俾千古大奸大慝，难逃洞鉴，一时愚夫愚妇，亦见婆心。所谓庄言警、婉言讽者，罔弗备焉。此其足以维世道于人心者，夫岂微哉！或曰：言诚可法、可传，惟论说记载无多，令人读之，不能无惜墨之感。夫言之贵精、不贵多也，久矣。古人心传，方十六字，一语抵千百，其胜于连篇累牍者，不甚远乎！然则所谓"妄谈"而"戏墨"者，亦先生自谦抑耳，阅者其勿漫视也可。

咸丰九年岁次己未仲春姻再晚张朴谨志。

妄谈录

定武王檕华达亭著　同里张朴小波评

读《汲冢周书》

《汉魏丛书》有《汲冢周书》,《克殷解》曰:"王既誓,以虎贲、戎车驰商师,商师大崩。商辛奔内,登于鹿台之上,屏遮而自燔于火"、武王"先入,适王所,乃克射之,三发,而后下车。而击之以轻吕,斩之以黄钺,折悬诸太[大]白。"注云:"轻吕,剑名。太白,旗名。折,绝其首。"则是武王躬行弑逆也,有是理乎?"注又云:"此篇乃六国时伪撰,窜入《周书》者也。"《贾子·连语》篇言,纣斗死,"纣之宫卫舆纣躯,弃玉门之外。民之观者皆进蹴之"、"武王使人帷而守之"。夫仓促之际,尚使人帷守,岂忍亲残其躯骸耶?射击斩悬,必无之事,盖谓是书不足据也。然则何必录之?徒令后世好奇之士,资为口谈,诬及圣人,何贵有此书哉?晋太康中,盗发汲郡魏安厘王冢,得此书,故系之"汲冢",即《逸周书》也。班固《艺文志》有《逸周书》七十一篇,刘向谓是孔子删录之余,虽其《文传》《武柔》[1]《王会》《职方》诸篇,陈常垂戒,铨取名物,不无可取;而《酆谋》《世俘》记武王谋代殷,与《克殷》俘馘甚众,语多夸诞,驳而不纯,则是书之所由逸也。夫书以传信,不贵传疑,既为圣人之所删,当逸则逸之,存之,适以害经。鄙意以为,书无论今古,凡语不雅驯,事涉荒唐,有伤名教之处,概宜示戒后人。俾知古人曾有删除之议?《孟子》曰:"尽信书,不如无书。"是在读书者,善为权衡,焉斯得矣。

语不雅驯,尤难为训。概除不传,洵足正人心而卫名教。第此等书随在皆有,安得圣人出而尽删之?

---

① "武柔",当作"柔武",《逸周书》卷三第二十六篇。

读《博物志》

张华《博物志·杂说》言妇人妊娠，“席不正不坐，割不正不食。听诵诗书讽咏之音，不听淫声，不视邪色。以此产子，必贤明端正寿考。所谓父母胎教之法。”此言良是。又云“瞽叟夫妇凶顽而生舜”，焉在其有胎教也？夫瞽叟，经书所载，可以不讳；至言孔子先人有失行，未见经传也。《史记》虽云，然何可据乎？凡人多闻强识，以夸张学问，将欲附为圣贤之徒也，故博物尚矣，乃至妄言毁圣，有读书人不宜出诸口者，何忍污及笔墨？独不思纂缉著书，原以微言见义，而信口妄言，何贵乎学问哉？晋武帝谓之曰：“卿才十倍，博识无伦，但记事采言，犹多浮妄，宜删剪无据，以见成文。”至哉王言！先得我心矣。读《博物志》，宜三复此言。

词尚体要，为矜博洽者下一禁口，闲与前议，皆极其正。

妄言毁圣，名教罪人。此等书，使尽遭秦火，却是快事。王棣华。

读《论衡·异虚》

殷高宗之时，桑谷生于朝，七日大拱。高宗以问祖己。祖己曰：“夫桑谷者，野草也，而生于朝，意朝亡乎！”高宗恐骇，侧身行道，思索先王之政，明养老之义，兴灭国，继绝世，举逸民。桑谷亡。三年之后，诸侯以泽[译]来朝者六国，遂享百年之福。此事古书载者，不一而足，类皆谓高宗听祖己之言，侧身修行，转祸为福，使后世人主，知天道、福善、祸淫，人苟为善，祸可弭，福可致，寓劝勉之意，著书之大旨也。独王仲任《论衡》谓祖己之占不足信，转祸为福之说未必实，以“异虚”名篇，旁引曲证二千余言，未审意欲何为。且云“人之死生，在于命之夭寿，不在行之善恶；国之存亡，在于期之长短，不在政之得失”。此何言哉？将欲教人不必为善乎？无妨为恶乎？悖孰甚焉！夫谓寿夭不在行之善恶，犹可说也，谓存亡不在政之得失，何所据乎？历观往古兴王之主，莫非政得，灭亡之主，莫非政失。盖国之存亡，视乎人心之向背，人心莫不欲安乐、畏涂炭，国家政得、朝野又安，天下太平，安得不存？国家政失，殃及万民，众心离畔，安得不亡？故存亡之机系乎政，如春夏物长、秋冬物凋，寒暖所致，理不爽也。即间有当存不存、当亡不亡之时，非理之常，乃事之变。君子论世，道其常，不道其变，何则？变者非常，不足据也。仲任言“存亡不在政之得失”，将使世之人主何所法守乎？夫桑谷之异，或吉或凶，在天者诚有不可知，乃必谓亡象已见，虽侧身修行，亦无所益；如龙漦夏庭，为亡周之妖，虽五圣十贤相与却之，终不能灭也。如河发昆仑，播于九河，虽尧禹之圣却以善政，终不能使之还也。如此譬喻，其理果安在乎？又因雉雊于鼎，祖己以为告，驳之曰：雉为野鸟，桑谷野草，“雉伏野草之中，草覆野鸟之形，若民处草庐之中，可谓人吉而庐凶乎？民人入都，不谓之凶，野草生朝，何故不吉？”鬯草野物，与桑谷何异？“灌鬯降神，则以为吉，桑亦饲蚕，丝帛为衣，以入宗庙，与鬯无异，何以谓之凶？”凡此辩驳，于义果有当乎？夫祖己之言，因非常之事，寓勉戒之意。高宗贤君，益修善政，于义何伤、于理何害？使后世信转祸为福之说，遇灾异，勉修省，于世道人心独无所益乎？何故驳之，以启后人之疑，而令善言不见信于来兹耶？且仲任好驳异说，亦宜择其当驳者驳之，如羿射九日、武王止风、鲁阳挥戈、日退三舍，理之所无，辩之驳之，有何不可？若桑谷之文，未可目为荒唐不经也。晓岚先生称王仲任引经据古，博辩宏通，愚以为仲任之论桑谷，博则博矣，辩则辩矣，毋乃非圣贤立教之道、儒者著书之义乎？

当驳者驳之，为好驳异说者示一正路。

奉圣贤立教之意为准则，所以持论极醇。棣华。

唐太宗力取兰亭

唐太宗听政之暇，耽玩翰墨，羲之真草，购募备尽，惟《兰亭》未得。后知在僧智永弟子辨才处，乃敕追辨才入内道场，恩赉优恰。言次问及《兰亭》，百端善诱，辨才确称师没后荐经丧乱，已失亡矣。遂放归，后更推究，实在辨才处。又敕追辨才入内，问《兰亭》者三度，终靳固不出。乃命监察御史萧翼设计谋取，翼祈得二王帖三数通，改冠微服，得与辨才诗酒往还，意甚相得。一日，翼谓才曰："二王书，自幼酷好，常以数本自随。"因出以示辨才。才熟视，详审曰："是则是矣，然未佳也。予有一本，颇殊常。"翼曰："何帖？"才曰："《兰亭》。"翼笑曰："数经离乱，真迹岂在？必是响榻伪作耳。"才曰："先师临亡之时，亲付于吾，那得参差？"于是自屋梁上取出，翼故驳瑕指颣曰："果是响榻书也。"纷竞不已，自是之后，与翼二王帖并置几案间，遂不复藏。翼俟辨才出，遂取《兰亭》并二王帖赴驿走。使召辨才云："侍御须见。"辨才来，见御史，乃房中萧生也。翼云："奉敕取《兰亭》，《兰亭》已得，故与师别耳。"才闻语，便绝倒，良久乃苏，翼即驰去。才因惊悸，岁余竟卒。及太宗临崩，谓高宗曰："吾欲得《兰亭》，可与我将去。"后遂入昭陵矣，事载《太平广记》。余谓唐太宗英明之主，慕《兰亭》而不以力取，不失君人之度，乃命萧翼诈取，致辨才殒命，非力取而何？揆诸仁义，当不如是。且《兰亭》墨宝，世间尤物，当与天下后世共之，乃必置诸元宫，永不出世，与枯骨并朽，诚何益哉？岂以幽冥有知，尚得耽玩自娱耶？蚩矣！贞观之治，号小尧舜，然政则真善，人则假仁。屈指惭德，此犹微眚。但推其好名之意，岂以此无所利益之为，遂不顾其假仁、假义之素乎？故披览之际，且信且疑。

正大之论，以圆融结之，弥觉浑滔不尽。

唐末节度使温韬尽发唐诸陵，当时号为"掘坟贼"。发陵时，见内有东西石室，悉藏钟、王真迹，皆以石匣盛之，后世所传钟、王真迹，多半温韬掘出物也，事见欧公《五代史》。按《兰亭》亦于是时出世，流落定武。即今定州。民间故有定武石刻。然则《兰亭》殉葬，其愚实甚。侄孙朝笏谨志。

三史王生

《太平广记》：有王生者，不记其名，业三史，博览甚精。尝游沛，因醉入高祖庙，顾神座，笑曰："提三尺，灭暴秦，剪强楚，而不能免其母乌老之称，曷以威加四海哉？"是夕生寐，即见数十卒，擒之庙庭，高祖按剑怒曰："史籍未览数纸，而敢亵渎尊神，付所司处以犯上之罪。"语未终，而西南有清道者，扬言："太公来。"方及阶，顾王生曰："斯何人，而见辱之甚也？"汉祖降阶对曰："此妄人也，罪当斩。"王生厉声曰："臣览史籍，见侮慢其君亲者，尚无所贬，而贱臣戏语神庙，乃肆于市朝哉？"汉祖怒曰："典籍间果有侮慢其君亲者？当试征之。"生曰："臣敢征大王，可乎？"曰："可。"生曰："王即位，会群臣，置酒前殿，献太上皇寿，有之乎？"曰："有之。""既献寿，乃曰：'大人常以臣无赖，不事产业，不如仲力，今某之业，孰与仲多？'有之乎？"曰："有之。""殿上群臣皆呼万岁，大笑为乐，有之乎？"曰："有之。"生曰："是即侮慢其君亲矣。"太公曰："此人理不可屈，宜速逐之，不尔，必遭杯羹之让也。"汉祖默然良久，曰："斩此物，污我三尺。"令左右捽发掴之。一掴而苏，东方明矣。余读斯文，而私心窃有所称善者三焉：夫王生为今古伸大义、批逆鳞，可谓善用其直矣；太公一言，汉祖与王生争辩之气遂息，可谓善于解纷矣；汉祖闻太公之言，雷霆遽寂，而仅逞威于一掴，亦当善其能伏善乎！抑又有三快焉：试思汉祖之所以处太公者，太公必不无芥蒂于心，惟碍于父子之情，又慑于天子之尊，含忍而不能出诸口者，其所蕴蓄于地下者，千有余载，一旦得王生，而蕴蓄一泄，则为太公快；王生争论汉祖之惭德，而不能折其心，得太公杯羹之言，觉己之所争者，犹不如是之切骨中綮也，则为王生快；对群臣数太公与分羹之对，世人未必尽知，即有议及者，仍恨不能遇汉祖而亲究之，兹得王生、太公与汉祖当面剖析，而人之积不平于中者，豁然爽释，更为天下后世之人心快。虽然，鄙议如此，未知世之读斯文者，果能与余同心焉？否耶？《高帝纪》称：母媪在大泽中，太公往视，见有交龙其上，遂有谓汉高乃龙交所生，非太公子也。若然，则又当别论。

向见李双圃先生拟高祖《再上太公启》，极辩分羹之事，当时或有他说。然侮慢之论，绝不为刻。"三善"之称，尤快绝千古。

哀梨并剪，无此爽神。结意尤尖毒。棣华。

按《史记》，汉祖五日一朝。太公家令说太公曰："彼人主也，而恒朝于公，公危矣。俟再来时，公当奉篲迎于门外。"及高帝至，见太公拥篲出迎，大惊问故。太公即以家令之言对。高祖虽逊谢，然心善之，后赐家令五百金。夫心善之，且赐金，良史诛心之笔也。朝笏志。

里有张氏子，螟蛉者也，酒博，不事产业。其本生母饥寒无告，诣张求小赒济。张辄抵牾不逊。母怒以首触张，张迎拒之，扑母倒地。两相搏，滚作一团。孙青山者，魁伟后生也，愤曰："可恶之甚！"即捽张按之，大肆捶楚。张自知无理，默受而已。观者称快。此余幼时所见，垂三四十年，因观王生论太公一事，偶忆及之，附记于此，以见天经地义，原于人心忤逆之事，旁观愤怒，不必事关乎己也。

举以快心，亦足醒世。

申鸣

《诗传》曰：楚有士曰申鸣，治园以养父母，孝闻于楚王，召之，申鸣辞不仕。其父曰："王欲用汝，何为辞之？"申鸣曰："何舍为子，乃为臣乎？”其父曰：“使汝有禄于国，有位于廷，汝乐而我无忧矣。我欲汝之仕也。”申鸣曰：“诺。”遂之朝受命，楚王以为左司马。其年，遇白公之乱，杀令尹子西、司马子期。申鸣因以兵之卫。白公谓石乞曰：“申鸣，天下勇士也。今将兵，为之奈何？”石乞曰：“吾闻申鸣，孝子也，盍劫其父以兵，使人谓申鸣曰：‘子与我，则与子楚国。不与我，则杀乃父。’”申鸣流涕而应之曰：”始则父之子，今则君之臣，已不得为孝子矣。安得不为忠臣乎？”援桴鼓之，遂杀白公，其父亦死焉。王归赏之。申鸣曰：“受君之禄，避君之难，非忠臣也。正君之法，以杀其父，又非孝子也。行不两全，名不两立，悲夫！若此而生，何以示天下之士哉！”遂自刎而死。《诗》曰：“进退维谷。”此言申鸣忠孝之情义难两尽，故曰：“进退维谷。”然特侠士之义，非圣贤之义也。夫义者，宜也，权轻重、辨是非，准乎天理，合乎人情，行乎心之所安之谓也。徐元直事刘先主，曹操劫其母以胁之，元直去刘归曹，未闻有非之者。顺乎情、合乎义也。此犹其小焉、浅焉者耳。至大至公，莫若天下，舜受尧之天下，孰与申鸣受楚之爵禄？孟子曰“舜视弃天下犹弃敝蹝也。窃负而逃，遵海滨而处，终身䜣然，乐而忘天下。”孟子言舜之情，酌乎义矣，岂非义而孟子言之？盖亦准乎天理，合乎人情，度其心之所安也，不如是，而舜心安乎？天下后世之人心安乎？人有五常，仁、义、礼、智、信也，五者并重，而皆以义为准，盖仁、礼、智、信，各适其当之，谓义。申鸣为君之故，致父之死，不足言仁；不足言仁，何以言义？视父之死，不能致情，不足言礼，不足言礼，何以言义？父危未死，无术以救，可谓智乎？不可谓智，又奚有于义？至于信，尤有当不当之殊，无当于信，即无当于义也。孔子适卫，路出于蒲，会公孙氏以蒲叛卫，而止之，曰：“苟无适卫，吾则出子。”乃盟孔子，而出之东门。孔子遂适卫。子贡曰：“盟可负乎？”孔子曰：“要我以盟，非义也。”圣人不嫌于背盟，盖亦权其轻重、辨其是非，背盟，正所以取义也。为申鸣者，独不可以要盟，出父于死，而后以兵进乎？若然，则尽忠、尽孝，可以两全，义孰大焉！奈之何以子子为义，丧其亲，并丧其身耶？故曰侠士之义，非圣贤之义也。彼申鸣者，如明圣贤之义，又何“进退维谷”之有？

子子之义，千秋定论。圣贤所以别于侠士者，固自有在权轻重云云，可谓识其要矣。

圣人人伦之至，处常、处变无不适，协乎天理人情之安。尚勇气，不法圣贤，宜其“进退维谷”也。不然，处人伦之变，以圣贤为准则，无不两全之忠孝。

眉批：以圣人为法，自得善全之法，惜乎申鸣不闻。

徐有功

凡人持躬涉世，勤俭最要。然亦须行之得宜，乃足多耳。徐有功者，郡之杨城人，细民也。性俭啬，耕作自苦，惜刍豆之费，止畜一牛，每驾，自乃衔而代骖，乡人率以勤俭，多其能为十年计者。树木惟杨速生，杨之材者，可三丈余，而徐之杨尤出众，每四丈余，以其功善也。尝猱升理焉，两杨相去六七尺，度枝交处，可越而过，较猱升为捷，乃以绳掷彼柯，回其端系腰，冀悬而可攀，不防绳绝身坠，伤股摧腰，病三年始愈。弄巧成拙，人皆非笑之。及杨可栋材，伐之既仆，根，稍斫尽，未能离坎量移，非五六人之力不可，恶其烦费，乃以牛引，鞭之克济，离圹尺余，不能上，自乃入坎推之，且推且鞭，濒出，而力不继，稍驰，牛缩树回，触小腹，挤之毙。呜呼哀哉！愚何如之！凡此冒死出奇之技，总为省功惜费而然，乃殚精竭力，讵非克己之义，而卒不得其死，天道无乃瞆瞆，而不然也。盖俭固美德，勤亦善术，乃至蹈危涉险，草芥其身，非有勋名气节之关，徒事苟且徼幸之计，则鄙吝猥琐之意，人且不取，天何鉴哉！故人谋生作业，止可尽其当然，必至舍生忘死，争盈虚于毫末之微，君子惟哀其愚而已矣，又何足多！

勤俭，美德也，至此则愚，真可哀。然世亦有明知而为之者，且曰“人为财死，古今通义”，似亦“尽其当然”也，抑独何哉！

刘梦得

刘梦得之妓，色艺无双，名闻李相逢吉，设局霸去。刘不敢问，愁思聊作四诗以寄，慨诗曰：“玉钗重合两无缘，鱼在深潭鹤在天。得意紫鸾休舞镜，寄言青鸟罢衔笺。金盆已覆难收水，玉轸长抛不续弦。若向蘼芜山下遇，遥将红泪洒穷泉。”“鸾飞远树栖何处，凤得新巢已去心。红壁尚留香漠漠，碧云初散信沉沉。情知点污投泥玉，犹自经营买笑金。从此山头似人石，丈夫形状泪痕深。”“人曾何处更寻看，虽是生离死一般。买笑树边花已老，画眉窗下月犹残。云藏巫峡音容断，路隔星桥过往难。莫怪诗成无泪滴，尽倾东海亦须干。”“三山不见海沉沉，岂有仙踪更可寻。青鸟去时云路断，嫦娥归处月宫深。纱窗遥想春相忆，书幌谁怜夜独吟。料得夜来天上镜，只因偏照两人心。”诗中讹音重复之处，疑是传写之误，而清新之句，耐人咀咏。自是晚唐名家，但无一字一意敢及于李，可谓畏势之极，而人之操行趋向，于此可见。

狄武襄

鬼神之事，渺茫无据，故圣人不语。然而神道设教，自古有之，亦不得尽执道学之见，顾其事何如耳。狄青征侬智高，兵出桂林，因南俗尚鬼，将以胜负决于神。自持百钱，祝曰：“如果大捷，则投此百钱尽钱面。”左右谏止，倘不如意，恐阻师。青不听，万目耸视。挥手一掷，百钱皆面。于是万众欢呼，声震林野。青亦大喜，顾左右取百钉来，随钱疏密，布地而帖，钉之，加以青纱笼，手自封焉，曰：“俟凯旋，当谢神取钱。”其后平邕州，还师，如言取钱，幕府士大夫共视，乃两面钱也。盖兵出险绝，士心惶惑，故假神道以坚之耳。虽系权术，未免遗诮大方。然而兵以气盛，机宜动关废兴，迂阔鲜能济事。兵术固不得以儒术操也。古来名将，类有出人之智略，岂漫握《韬》《钤》，遂足以名垂竹帛哉？《智囊谱》列此于权奇之部，亦机变之无妨于义者也。矧功成之后，仍令人知其为两面钱，终不以巫蛊惑人乎，讵得以行伍易武襄也。

知权术，方可与论兵。若执道学家言，则是宋襄论兵矣。

李璀

李怀光解奉天之围，千里勤王，咫尺不得面君。德宗于颠覆之际，殊失抚御将帅之道，屈在朝廷，而怀光用是怏怏，卒成叛逆，罪亦莫逭。唐之中业，方镇不廷，纲维亦寖弛矣，迹厥来由，固是国家因循姑息之弊，然亦实由力所不及焉，而跳梁跋扈之徒，遂相沿成风。恭顺如汾阳，臣节以德量而优，亦何可多得哉！彼怀光者，虽有叛志，尚非朱泚、李希烈之比，故欲抚绥，以回其意，及铁券之赐，益触其怒，而反形遂成，是尚得借口于为奸臣所排乎？其子监察御史李璀，密语于德宗曰："臣父必负陛下，愿早为之备。臣闻君父一也，但今日陛下未能诛臣父，而臣父足一危陛下，故不忍不言。臣非不爱父与宗族也，顾力竭不能回耳。"德宗曰："然则卿以何策自免？"对曰："臣父败，臣与之俱死。复有何策哉？若臣卖父求生，陛下亦安用之？"贤哉璀乎！读史者宜共监其心，盖以视君之危为不忠，首父之逆为不孝，忠臣孝子之义，较然于心，难乎为情矣。向使知父悖逆而隐不言，抑或将顺其非，以共蹈于覆殁，不过叛臣之妄子而已，曾何有于纲常礼义之数哉？惟念君不可背、父不可从，处无可奈何之际，以死自决，遭伦常之变，无容再思矣，斯其所以为贤也。乃论者谓德宗既欲全之，则宜预诏马燧以怀光叛逆罪，正其身，念尝勤王，特宥其子，使怀光父子知之，则怀光必使璀勿死，而璀亦可以不死矣。嗟乎！岂知璀者哉？夫璀之当死与不当死，岂在宥之与不宥乎？如果宥之，即不死，是以忠君者图自免矣，父死之谓何，又因以为利，尚得为贤乎？且忠孝一致也，不为父死，又焉能为君死？璀之言曰："使臣卖父求生，陛下亦安用之？"正此意也。《礼》曰："子之事亲，三谏不听，则号泣而随之。"此言泛常之过失，非弑君之事也。父欲弑君，号泣而从之，父欲弑父，亦号泣而从之乎？是必夺刃而逃，以自殒于沟壑，无二术也。璀之献款，以期必死，即此义也，善乎！李邺侯之言曰："使璀不死，则亦不足贵矣。"是真明此义者也，谓璀宥之即可以不死，读史管见，得勿误乎？

于忠孝大节关头，知明处当，决断不移，此亦非天性纯粹、深明义理者不能辨，为之难，谈之岂易哉？

马伏波

马伏波谓梁松、窦固曰："凡人富贵，当使可复贱也，如卿等欲不可复贱，居高坚自持，勉思鄙言！"此自是正言，乃松、固辈纨绮之习，方以勋戚相高，焉能省悟？不徒不念长者规诫之义，反以为衔，正伏波胎祸之几也。甚矣！言之于人，可不慎哉？尝见风雅之士，每以诗文触人讳忌，岂不自知？直以文情所至，不暇顾避，复不欲裁抑，明知故犯，往往然矣。伏波《诫兄子严敦书》曰："吾欲汝曹闻人过失，如闻父母之名，耳可得闻，口不可得言也。好议论人长短，妄是非正法，此吾所大恶，宁死不愿闻子孙有此行也。"情真义正，谅非虚辞。乃复论龙伯高、杜季良之为人，独非议人短长乎？何自不详慎也，而果以此致祸。噫！文章之误人，良足慨已。盖文人弄笔，惟患言不中窍，自不能化方为圆，故谈忠则妨奸，称正则碍邪，贾祸招尤，载籍以来何可胜数？然则纵笔墨之欲，不惩殷鉴，故蹈覆辙，诚古今之通病也，岂独一马伏波哉！

胡后乱魏

北魏拓拔氏立太子，辄杀其母，防母后临朝也。吁！如此刻深，而欲子孙昌盛、国家太平，天道当不如是瞶瞶。方正学有云："虑天下者……各惩前代之所由亡而为之备；而其亡也，皆出于所备之外"、"盖其智力之所能及者，人事之宜然，而出于智力之不及者，天道也。"诚哉是言也！夫国家盛衰，事理之常，防患杜弊，只可尽其当然，不欲母后临朝，但宜垂训示戒，谕大臣、教子孙，如明太祖之不用宦寺，立法在初，敕后嗣勿渝祖宗之制，如斯而已。至于后世之遵与不遵，原难求其必然也。如求必然，则非杀后不已。天地以好生为德，立其子、杀其母，残刻之行，实伤天地之和，如此而不危亡，岂天或宥之哉？时未至也。周宣王之时，童谣曰："檿弧萁服，实亡周国。"宣王即求卖是器者而戮之，而其人逃，褒姒乃由是人而得生。唐太宗闻武氏之杀其子孙，求人于疑似之际而除之，而乱唐室者，卒为武氏。以天子之尊，操生杀之柄，而不能剪祸机之萌，亦可以见人事之无权矣。宁杀后，遂足以保运祚之灵长乎？然向使元氏或以他事致乱，亡犹不足以见报应之不爽，论世者将付为运数之适然耳。乃元氏不杀太子之母，自充华胡氏始，非不杀也，欲杀之而不得也。夫以高后之专制，欲杀胡氏，而刘腾泄之，而崔光匿之，而胡氏果行秽乱，弑后弑君，卒成祸败者，岂尽人事哉！此其默默中皆有天意存焉。世之读史者，毋以高后之不杀充华为人事之疏，致贻后来弑逆之祸，当信充华之倾覆魏室为天网之密，所以报前此杀后之残也。明德之君子，必韪斯言。

世有云"刻薄成家，理无久享"，家国无二，正可合观。

季母杀父

父母之尊亲，一也。至于人伦之变，法当有间。父杀母，子复雠，不问其事，总以逆论；母杀父，子复雠，即以逆论，尚当究其事以明法，矧季母乎？昔有季母杀其父，而其子杀之者，有司欲当以大逆，驳之者曰："文姜与弑鲁桓，《春秋》去其《姜氏》，《传》谓'绝不为亲，礼也'。夫绝不为亲，即凡人耳。方之古义，宜以'非司寇而擅杀'当之，不当以逆论。"人以为允。余以为论者固差，驳者亦未尽斟酌。夫"非司寇而擅杀"，是平人相杀也。平人相杀，法应敌，子复父雠，而不免于敌，将使父雠可勿复乎？父为子纲，夫为妻纲，人之大伦也，犯之为逆，逆伦之人，人人得而诛之，矧复父雠于绝不为亲之人乎？其所欠者，未奉法耳。不奉法，不得无罪。然蔑法固非治，蔑伦尤非治。妻杀夫，必无可恕之义，不奉法，犹有当原之情。余以为劓、刖、徒、流，任所置之，惟宜恕其死以原其情，可也。盖帝王治世，纲常为本，政刑其末也，未有伦废而法能行者也。王道顺乎人情，人情不顺，而止以法，临是刑名法术之治也，其溃可立而待。妻杀其夫，人所公愤，子复父雠，人所至快。人各有伦，天性然也。如谓夫妇为伦，母子非伦乎？然既曰："绝不为亲，即不在伦中，不以逆论也。"不以逆论，而仍不免于死，是为法计耳。法主雪冤，子复父雠而伏法，父冤何雪？必母死，父冤始伸矣。如母死，子亦死，虽名为法死，而实为母死。逆妇一命，而父子两命敌之，母心甘，父心不益痛乎？然则"非司寇而擅杀"之论，讵非不量人情，不问是非？第曰"杀人者死"，无乃涉于滥而失罪疑，惟轻之义乎？故吾谓此狱，论者固差，驳者亦未尽斟酌。书之，以质明礼义之君子。

但为法计，几成不可易之律例。此当时断案者同病也。原情之论，斟酌极当，恕死一条，较柳子厚《驳复雠说》尤为精细。

父子异居

父子异居，末世之浇风甚之。子富父贫，人情尚可问乎？昔张晋为刑部，民有与父异居而富者，父夜穿垣，将入取赀，子以为盗也，瞯其入，扑杀之，取烛视尸，则父也。吏议子杀父不宜纵，而实拒盗，不知其为父，又不当诛。久不能决。晋奋笔曰："杀贼可恕，不孝当诛。子有余财，而使父贫为盗，不孝明矣。"竟杀之。至哉此论！惟天性纯粹、深明礼义之君子为能处此而不疑。夫父子一体也，父之财无不可为子之财，而子之财或不能为父之财，世道寖衰，村氓无知，已为深痛，乃至衣冠之族不免此弊，可胜浩叹。人情爱子，无所不至，人子幼而无知，既长，亦习以为常，焉知父母之爱己，有甚于爱其身者哉！身且不爱，况其财乎？迨至子既有子，其所爱之亦复无所不至。谚曰："养小才知父母恩"，于此不悟，尚有悟时乎？故厚于慈而薄于孝，遂成莫可挽回之敝俗已，又安望其以子之财为父之财也？虽然，人为万物之灵，其所以异于禽兽者，以有彝伦之序也。羊羔跪乳之恩、乌鸦反哺之义，人无贤愚，皆知其为美谈，谁无父母，岂遂忘之？然而于物则明，于己则昧，竟无如其知而不知，何也？然则子杀父而狱，有疑风俗之误人也，苟非皎然于人之义者，乌能知其为不孝哉？吾故曰：惟天性纯粹、深明礼义之君子为能处此而不疑。若汉高祖、柴世宗，当无此断案。何也？身为天子，未闻有推崇父母之举也，使为小民，亦将令父窃其财矣，安能断此！

断案者固明，决论案者反复推勘，曲尽人情，亦透快之极。此正从天性纯粹、深明义理得来。

典雅士

"父顽母嚚"，史臣之载笔，非舜语也。"犁牛之子骍且角"，孔子之言，非仲弓自谓也。尝见古书有典雅之士，以文学著名，自述身出尾琐，乃曰"叟顽无妨舜圣，母犁何碍子骍"，以为典雅。呜呼！是可忍也，孰不可忍也。

懔若冰霜，严于斧钺，为侈谈典雅者下一顶门针、打一当头棒。

两义传

人生财命，自有定数，数未合，谋之不获，数应得，却之不去。有商旅三人，各赍千金，联辔徐行。一人所乘骡忽逸，狂奔踶趹数武外，商人颠坠，一足挂镫，拖驰数里始脱，昏绝在地。二人踪迹继至，见其衣履破裂，额颊毁伤，抶唤半晌始苏。乃夹扶入近村逆旅安顿。翌日，二人曰："君赀驉遗失，寻访尚须时日，我等先发，批籴随行，代君处置。"商曰："勿需！丧资亡骑，那便追复？事关重大，须回铺处分。"二人遂行，商自百计推求，两日无耗，履绽滞步，倩匠锥补，不禁欷歔嗒丧。匠曰："客何嗟郁之甚?"语之故。匠曰："资固在耳，试诣征之。"乃荷担前行，导至一村，见破屋数椽，匠息肩入，唤客曰："来！秽恶勿哂。"入其室，有妇蓬首蓝缕，绩败榻上。复室半间，墙缺通幽，中积乱柴一堆。匠翻柴出橐，请客检视，件数无讹。客喜出望外，谓匠曰："君诚义士，何以报德？语云：'拾金不昧，律应得半'，今一失一获，瓜分而可。"匠曰："胡然！世间物各有主，非我所有，丝毫不羡。况此多金，非分之加，据之不祥。"客请以百金为酬，匠复不可，曰："报善自有天鉴，我命非穷，手艺亦有发迹之日，我命当贫，外财适供灾病之资。鄙意早决，无劳多让。"客曰："果尔，铭心高厚，当识姓名，以图后效。"乃谨志姓名而去。越十数日，客与财东铺伙，载具羊酒稞榼，踵门伸谢。匠一见，惊喜不意，曰："诸君盛意，何以克当？湫隘蓬荜，愧无住足之处，然既来，想不以鄙陋见哂。"即请入室，各致殷勤，称义颂德，欢然一室。见妇抱儿避出，东公曰："在抱令嗣，男耶？女耶?"匠曰："孺男，生五月矣。"东公曰："鄙人弱息，齿龄相若，愿缔姻盟，若何?"匠大惊，异曰："丝萝乔木，何得妄攀！有此一言，折儿寿算矣，不敢闻命。"东曰："意气相投，即姻缘数定，岂以贫富为嫌？况君厚德载福，不忧后嗣不昌，仰慕高深，幸勿过拒。”匠执不可，恳祈再四，竟易婚帖以行。妇语匠曰：“结亲须门户相当，一富一贫，异日恐难相处。”匠曰：“彼必欲之，可将若何？”未几，太亲翁讣至。妇曰：“如何？家无斗储，何以为仪？”匠曰：“无妨，我之贫乏，亲公所知。仪薄形秽，当不见责。院中枣树可易钱五百，足充赙仪。汝又何忧？”及发树，得砖甓古甃，决开，藏镪无算。夫妻暗喜，急覆之。至夜深人静，搬运入室，堆积柴下。届期，以破笥装银，肩挑赴吊。是日，丧家亲友毕集，主人遣人于村外迎候，新亲过午不至，迎者覆曰：“衣冠簇簇，并无宾而匠者。”主人曰：“非汝所识，我自去认。”除去缞麻，才出，见匠据破笥，迎门注视，主人指曰：“此非亲家而何？汝等不识，多有怠慢。”寒暄毕，令人代荷其挑，匠曰：“不必，我自挑之。”争之再三，竟自挑入，至灵位前，焚楮吊奠。启笥，出白镪二十锭陈几上，曰：“粗鄙之人，未经礼仪，不知当何措办，敬献不腆，聊表微忱。”众皆愕然。主人亦异，请入丧次，叩厥来由。匠乃备陈所以，主人曰：“如此厚仪，岂敢竟受？当必赍还。但君骤得多金，恐生物议。君明日且回，俟我事完，当谋善处。”及丧事已毕，声言代婿安家，粮米柴草，箱柜几凳，一切什物，装载十数车，运至匠家。村人聚观，称赞不休。从此鸠工庀材，土木大兴，兼置庄用，三二年间，居然富翁矣。人第知为亲戚所助，而不知实天降之福也。闻此事者，莫不称匠之义，世所罕觏。不知纨绮之习，忘形贫贱，亦岂凡人所能者哉？当其乍见孺子，决意东床，千金之报，已盟心矣，固不徒令德昌后自具特识也，然则义施义报，慨然豪侠之举，匠固魁焉。维彼多财，宁独亚欤？

世惟明眼人，乃能作快事。匠与商，其相得益彰耳。

论诗

尝见某书论杜诗“蜀主窥吴幸三峡，崩年亦在永安宫”，称“主”不称“帝”，言“窥”不言“征”，见工部不满昭烈，不以正统许蜀之微意，此真穿凿附会之谈。殊不思曰“幸”、曰“崩”，非帝而何？又“翠华”、“玉殿”，非天子之制乎？于虚无中想像其有，正见以帝尊之之意，如谓称“主”、称“窥”俱有微意，杜公未必自相矛盾。盖世以“先主”称昭烈，相沿已久，言“蜀主”，仍旧号耳。“窥”字取其音韵含蓄，于义亦甚无关碍。诗家炼句，以音节为重，常在一两字之间。试改“主”字为“帝”字，改“窥”字为“征”字，岂不索然无味？故随园言“群山万壑赴荆门”，音节在一“群”字，试以“千”字易“群”字，岂不现成？而味即差矣，洵知言哉！

公深于诗，于此可见。能诗者往往穿凿附会，殊属恨事，识此，可爽然自失矣。

蕉花论

草本芭蕉，不花不实。堂弟纶音旧有一本，巨可倍拱，高与檐齐，廿余年物也。岁己丑，夏乃开花，状类秋禾出颖，蕊繁似葵，有穗似稻，无色无香，甚不足观，至秋后枯死。冬，纶音弟弃诸孤。初，芭蕉之来自表弟温方夏处移植者，庚寅夏，方夏之蕉亦华，其年八月，姑丈晓峰公捐馆。众议以为芭蕉不祥之物，华即死，不利家长。物贵兆吉，何用占凶？时余小新植一株，儿辈鉴此二事，遂恶之，不加护。惜冬冒积雪，春遂不生，自尔不复植此种矣。近见《太平广记》载唐开元二年，终南山竹开花结子，绵亘山谷，岭南亦然，其竹并枯死，岁则大饥。后汉襄楷云：“人家竹结实枯死者，家长当之。”蕉与竹均非长花之物，花即反常，反常者不祥，家主当之，古人固有是说，然余则谓蕉心为叶，生机内含，华则为茎，中实矣，无复生机，故枯，是当斫去原本，其根自别生萌芽，物性含生之异于人乎！何与时或人寿当终，物命适尽，偶然相值，殃咎自钟，两不相涉也。即云蕉花为灾眚之兆，良由人运不吉，物或应之，是灾以启兆，非兆能致灾。左氏所谓“妖由人兴”也。如人有疾病，老鸦哀鸣，患病之家以为不祥，遂恶之、怨之，驱逐必力。殊不知鸦乃慈鸟，人病沉疴，灾祲之气，鸟能见之，故鸣。是鸟以人病而鸣，非人因鸟鸣而病。病不至死，即鸦鸣，疾不加剧。病果不起，鸦即不鸣，疾能瘳乎？推之蕉花，亦犹是也。然则人苟寿命未终，芭蕉焉能致人之死？

达观之见，出自通人。反复推来，不独解惑，兼有解颐之趣。

姊隐弟田

昔有庞氏姊妹三人，共隐其幼弟田。弟状，讼于官，不得直，贫甚，至为人佣奴。后令复讯，三人皆服罪吐田，弟泣拜，愿以田之半作佛事为报。令晓之曰：“三姊皆汝同气，方汝幼时，非若为主之，汝不几为他人鱼肉乎！与其捐半供佛，孰若分遗三姊。”弟泣拜听命。吁！贤哉弟乎！使其不与，亦在情理之中，泣而听命者，伤心同胞之谊，而不忍言也。彼为之姊者，苟有人心，宁不愧死。夫父母之财产，子固应得，女即稍有所分，亦未为不可，何必全吞而自陷于昧心哉！独不念孤弱幼弟，乃父母之遗，使己有余财，尚当周给。矧隐其所有，致令为人佣奴，何其太忍！然而天之生物不齐，戾气所钟，固有人面兽心、骨肉仇雠，较三姊为尤甚者。尝见衣冠之族，礼义之嗣，亲昆弟同父母赀财起隙，机械生心，其相倾危之势，真有落陷井不一引手救，反挤之又下石焉者。使旁观骇叹，为之寒心。而其人方且扬扬，自诩得计，不知人之指目交集，窃窃然议其后也。是果天之生物不仁欤？抑其人之自丧其天耶？噫嘻悲夫！言念及此，彼三女子者，又奚足责哉？

因财昧心，妇人女子已自不可，衣冠若是，所谓“衣冠禽兽”

者也。

欺死父

妻妾事夫，名分虽殊，然而男女之情则一也。故人子于庶母，亦不得视为路人。昔有人嬖其妾者，治命与二子均分。二子谓妾无分法，遂致成狱。噫！何太过也！《礼》曰："父母之所爱，亦爱之。"即令稍耗父产，亦在情理之中，况终复归子乎？乃竟违父教令，不避兴讼，是欺死父也。吾谓二子，宜读《甘棠》之诗。

末二句，如老吏断狱，而笔力直抗龙门。

言简意该，读此亦可以广人之孝思。结笔风流蕴藉，绰有远神。

见鬼

孔子曰："敬鬼神而远之。"圣人之言，所见者远矣。盖鬼神之事，不可言无，不可言有。故曰："祭如在。"言孝子之诚，思亲如见，非果见也。果见，即成魔矣。岂理也哉！邢晋斋亲家言：相家庄某生，父殁十年，生务举业。一日，独坐斋中，忽有搴帘入者，则其父也。衣冠容貌，一如平生。生愕然惊异，然以天伦再见，至情发动，初无畏怖，问："我爹适从何来？"父曰："人世隔绝，离绪莫释，特来探视。我之烟袋荷包，屏置何所？使我思烟如渴。"言次即坐，生急具烟，敲火以进。相对无词，烟毕置具，遽起欲去。生再三恳留，不答，竟出。生亦随出，步出街门，瞥然不见。生乃大痛，号啕而归。家人集问，生述所见，回忆殓时未设烟具，悔恨无及。翌日赴郡，将备市烟具，拟于夜间旷野焚化。遇窗友某，语之故。友曰："君毋招魔，人亡再见，断无此理。即使灵魂未泯，阴阳异趋，白昼见形，恐非佳善。且鬼神之情，人难略定，敬远之义，君其慎诸！”生曰：“父子之亲，焉有疑虑？亲承音旨，情何能已。”弗听，竟市烟具以归。述窗友之言，家人亦不以为然。入夜，生自郊外焚之。越三四日，偶有客至。园中有韭，将取以供客。生自携镰去，久之不返。家人往视，园中无人，见韭镰在井上，窥井，水犹泛动，急呼人来，救拯出，已绝。始信窗友之言，所论非误。余以为，生之死，不必果由父之鬼也。人命将尽，阳气衰寝，邪魔得以犯之，即别有所遇，亦未可知。总之，非常怪异，吉少凶多，理殊幽明，宁远毋近。然而孝子之情，诚有不暇顾避、不忍思议之时。盖之死致生，仁可遇也，之死致死，智可期乎？况鬼神之有无，原难执定。释氏轮回地狱之说，固属渺茫，儒者二气良能之旨，果甚确当。孔子至圣道学之宗，第曰“未能事人，焉能事鬼？未知生，焉知死？”虽示不言之意，究未尝斥为必无之理。可见鬼神之事，姑置弗道可也。一涉议论，即落下乘。谈者固宜贻讥于巫惑，驳者亦莫自信为识卓。敬而远之，斯圣人之所以为圣也。然则生之友，其庶几有识者哉！

以敬远论鬼神，仁至义尽。除却心中多少翳障，斩去世间多少纠缠。

悼溺

乙未夏，亢旱不雨，夏至后尚未播种。六月十三日小暑，始雨。十八日，又雨。二十三日，又雨。入夜益巨，五更方止。二十四日，唐水暴涨，沿河村庄尽为泽国。幸是白日，人能逃避，得免漂溺之惨。东板村某翁，合家避于高阜，衣服资重未得携出。其子二十余岁，雄伟后生也，恃其壮健，搬运财物，往返两次，过涉灭顶，濒危者屡矣。及三次又去，人皆谏止，弗听。而水益长，十数步外，出没不一，既而久之弗见，其父母妻子，悉于岸上叫苦。有一大杨树，高四五丈，正在急流之中，忽见其子猱升而上，岸上人心稍慰，谓其有命矣。俄而树渐倾侧，望者齐说不好，语未绝，而树已仆，随波而逝，势如激箭，浩漫之中，渺无踪迹。家人顿足痛哭，一望汪洋，莫如之何。谚曰："人为财死，鸟为食亡。"愚哉乡人！尸骸不知付于何所，财于何有？夫人生畏死，是所重者，命也。乃至财之所在，命有不顾，抑又何哉？盖人贪心盛，则幸心生，非不知水能溺人，只以财不忍舍，故幸水未必溺，及其既溺，无如何矣。岂但此哉！彼官之受贿，帅之克饷，吏之舞弊，盗之行劫，岂不知法所不宥，惟贪欲无厌，斯冀幸苟免。所谓"利令智昏"，非劝所能醒者也。凡致此者，旁观则清，当局则迷，无贵无贱，无贤无愚，漏网不悛，死而后已。呜呼！茫茫泉路，回首无家，累累黄金，亡魂徒手。不知鬼门关上，亦将自悔焉？否耶？

此一付清凉散也，洵足唤醒多少梦梦。

与彭惺圃书

新秋夜月，清而不寒。笛声悠雅，歌喉爽亮。曲不必长，韵不欲短。抑扬徐度，兴味盎然。出藏醪，设盘蔬，三五人对酌，以资长谈。仰视明月，有流云相衬，乍隐乍露，使清华之姿，皎洁如洗。此等逸致，谅为吾侪佳趣第一。寒舍下圃后庵书斋，离居室甚远，茅舍短垣，可得通宵月色，幽僻雅静，颇堪夜酌。且值玉簪盛开，沿阶绕砌。桂馥兰幽，添人逸兴。当茱酒既具，遣退服役之人，戒令勿来再视。虽恣意久坐，不致惹婢仆之厌。辋川云："以不急之务相邀"、"倘能从我游乎？"正此意也。事殊情一，勿弃真趣。敢屈玉趾，幸不我忽。静候、静候。

邀会启

溽暑既退，爽气初来，园蔬翻新，秋酿已漉。鸡黍相约，此其际也。况今岁遐迩，麦场饱登，秋禾芃茂，际此年丰，当循人乐，斗酒歌呼，谁曰不宜？太白云“浮生若梦，为欢几何”？年已周甲，可漫掷此不可多得之时乎？谨拟于月之某日，敬备蔬酌，会同愚昆季数人，聊为秋社之饮，共循尊中之好。祈台驾拨冗惠临，曷胜忭蹈。且寒舍有秋花数种，遍植阶除，一时宣妍，璀璨如锦。虽无奇葩异蕊，而红紫相矜，不减三春桃李。唱酬其际，讵非开筵坐花飞，羌笛度昆曲，谈新话旧，易盏交酬。迨至兴浓酒酣，忧戚弗介于怀，形骸若忘乎己，所谓“畅叙幽情，信可乐者”，又奚必今不如古？然苟非胸无细故，蓄有逸兴者，亦何敢以此无所利益之为，冒焉相渎？凡此所云，唯知己必为颔之，倘以不急之务见却，而狂诞之谈，第博一哂，抑或不值公暇，而一刻千金，断难相假，则均非愚之所素叩于高明者矣。肃此布启，并候台安。无任延领，翘瞻之至。

写闲情逸致之处，弥征学粹品高，与前篇同一乐趣。

示子儆

幼年作诗文多浮廓，无切里中綮之思，故文无精彩。场闱不利，自谓此中弃才，遂遽而罢手。老来无事，以看书作诗为消遣，每逢一联，必再四推敲，茶酒不辍，致夜不寐，甚至却之不去，才寤即来，实不能自已也，亦遂偶有一二近似之语。乃悟昔年文思不锐，实由工夫不到，非才之过也。近见汝于此道，似有可望，但恐望门却步，不造其堂，不哜其胾，非有浮慕外牵，即以才自咎，蹈吾昔日故辙，为可惜也。读书之道，非独功名可喜，倘寸心有得，不为斯文门外汉，书香中自有可娱性情之处，又何必外慕徙业，方博得人生之趣，不有博弈者乎？亦不过怡情悦志、消遣浮生而已，试思其中乐趣，未必较书卷中之滋味既深且长也，不可不知。吾今老景，世味尽淡，独于此中尚有眷恋，惜悟之太晚，言何益哉！发斯谈者，虑汝少年，有志不坚，浅尝辄止，不得食蔗之益耳。谚云“不知山下路，须问过来人”，未经阅历，焉能醒悟？勉之！慎之！

退室记

退者，却也，不进也。凡人立身行事，近期有功，退何取焉？室名“退室”，不虞蹈冉子之偏乎？然名有同称，义不同析，如“临渊羡鱼，退而结网”，进思尽忠，退思补过，志土[士]忠臣之为退仍进也，得以“退”概之哉？乃余则何敢语于斯！余之所云“退”者，三餐既毕，退而偃仰栖迟、堂上承欢，退而援琴肆曲、周旋世事，退而散观群书，藏焉息焉，优焉游焉，偷取余生之闲焉，如是云尔。是虽不进取，亦非委任，或不致为名教所弃。唐元结有《退谷铭》，意薄干进之行，义或近之。若老子云“功成名遂身退”，则非可同年语矣。

远心斋序

人能无欲，无有不足。朝市山林，莫非乐地。顾用心何如耳。盖忧喜悲欢，皆所自为，境遇岂能困人？陶彭泽云：“心远地自偏。”余深有味于斯言，故取以名吾书屋。

消闲戏墨二卷

局外散人笔记

卷上

（一）

鼠之黠有出人意外者。李某市桃仁半斤，将作药饵，虑为鼠耗，乃以纸裹数重，悬诸挂画丁上。越数旬取用，甫摘，觉纸裹甚轻，回视画上，纸裹覆处一穴洞壁，视纸裹对画处，亦有一窟圆透，与画上相若。启视，则裹空，桃仁无存矣。此不异其知为食物而窃之也，所异者，鼠在壁中，何以知为纸裹悬处，而分寸度量，以穴之耶？是人所不能揣测而为者，鼠竟能之，斯真不可以理度矣。

（二）

郭治水，平定州人，先伯父铺伙也，好戏术，设肆门首，余昆季出则共话。一日聚谈，郭言："试书字於纸，我不以目视，以手摩之，即知为某字。"众不之信，余即剪纸如钱，大书字其上。郭乃自负其手，余从背后付之，入手细细摩挲，故作猜疑状。少顷曰：是某字。果不讹，再试再验。问其术，笑不肯传。其人虽稍谲，而实非聪慧，不知其何以有此技，至今疑莫能释。

（三）

嘉庆某年七月间大雨，雷电以风，震惊百里。翌日，人言曲阳城南古塔中有妖，状类白鹅，是日为雷所击，逸出东奔，风雷逐之，所过处禾稼尽偃，大木斯拔，至郡北十方院古寺也，霹雳震作，殿宇崩塌，砖瓦飞腾，而妖斯灭。有洗镜人避雨山门下，风雷至时，自觉昏眩，未有痛处，而胫骨拗折，足指向后矣，其洗镜木凳插於佛座，后山堂中阶下饲犬木槽亦置殿内，殿门扃键如故，二物不知何以飞入。廊下有村人以砂铫煎茶，见风雨骤至，左手持杯，右手提铫，方将避入室中，一眩间，手中杯铫俱失，渺无踪迹，止余铫梁尚在把握。老鸦庄刘某，冒雨回家，闻雷霆迅击，急奔入室，仰见屋顶瞥然揭去，雨如倾盆，屋底成壑。舍后拔去枣树一株，不知何处梨树，植其坎内。初闻以为人言之过，意未深信。继思有此异闻，二三里路，何不亲见之？越日，约同悦亭、来庵散步而去。至寺，果见舍宇倾颓，大小树木摧折无算。殿西梨树一株，大可合抱，枝叶全无，老干数十，截然如剪。至殿后，见山墙去地尺许，砖缝绽裂，从东至西塞入麦穰一行，犹如隔嗛，芦苇抽拔不动。砖瓦脊兽，散掷于城内苇洼中，去寺四五里之遥。种种怪异，悉如人言，真奇观哉！以此知神龙变化不测，威力莫可揣拟。世间理所必无之事，独于龙，不能不信其有。以其事异，故至今犹能追忆之。

（四）

余生平不信怪异，谓每逢异事，初闻似异，细揣皆有理在，故天下并无异事。余卧室窗外有两凳，庋两薄板，为夏月纳凉而设。一夕，辗转不寐，忽闻窗外朗朗有声，如饼杖之滚于案上者，默念是猫来窥窗，不知触落何物坠板上。质明出视，板上毫无一物，地下亦无可以作响之物，心异之，而不肯告人，恐骇人意。越数十日，偶坐院中，见猫来，从东南角跃上板，旋从西南角跃下，板角颠簸，朗朗作响，一如夜间所闻。盖板薄，四角不平，两角斜对，虚四五分，一轧一起，颠簸有声。越数十日之疑，一旦而释，益信天地间并无异事，皆人揣摩不到耳。

(五)

世言鬼鸣，余固不信。盖鬼乃幽魂，恍惚空虚，并无形质，声从何而出？凡言鬼鸣，皆好事者为之耳，然亦颇有可疑者。忆昔一夜自外归，漏已三下，方将就寝，忽闻远远有声，似鸡鸣，而声直而长，又如驿马避传，而声细而悲，不解是何声音，无意中，亦不甚推，解衣遂寝。翌日出至街头，人言谢老在缢死，夜间鬼鸣可畏。尹某者，将赴货店取发帖，贸贸然自北而南，鬼声自南而北，适相值，冲人驰过，惊仆。路旁肉铺尚未撤烛，踉跄奔入，面如灰土，噤不能言。稍定，始言遇鬼，自不敢归，两人烛送而归。谢本故家子，贫困不能操作，日不得一食，兼之痿痺，溲便秽污，沾染床席，惫极自尽，或其怨气不散，故有声欤？抑因其死之逆，人故造言，以吓人欤？终觉疑信相参。

(六)

管家子崔玉础，果敢任气，胆略自雄，以有干才，遂宠任过优。游侠，悉不之禁，喜拳勇。乡邻孙方来，得少林之传，师事之，日夜扑跌，授受间相得甚欢。明月镇四九集市，孙靡不往，往必相偕。一日，行至半途，见路旁树上缢一人，着青单衣，风摆衣襟，翩翩作响，颈縋长尺许，目睛突出，舌垂颏际，血淫淫滴，不可详视。盖无名行旅，报官三日，未经检验，故不解悬。崔心怖，谓孙归当绕途，孙固谐谑，诺之。至市务毕，促孙早归，孙托故迟延，至烛上，乃始言，旋雇两驴，孙前崔后，出村，仍遵故道。崔急曰："胡复行此!"孙曰："何畏也！绕途即远。"竟行不顾。哀乞停步，喋聒半里，执不可，欲自别途，又不敢独行，不得已强随之，而心惴惴，悔不早归。时上旬初九，新月半圭，目稽数里，无何，将近其处，望见尸仍悬，恍惚摇动，忆日间所睹，形状益怖，恨不插翅飞过，而孙故缓缓。既至尸下，孙忽坠蹇，僵卧不动，问之不语，急弃镫逼视，口噤足伸，扛之不起。骇极心跳，汗出骨颤，魂飞不觉，亦仆。孙乃跃起曰："勿怖！勿怖！与汝戏耳！我固无恙！"闻孙言，少苏，移时神定。孙笑曰："聊一相试，何竟胆小乃尔！"乃扶上骑，孙自后，代为策蹇而归。翼日为人言之，自觉失笑，闻者亦莫不笑。孙之恶谑，真堪绝倒。

（七）

崔玉础言：昔年在城，务毕，更漏既下，遇二友人，苦约过肆，不得已从之。至则罗浆具酒，谈宴不休。不觉坐久，兴辞曰："我有要事，家中尚待回覆。"拱手遂别。出门，街头人静，谯楼已三鼓，四点矣。朦朦月色，寥寥孤行。至靖王塚前路旁丛葬处，闻人斗殴，擂击有声，乃大声问："是谁何！"一人应声曰："是我，好挞！好挞！"察其声是黄某，踉跄奔至，顾曰："崔兄耶？我适醉过此，被众攫去，捶楚无算，闻君问声，始哄然散灭。"听其言，知其遇鬼，不觉毛发森竖，不欲与之偕行，又不得摈之独行，惴惴焉，惊有鬼物来追，出城乃已。盖黄本无赖酒徒，门无内行，不齿人类。鬼之弄之，乌亦恶其人而惩之欤？

（八）

崔玉础迁居黄家宫城，离关十里有余，每日来关办事，夜必回家，不至三更不行，习以为常。一夜行至宣村界，所乘骡忽停足不进，鞭之欲退，控勒踶趹，意欲旁驰，体战鼻响，两耳直竖，惊讶不知何故。时仲秋望后，月色犹明，禾黍尽收，止余豆蔓在地。见四五步外，道旁一物，高四五尺，粗可合抱，俨如驿路烟墩，白毛被体，两眼火红，并无手足，而缓缓移动，自南而北，践踏豆萁有声。骇极，毛发悉竖，急勒骑南驰，绕半里许，寻路而归。为人言之，人皆莫知其是何怪物，或以为青苗神云。

（九）

张大庄，士人子，贫无衣食计，稍解烹饪，遂以厨工自给，余家亦尝用之。好博，喜大注，故人戏呼曰“张大庄”。道光元年七月间大疫，吐泻转筋，旬日内，村中伤五六十人。张有胞姑佣余家，以疫死。张亦病，昏耗间，步出门外，见非复旧日街道，行人蚁赴，若趋集市，己亦随去，进一城郭，衙署北向，东西两廊，连亘数十楹，较寻常六房三班房数尤多。檐际各有匾额，题府州县名，阅视悉直隶、河南所属。阶上皆设栏柜，各有二吏在其中，一收签，一记籍，手不停书，如登卯簿。男妇纷纷各一签投递。瞻顾间，一人以签击其背曰：“汝何来？”回顾，是其胞姑，怒云：“还不快走！此不用汝！”旁有二人，似是官役，亦怒目相向，厉声呵逐，己亦不敢辩，逡巡退出。至城门外，遥见本关王洪远、李二生、王鹤算，陆续逐队而来。既至，与之言，皆若漠不相识，默然竟过，呼之亦不应。疑讶间，已至自己门首。才入，豁然顿醒，仰卧榻上，方悟己之已死。但觉躁渴，遂大声呼水。众趋入，见其复活，进以米汁，始能坐起。人言：“汝死已经日，以无材木，故未殓耳。”因为人历述其所见，盖所遇之人，皆新以疫死者，但有相识，有不相识，不解何故。后每谈及此事，辄自笑曰：“非以贫故，早得棺殓，焉有今日之生。是贫亦有用着之时。”又四五年，乃卒。

（十）

先堂兄淮周公，郁文公胞弟。面麻，十六岁，躯修伟而性醇谨，无外行。里有某者，与之年相若，貌相符，乍见者往往错认。俱业儒，以同道故，时共游谈，彼此相知最悉。一日，有青楼人到武学，逡巡不去。郁文公怪问何为，嗫嚅不敢遽白。又问何事，言之无妨。乃云日前某少爷宿院中，分文未赏，来讨示下，谓淮周公也。郁文公大惊异，谓：“汝且去，俟我问之。”盖先伯父庭训最严，子弟不敢有邪荡之行，武学四五人，相共疑议。郁文公言：“淮周素谨，胡以有此？家君知之，焉有命在！”高君保，勾栏最熟，谓：“此事不可唐突，我试访之。”妓遂去。问妓，妓言：“不差，伊恐不相识，自道姓名、年甲、岳家某人，兄几人皆娶，己尚未娶，闷无聊，故来舒散。言之甚悉，有何错讹？”高曰：“此正可疑，焉有匿事而虑人识己不详者？汝遭骗矣！”归语郁文公曰：“事有可疑，当是冒名者，但未知谁何。”因共思某者与之年貌相似，盍召妓认之。乃藏妓室中，托故邀某来。甫入门，妓即指曰：“是他！是他！宿妓何不赏钱！”某怒曰：“妇人家血口喷人，我乃读书君子、望考童生，何得妄言！”妓曰：“麻面大驴脸，我岂不识汝！”尚有亵语丑态，不必多载。某语塞，拉高出曰：“教伊不必声张，我即偿之。”高曰：“易耳！可急措办，吾当为汝弥缝之。”纵之去。入谓妓曰：“此何等事，汝几污人，可速去，待若偿汝。”事遂解。后淮周公知之，要与寻闹，众劝慰，始罢。

（十一）

清翁谢姑丈家开过载店，座上客常满，日备两餐，专厨供给。役吴姓，烹饪颇佳，而善忘。每以什物置某所，旋忘其处，但怨人多手杂，及得之，仍系自己所置，往往如是。一日，有茶商投止，客系回籍，饮馔自备，虑有不洁。主人谓吴：“客有回教，猪肉谨宜藏匿，勿暴。”吴谨受教。街头市肉，以巾裹系背后带上，及备午餐，索肉不得。躁曰：“明明买来，是谁携去？”急差人另买。供客饭罢，主人厨下盥手，见吴背后系巾，取以净手，揣之有物腻软，开视，猪肉在焉，相与失笑。家见三四人上京乡试，姑丈具酌祖饯，筵间一品，不知何名，味如炙、碎如馅，却亦甘美，众共猜疑。翁言：“我试问之。”去，旋返曰：“汝等谓是何物，乃茄夹也。”众言：“茄夹未见如此作法。”盖吴方行炙，以油入釜，忽忘该炒何物。张皇四顾，油热烟腾，急无所措，茄夹适在手，下即以倾入釜内，加料乱搅承出，遂不可名状。众皆捧腹大笑。谢得名，翁之侄孙，亦在坐。笑曰：“公等过矣！烹调有何定法？但甘美，即是佳作，又何必问名乎！”亦快谈哉。

（十二）

陶茂源公，余中表兄也，以武孝廉而知文，家中落，先君爱其诚笃，聘作侄辈蒙师，意盖周之。貌魁伟多力，而胆细于发，夜不敢独宿斋中。有其内侄孙赵三，亦孩也，招之来学，夜即伴宿。积半年许，人习知其怯，故于夜间谈鬼狐，形容曲尽。赵亦坐听忘倦，至夜深人散，阖扉将寝。赵忽惊曰："姑爷，你看那是甚么？"公亦惊，问何所见，赵指墙隅，谓黑影中有物似动。公觉毛孔森然，审顾，亦无所见，呵曰："一物无有，孺子何故惊张乃尔！"口虽强，而中固馁甚。乃促赵寝，已亦遂寝，自以馁故，姑勿灭烛，听赵已眠熟，己尚疑忌，未能即寝。无何，亦渐朦胧，忽闻院中飒飒有人行动，俄近寝门。惊异间，扉已自辟，见一蓬头恶鬼塞门而入，直奔榻来。畏极大呼，声震四壁。惊醒，见桌上灯犹明，门关如故。赵亦惊醒，问："姑爷何故叫喊？令人惊死。"答言作梦。两人互相受惊，终夜不得稳睡。明日赵辞，不敢伴宿。

（十三）

茂源公言其幼时，从学义馆。窗友六七人，相约与先生拜年。登堂礼毕，茶罢兴辞。先生款留臻至，众言："弟子辈实繁，有徒一餐，当耗先生数日之费。"先生曰："平日仓猝不便，今新年才过，岂无一二品年菜？小坐无妨。"因共留止，即有人运几挟凳，席安外舍。先生曰："若等序坐以齿，我亦不陪。"众言："如此甚便。"先生遂入。少间，肴酒罗列，备极丰隆。众皆年少，正能饮宴。有好事者相戒，汁滓勿留，每一器尽，覆之案上，八簋四盘，顷刻立尽。进食者足无停趾，供之不及。末又托出粘糕二盘，众曰："嘻！此即不能复尽已！"中有黠者，诡曰："无妨，我能尽之！"视持盘者既去，谓众曰如此如此，众皆匿笑，如法办讫，尚余蒸食数枚，又相戒分啖，彼此强咽，亦既尽矣。内一人口如团絮，喉格格不下，目睛直视，俄一张口，射出蒸食一条，粗如面杖，长尺许，落桌上。众者粲然，谓：“当急走，先生出，无颜相对。”蹝足悄声，不辞而去。久之，先生闻外舍不哗，想已食足，出视，寂无一人，杯盘碗盏悉覆之，案上殆满。桌上似雪藕一节，拨视腻软，细审，乃面食堆成一条，不解何故，呼犬饲之。撤具毕，将负桌还邻，掀起，见桌面下粘糕贴满，先生笑曰：“我固谓不能食尽，不图少年恶戏，一至于此。”先生固长者，后亦总未提及，至今述之，犹令人失笑。

（十四）

幼时见街上一卖艺人，五短身材，意甚雄健。自言行路者，偶断资斧，浼众醵稍助路费，有薄技献丑。遂开场作势，如贲之勇，忌之捷，猿飞鸟落，腾跃尽致，观者填溢。既乃索巨砖四个，两手持其一，照头狠击，矶焉如击木，石砖裂为四五，头无少损。谓众曰：“自击不算，谁来以砖击我首？如碎头颅，不索敌偿。”众莫敢应。有陈某者，素凶于酒，挺然出曰：“我来！”艺人笑曰：“君真勇士，是吾对手！”以砖受陈曰：“我谓击，便击，但勇勿怯。”乃侧卧地上，右手作拳，支首下枕之，以两砖叠加首上，谓陈曰：“视我以手指砖，即用力猛击。”遂闭目，似是运气。陈以手握砖，眈眈注视。俄见艺人起左手，并二指指砖，陈果奋力一击，砰然，三砖纷碎，蒙首蔽面。众悉为陈危，怼其猛浪，而艺人已跃起，以巾自拂手面曰：“真力士！挞的爽脆！”面首毫发无损。拳家有铁布衫法，此岂是欤？

（十五）

赵疤子，汾阳人，忘其名字。懋迁为业，性诚朴有信行。先祖敦敏公笃爱之，贷之资五百，不问其居积，久之，渐亏所付，携其余赴沈阳，人言赵某去不来矣。敦敏公曰：“赵疤子，非负人者。但恐其不得意耳。”既而十年无耗。敦敏公易箦时，犹提及此事，曰：“赵疤子该来矣。”及殁，未盈七，人言赵某来矣。果见一老翁，扶杖伛偻，行至灵座前，哭奠尽哀。出黄金三十余两，陈几上曰：“赵某无能，有负太翁盛意，实缘鄙运蹇塞，未得赢余，谨献此数，偿本不足，亏负良多，愧何如之！”先君怜其老迈，返却再四，竟不受而去。盖敦敏公认人不讹，良由识定，抑以厚德所感人，实有不忍于负者。

（十六）

郡西北三四里，有土丘三，俗呼“三盘山”，相传为五代时假粮堆，或唱筹量沙之遗迹耶？崇隆蟠据，磅礴郁积，沿称是狐仙之幽宅，或有见其出入者，盖皤然叟也。一切几凳什物，当假人用不吝。人有所需，书一柬，备香楮，夜祷之，质明即如数堆积山下，用过仍还其处，有求必应。久之，渐有遗失，不能全还，甚至久假不归，再祷即不灵矣。甚矣！人之负义，愧狐良多。

（十七）

马各达，土山也，广四五亩，高廿余寻，为狐仙所据，颇著灵异，人有求辄应。附近村氓有大有儿，忘其姓氏，跛一足，家无甔石，尾琐已甚，乃与仙人有缘，尝昵就之。初，犹夜来缱绻，久之，白昼对语，与家人无异。但闻声，不睹形貌，有儿自能见之。居年余，生一子，惟闻儿啼，亦不见形。渐为人谈，体咎医疾，病往往验，声名传播，男妇执贽请谒者，趾错于门。窗友高成德曾诣之决乡荐，入其室，暗不睹物。窗牖悉以泥涂，无少隙。仙人与有儿在榻上，进谒者近户列坐。仙人曰：“诸公枉驾，有何教谕？”其声清婉，不类庄农妇女。高言：“秋试临迩，有无科名？求仙人指示。”仙人曰：“君文学士，优等食饩，是其所长。科名尚未可知，不敢谬许。”继有问疾病者，问行人者，问贸易者，一一应答，类皆通套，语不甚确定。闻有儿弄儿嬉戏，言“猫来矣”，即闻猫鸣，既而儿啼，有儿抚尉之，仙人嗔呵之，旋闻哺乳，啑咂有声。顷之，儿啼复作，仙人愤曰：“孺子累人，呱呱不休，大厌客听，诸公且请外坐，异日再语可也。”遂相将俱出，众皆莫必其真伪，纷纷议论，疑信半焉。

（十八）

太谷某甲，贸易塞外，娶妻匝月，即治任而行，一去十年，音问断绝。翁姑怜妇齿稚，劝令改醮。妇不可，曰："丈夫虽无吉信，亦未有凶闻，安见遂为异物？儿今他适，异日丈夫若归，儿无论身在谁家，尚将何颜食息人间？父母亦将无以对子。且人生穷通，自有命定，岂容择树而栖？儿志已决，父母勿以为念。"听其辞直，翁姑亦遂安之。妇性恬静寡言，笑事翁姑，克尽妇道，父母益怜爱之。又二年，丈夫忽归，合家欣慰，携有薄资，虽不甚赢余，亦聊可糊口。父母谓子曰："妇幼亲老，离况难堪，从今藜藿相安，勿再逝矣！"居年余，生一子，又年余，夫以疾卒。丧葬既毕，忽又有称子回家者，登堂叩拜，备述离情，涕泪垂膺。父母望子心切，且悲且喜，遂忘其前此之曾有子来者。呼妇来见，妇乃坚闭室门不出。父母隔窗慰藉，并道情状不讹。妇曰："父母既以为子，儿亦不敢言非是。但葬诸墓者谁耶？"父母结舌不能对，丈夫亦无以自明，不得已鸣于官，官亦不能决，令发墓验视。及墓开棺启，乃空棺耳，尸骸无存。妇无证据，始相安无异辞。谈者犹能道其里居姓氏，余忘之矣。岂非异事。

（十九）

道光五年正月二十六日五更时，夜忽明，火光遍地，一闪复昏。旋有声自东南来，轰然向西北而去，纸窗震动。越二日，有客从蔚州来，言是夜山行，正苦黑暗，忽见火光烛天，人物、山石、树木一望了然，旋复黑。有言行唐某村，有龙坠地，蜿蜒四五亩大，腾拏不起。远近观者甚众，车马络绎不绝。余亦欲往观，以有事，不果。

（二十）

武孝廉王姓，逸其名字，赴都掣签，夜宿旅邸。钟漏既下，恶寒，呼酒自酌。更既深，犹不欲寝，倚剑危坐，闻承尘上格格有声，西南隅故有裂缝，有女子足自缝中出，朱履凤翘，俄露半体，惊顾间，已飘忽顺墙隅而下，则二八姝也。服饰妖艳，意是逆旅藏妓，蛊惑行人，计亦良得，而视其行步，且却且前，旋转不定，渐至桌前，以红袖掩口，对烛亭立。问之不应，王固狎妓名宿，笑曰："来即陪饮，何又作态？"牵其袂往下猛顿，露出舌长尺许，目中血溢垂注，急撤剑一挥，挂倒灯檠，满屋漆黑。大呼店家，更夫应声而至，燃烛遍照，渺无踪绪，惟灯檠在地，泼油狼藉而已。

（二一）

伯父庭实公素有眼疾，常戴眼镜。一夜自外归，至院中，忽眼镜暴响，急问谁何，何得擅击眼镜。审视并无一人，惊异不止。至灯下，摘视眼镜，则角框迸断，风燥故也。

（二二）

姑丈温晓峰公言，某科将试礼闱，除夕以镜听卜。出门无所遇，步至质库门前，有人铿然以物掷地曰："可杂了锅咧！"审视是村人，有急须以土鏊典质，见已闭门，故云。以其语不伦，吉凶亦不在意。及闱后回家，入门，适直厨下失火，屋梁崩落，炊釜为碎，乃悟镜听之验，盖即此也。

（二三）

逢漳号，钱店也，兑换银钱。一日，有车夫輂小车，随一客至肆前，歇轮道左。客来柜上，问银价若何，以时价对。客言："要价不必太多，买卖交易能成，方为生意。"因聊议低昂，即云"为我秤三十金"。果如数秤兑，请客点验件数，裹束置柜上。客言："钱在南街，某号以彼要价过昂，故交易无成，钱仍存彼处，可着人随我去点。"言次，即以银包入怀，既又曰："君等同行生意，到彼亦不过兑明数目，更账而已。亦省搬运。"肆主言："如此甚便。"即命人随去。客出，至车前，腰中出钥开锁，笥盖微启一缝，取怀中银包掷笥内，仍键镭如故。客主相随而西，客行甚疾，数武外即不可及。至鼓楼下人稠处，一溷即迷所往。急至南街某号，问有客在此存钱否，答曰无之。又言客言在此买银，交易未成，钱仍存此，答言并无此事，乃大惊异，然以银在车上，略亦无妨，急奔归，问车夫客焉往，车夫言："汝二人相随，我知其焉往？"以有车在，谓客当即来，久之日仄，无耗，又问车夫客系何处人，言："我近同村，姓孙，常在西关寄住，今早客言将小车送城，给钱二百，到彼再付。今已半日，腹馁不可过，亦不知其何往。"听其言可疑，急发其笥，见皆坯头碎砖，幸银包尚在，取出检视，乃碎铁一包，始知遭骗。然业经半日，略其行已远，不能寻觅，止将车夫送官，累系数日，奈其本不知情，系之无益，令求其相识之人出保结，开释而罢。

（二四）

今年夏月间，城内东街演戏，有一人到裕成钱店买银四十两，自言戏班中人，问其钱在何处，言在台上，亦有现钱，亦有钱票。其人似是妲脚，钱数大小亦不甚计较，遂秤银四十两，着一少年郭姓，携银从之去，恐有不妥，又着一人随去。至台下，其人先攀援而上，返身谓郭曰："来！我拉汝！"郭以银在手，攀援不便。其人曰："给我！"遂左手接银，右手援郭，亦登。郭又返身援其相随者。既登，回顾不见其人。急入内场寻视，正值繁喧之际，鼓铮皇聒，言之不闻，亦不暇应对。及少定，问之，言无其事，又述其人之形貌，亦并无其人。急出寻觅，台下人稠，拥挤不动，已莫可追踪。

（二五）

老仆黄禄，昔年在京时，新买缨帽，冠之甚得。至人稠处，觉有人自后将缨帽攫去。回顾问："谁攫帽去？"后一人笑曰："君自不小心。"自指帽肇云："似此焉能有失？"黄视其帽，分明是已物，以在京不熟，亦不敢与争。岳寿潼，京都银账行，与质库相交最深。托留羊裘一件，毳毛长三寸余，洋绉面，海龙领、袖，有八九成新，价银九两，价廉衣美，服之可体，意得甚。夜卧窗下，畏寒，以裘加被上。质明，觉被轻寒透，起视，失裘所在。见窗破一孔，出视院中，亦无踪迹。院门未开，窗棂“三跳涧”，孔竖长尺余，廓不及二寸，裘非细物，不知何以得出？人皆异之。

（二六）

一窃盗为人言，一夜入人家，寝门拨开，入室，用火纸一晃，照见榻上止眠一少妇，似是睡熟。乃灭火，细细摩索，得一裹，又摩得单衣数件，一并挟出院中，置梯下，朦朦月色，意欲以单衣并置裹内，将返身，复去采花。盖盗贼污人妇女，名曰“采花”。结束未完，忽有木杖自后击背，回视，则妇人已出，举杖连击，不喊。急弃裹登梯，妇亦登，且登且击。迨至房顶，以足踏梯翻，乃得脱逃。自言生平未有此事，偶起不良，一物无得，致遭毒挞。可见邪念断不可萌。

（二七）

谚言“贼出飞智”，良然。有一盗，夜入人家，尚未得手，主人惊觉，合家尽起。急无所逃，见院中有水瓮，急潜入之，以瓢覆首上。主人操杖，笼烛遍索，竟无端兆。已乃复寝，盗闻人声既尽，潜出得脱。既无所得，衣尽湿透。盗谓离境为“出水”，此真可谓“出水”。

（二八）

行唐高里村一老僧，不知何许人，挂褡村寺多年，精于岐黄，活人甚众，遂有卢扁之目。先堂兄准周公病瘵，咳痰吐血，更数医，罔效。有以僧荐者，即烦代为延致之。貌类八九十岁人，甚聋，语非大声不闻，而谈吐典雅，似甚渊博。荐者谓相呼以“和尚”，先君以为初会，虑涉唐突，书于纸而问曰：“释家称上人？称禅师？若呼‘和尚’，不唐突乎？”僧接笔书云：“宛作一豚犬，任人呼马牛。”掷笔桌上，哈哈大笑。

齿坚健啖，不茹荤酒，而鸡子、海蜇不避，谓是无血之物，佛家不忌。及诊脉投剂，亦不甚效。以聋故，不甚与人多谈，惟行坐哼哼不止，亦似故形老态者。问其年，则曰："世外之人，岁月无纪，遂淆甲子。但记闯献犯顺，生民涂炭，颠沛流离之苦，如昨日耳。檀越生长太平之时，福泽厚哉！"时乾隆五十四年，计本朝业已一百四十五年，僧年当得一百六七十岁，寿迈尧舜，未必然也。或问："佛家挞坐参禅，何谓也？"答云："佛曰空门，色象纷纭，何以为空？故曰万法归一。然则一归何处？合眼默坐，欲悟此耳。"留四五日，方屡易，而病不加瘳。辞曰："病者六脉，浮洪数大，按之无底，补则助邪，清则易弱，可将若何？穷于术矣。然亦未至膏肓，另召和缓可也。"遂辞去。夜宿书斋，院中有柏树一株，吟五律一首云："有柏参天表，虬分七八枝。不缘风雨长，能耐雪霜欺。"惜余幼年，不知留心，后四句即不能追忆矣。迄今思之，僧非常人，殆缙绅名流，遭变而隐者也。

（二九）

太谷吴敬亭，贾人裔，袭业中州，年逾不惑，膝下阙如，故家不中资，而有齐人之室。良人在客，姑嫜临御，嫡庶间亦甚雍穆。一日，吴归承亲命，解装妻房，名分所在，妾即梅醯含心，而未便发也。但于夜间咳行院中，归房，门窗启闭频然，营营终夜，似是未寝。吴亦踽踌床榻，心窃不安，以妻故，亦姑置若罔闻。妾虽不可耐，念鱼已在笱，将次及也，既而信宿不移，不免恚形辞色，诅鸡詈犬，意皆在嫡。妻亦不甘，遂致勃谿，两不相下，而吴惟靡然慑若木偶，实莫敢谁何。姑听不过，召两妇责之曰："丈夫终岁在外，甫得团聚，汝等当念男子离索之苦，以稍慰其心。乃入门未经三日，辞舌嘲啁，家宅不安，独不畏贻人笑柄耶！"姑素严重，两妇亦莫敢置辩，敛迹而退。至夜，妻卷夫之襆被置院中，阖扉早寝。吴自外来，扣妻门不应，转至妾房，妾亦闭门不纳。徘徊院中，又不敢巨声呼唤，虑惊双亲，致遭嗔呵已。将居间，益难为情，无已，抱膝檐下，而丈夫之苦，真有不可对人言者。传者谈至此，遽为他辞所乱，后亦未询其终竟。

(三十)

姜保住，田舍翁也。家称素丰，性朴讷，里之豪强多凌藉之，又差徭杂役，岁苦不支，意欲纳粟充国学生，为门户计也。念己与子年已长，应世为日无多，遂定议以孙名报捐。挟资赴京，藉以观光都会，庶广见闻。有其主计铺伙，刘姓，山西人，明敏干练，与之偕，恃以无虞。至京，寓居旅邸。翌日，刘谓翁："且耐坐，我去托人代听妥实银号。翁甚勿自出，京师繁华，巷口最多，倘有迷误，即不可寻觅。"翁唯唯。刘去，久之不返，翁觉闷甚，出门眺望，见衣冠来往，车马络绎。逡巡间，已出巷口，更觉街道宽敞，两旁铺面金碧辉煌，光彩夺目，生平所未睹，不觉信步就瞻，行行壮丽，引人入胜。遂渐步渐远，忽忆刘所嘱，恐致迷误，即返身急觅归途，入一巷口，行半里许，不见寓所。又转一曲，但见珠宝杂陈，香气袭人，并无逆旅，半日间，不知凡历曲折有几。愈转愈迷，竟不知己之适从何来矣。彷徨既久，日已沉西，路旁车夫问曰："翁欲何往？何不雇车？"翁以迷途告，车夫言："无妨，试言某街某店，保管送到。"翁言："我初次到京，街巷不知，并忘记店名。"车夫故惊曰："翁危矣！日已向暮，无所投止，街上岂容久站？更定后，要拿犯夜，将若之何？"翁惧问："可若何？"车夫问："贵乡何处？"曰："冀州。"曰："此即不难，如以重金酬我，送君还家，何如？"翁可之。即请升车，展轸遂发。刘归，问翁焉往，主人不知，急出街上寻觅，渺无踪迹。无已，归寓待之，乃入夜无耗。刘始坐卧不安，然已昏夜，计无所施，心焦甚，一夜无眠。明发即出，雇四五人，遍城访问，各巷口具有招贴，备书乡贯、姓名、年貌、衣履，有人送至寓所，酬钱若干，并求签问卜，无计不施。待至三日，竟无端兆，念不如早报其家，免致怨怼。纳粟之事，且未遑计。治任遂发，一路寝食不甘，自惭无以对翁家人。既归，言其事，合家惶惑，不知计之所出。正喧闹间，翁忽入门，刘睹翁入，遽然四体投地曰："罢了！罢了！翁如天降，我如再生！

阿弥陀佛，无我事矣！”翁备述颠末，言车夫沿途供给，殷勤备至，乃款留三日，厚酬以去。

（三一）

明府某公宰文水时，有客以十金于某肆买钱，价直低昂，议苦不就。客言：“银暂寄此，我有薄务，复时再议。”去旋返，索银，肆主某甲不承，遂致喧争。肆前买布某乙，尝润肆余波，劝客勿争，名为解纷，意在左袒，谓客携银去，实所目睹。客虽情直，寡不敌众，气填胸臆，鸣诸公堂。公即飞签拘被控及证佐对质。甲与乙一口同音，谓客系图赖，而乙尤执证弥坚。客情急，备述银锭件数、银袱款式，言之确凿，不类捻词。公命二役携甲荷囊，到肆索银，谓肆主业已承招，凭荷囊取银包验视。肆中年少皆面面相觑，不知置辞。役见情虚，逼索益急，言隐匿即锁项面官，不得已，以银包付役。甲、乙见有赃证，无可抵赖，惟叩头认罪。公判曰：“甲本营利小人，丧心昧金，与盗窃无异，理应杖责。念其利徒无耻，非笞辱所能惩，其贪心当罚银十两，充客资斧，以偿无故被屈。俾甲以爱金丧金，庶可杜其后来之恶萌。乙乃迎恶附势，无故上下其手，瘠人不为肥己，厥为小人之尤。是当成其舐尻之性，俾得西江莫濯之羞。”命取蜂密［蜜］一匙，褫甲下衣，涂诸尻，令乙舐食之，否则笞断下体。乙有难色，即飞两签下，乙惧责，强就臀舐食已，乃令各具结结案。乙归，愈思愈悔，自惭无以见人，乃中夜自缢。闻公系少年进士，折狱称最。即如此案，虽一刑不施，亦颇快人意。

（三二）

一日闲坐，谈及外夷人情之异。立庵言，某年曾见南夷进贡者，不知是安南，是缅甸，或言是土司，其人皆以色绢缠头，青红蓝绿不一，额上皆有一点，如指顶大，或红，或绿，或黑白，亦不一，意是贵贱等级之分，抑犹中华妇女抹粉涂脂之饰耶？既入驿馆，即弛上下衣，赤身走至街上，恬不为怪。唤听差人役，为备供给，语言不可辨，惟以手指画形容，役人亦不能尽解，但会其意而为之。备以砖支炊釜，注水爇薪焉。备一羊，土司以绳缚羊角，一人前牵之，又一人自羊尾后推之。羊性缒牵，益推益缒，颈即直伸，土司出刀，长尺有咫，阔不盈寸，锋利异常，照羊项一斫，头即落。聊去毛革，剖腹出肠胃，不能净也，割切一堆。探手于釜，试汤既温，即跳入釜内，上下洗濯已，乃出，即以羊肉尽倾入釜，加薪益火，鼎沸片时，即相共围釜，以手攫食，掬啖立尽。或言，其以浴汤煮肉，如用椒料盐梅之和，此一异也。来庵言，回逆匪张各尔之乱，逮其家属进京，至驿馆，见其作食物不用炊釜，以火炙地，俟地焦热，将火拨开，周围一匝，中以帚聊扫灰土，将面作饼，如箕大，覆诸地上，少时翻转一过，又少时，即共取食，不能知其熟与否，此又一异也。意者外夷无鼎铛之制耶？然至中华，即当知有鼎铛之用，即使不知秽与洁之分，而炙地与炙釜，岂不知有难易之辨？竟不知其是何取意。

（三三）

夜读《七修类稿》，有沈、陈两进士，耽书覃思，外务不知。沈见人轩上弯椽，曰："山中有许多弯木耶？"闻鹅声，曰："说何语耶？"陈访人，不言所往，舆夫不得其门，竟归，陈步入，见其妻曰："汝何在？"是慧于书而痴于事，良可怪也。因忆桐城倪若泉先生，名士也，馆予家，先生卧室与书斋一院，斋遭回禄，喧填半日，先生便动，出入两三次。既定，人为先生言之。先生曰："何时失火？我何未见？"仆人龚泰颇喜烹调，专司先生饮馔，每食必亲献，冀得先生奖许。久之，先生不言。一日，不耐，问师爷口味何如，先生曰："汝何问我？我不知味。"先生文思灵敏，书理雪亮，而外事不知如是。又某孝廉嗜读，手不释卷，客入斋，仅有"请坐"一语，即朗诵不辍，客退出，亦不知也。午餐适值阅文，食有醯碟，且阅且啖。食既，醯碟未动，而砚池竭矣。文人覃思入神，往往有之，然尚不如沈、陈之甚也。

（三四）

曲阳进士杨公，幼嗜书，场晒黍粒，令往看守。公坐场房檐下，一手执书默诵，一手持竿虚拂，以惊鸟啄。嗣因阴雨，工人预收黍粒，人声扰攘，数刻方已，而公未之知也。雨止，路人见竿拂不辍，怪而问之，公骤视雨水漫漫，场中濯濯，惊曰："何时下雨？冲我黍耶？"踉蹡奔告家中，咸故怨怼，以戏其痴云，其族人往往言之。此与若泉先生救火不见事将毋同。

（三五）

某老先生乡试入都，同人戒曰："出，当谨志店口，如迷，可即雇车。"先生出，果迷寓所，即雇车。舆夫要直颇廉。升车，舆夫下帘。先生曰："何故下帘？"舆夫曰："翁万安，即至也。"进两步，退两步，请翁下车。翁言："汝尚未行，何遂至耶？"舆夫曰："翁言某店，此即某店。"入寓，为人言之，皆怼其失记。翁言："门前卧一黄犬，对门站一白马，轿车及归，犬与车皆不见矣！我何未记耶！"谢翁者，侄有眼疾，和药一盂，置窗间。翁自外入，曰："今日疾作，甚觉不适，是谁和药？我先饮之，令彼再和。"一吸而尽。人言是洗眼之药，何竟食之？翁曰："药皆治病，尚有别耶？"之二翁者，殆与沈、陈相去不远。

（三六）

余尝以眼镜之功，可谓妙夺造化也。养目不足奇，如近视、老花，以不能视者得之而能视，岂非人能胜天乎！而其制来却不远，何言之？明郎仁宝先生有云："吾少尝闻贵人有眼镜，老年观书，小字看大，出西海中，虏人得而制之，以遗中国，为世宝也。"又言"霍都司送予一枚，质如白瑠璃，大可如钱，红骨镶成二片，若圆灯剪然，可开合而折叠。问所从来，则曰：旧任甘肃，夷人贡至而得者。予喜甚，置之眉间，未若人言也。得已二十年，宝之无用，不犹鼠之藏金乎！"先生洪博之极，而言如是，是明时尚未盛行也。今则习常，不以为奇矣。水晶直三二两，玻璃直四五钱，所费无多，而老能还少，近可使远，何宝如之。可见人工之巧，百出不穷，由明至今二百余年，人事之精进如此，又何必执老生之常谈，而泛言今不如古也。

（三七）

昔年闻人言，京都一油盐店，清晨开门，扫除光洁，尚未开市，有媪两手捧一朱漆盒来，置柜上云："借光！暂寄片刻，我前面买些零物。复时一并携去。"肆中人尚未及应答，媪即遽去，久之不返。时当夏月，渐见苍蝇频来，挥之不去。至午，苍蝇益众，悉绕盒飞鸣，盒口缝际，伏之殆满。肆中人皆怨言："媪胡不返？盒内不知所着何物？当是臭败，盍开视之。"及将盒盖一启，恶气流溢，中乃人头一颗，发蓬松而血模糊也，骇极覆之。铺伙四五人，惊惶不知所措。念媪无名姓，不能寻觅，不得已，鸣于官。官来检验一过，命将人头封志原处，肆主系狱，以待缉查。及至年余，并无确耗，生意停止，资本耗尽，案仍不结，无故遭此飞来之灾，不知是何冤业。

（三八）

唐县某甲，卖炊饼为业。妻某氏美且勤，夫妇协力，颇致赢余，生意倍增，日消麦五六斛，非两人所能办，止一老父，年届八旬，龙钟重听，不能助理。有无赖子某乙，游手在闲，睹甲妻，心好之，垂涎既久，无可夤缘。以同里故，日来肆中闲坐，见甲夫妻营务无暇，即相助操作，甲甚德之，无可为酬，特备酒食款宴，而乙乃涓滴不尝，决然辞去。甲益不安。翌日，谓乙曰："蒙君高谊，日来代劳，某当何以为情？"乙曰："兄过矣！吾侪友朋投契，绵薄之效，何足挂齿？"甲曰："虽然，如心不安何？吾思君日闲旷，无所营生，亦非长策。欲有僭言，又惧唐突。"乙曰："相好如吾两人，何所避忌？有话但说无妨。"甲曰："君既无事，我亦乏人，思得两全之计，莫若任事受直，两有所益，未审意下如何？然此非敢言佣也，权同事也。”乙喜曰：“如蒙收录，俾勿游食，受惠已多，言直，殊失相厚之意。”甲曰：“不然，如无所酬，彼此共事无名，终非久远之道。”乙笑曰：“兄言至此，甚服高见。但多少实非所计。”从此即留肆中，日夜操作，殷勤备至。甲自得乙为助，内顾无忧，惟日经营外务，籴麦索负，在外时多。妻与乙朝夕共事，一如家人。肆中为乙设榻，甲夫妻宿内院，东西两楹，老父居东舍，甲夫妻居西舍，与肆止隔一堵。越十数日，乙出腕钏一付，曰：“日前好博，偶得旧钏一付，藏之已久。我无家室，无所用之。嫂如不嫌旧物，权置腕间。”妇人不肯受，乙曰：“我弟兄如同手足，不分彼此，此等细事，嫂何见外？”不得已受之。嗣后，簪环首饰、零星绸帛，不时馈送，问所从来，则朋友所赠，无价可偿，却之不恭，受之有愧，遂日见亲昵，摩肩搔肤，不以为嫌。乙心无忌惮，每以微词挑之，妇人念其平日情深，不忍过拒，遂相燕好。后每逢甲出，辄得幽会。久之，妇人尚无他意，而乙意中只觉多甲一人，终属不便。值中秋节后，甲出索负，抵暮不返，更定后，醺醉而归。入门，不暇有言，即倒卧乙榻上。夜既静，肆门关锁已毕，乙将持烛归寝，见甲仰卧榻上，酣睡如雷，顿起恶念，竟以厨刀断其喉，颠扑之声闻于内。妇人出视，见丈夫卧地上，血污狼藉，惊问何故。乙遂掩其口，禁令勿声曰：“听我言，兄因酒醉狂迷，自刭身死。汝若声张，惊动邻里，须经官检验，势必勘至你我奸情，谋杀本夫，汝应剐，我应斩，任汝情直，亦百口莫解，总然屈死，谁代声冤？依我言，莫若乘此贲夜，无人知觉，瘗诸舍后，托言外出，老父聋瞆，不能详察，再无亲丁，谁来究问？如此，你我可保无事，不然，徒死无益，汝细思之！”妇人性本懦讷，听乙恐吓，不知事该如何，战粟[栗]云：“我妇人家，有何识见？事已至此，你说如何便如何，只求无事。今后我身无依靠，凡事汝当为我做主。”乙云：“此何待言，若能听我，不但无事，你我还得永远团聚。”舍后故有中厮坑，深数尺，窃听老父眠熟，两人扛尸倒置坑内，妇人取丈夫衣履，令乙替下血衣，一并瘗之，将肆中血迹收拾净尽，明日照常生理，安然无事。甲有从兄某，负贩保阳，妻子相随，遂家焉，久矣不归。一夜方寝，闻扣关声，开门出视，寂无一人。阖扉复寝，尚未灭烛，忽睹甲立灯前，满面血痕，愕顾间，瞥然不见，惊言怪事。问妻子，无所睹，疑是目眩，尚不在意。及灭烛既寝，朦胧中，又睹甲来，血痕遍体，泣言屈死，兄当为我复雠。方欲问讯，倏忽惊觉，心异之。然以无端幻梦，未必据以为信，仍以妖梦置之。及明发视事，心神恍惚，坐卧不安，直如有何大事未办，入夜，复如昨梦。谓妻子曰："妖梦频仍，必非吉兆。吾弟有事，吾当回家探访。"既归，见乙与弟妇肆中营务，问："吾弟何在？"妇人言："出外未归。"问何往，曰："京中置货。"问何时可归，曰："在家由家，出外由外，谁能定其归期？"见叔父老惫难堪，与言，讹音猜听，答非所问，不便详究，遂出。遍访邻里，类皆言辞吞吐，颇涉疑议。盖自甲死后，乡邻多有疑猜，纷纷议论，知乙与妇人有奸，皆有不平之意，恨无人发觉。今得其兄某来，咸欲相助发奸，因共议乙旧有窃案，盍招捕役胁之，诈出口供，藉以报官。某果贿嘱二役，绾锁到肆，谓乙曰："汝事发矣！"乙问何事，役曰："汝自所作，汝自知之，尚待人言耶！"乙曰："是谁所控，莫要屈人。"役曰："杀人者偿命，欠债者还钱，汉子做事汉子当，何必推委！"乙云："伊本自戕，与我何干？"役曰："是与不是，汝自当官去辩。此时亦不必多谈。"即举锁縶项，牵拽以去。到官，一谳即服，尽吐其实。抉出甲尸，检验伤痕，腰中平口尚有三十千钱票。乙论斩，妇人论剐，一并正法。甲夫妻无甚过恶，被乙夤缘浸润，入陷阱而不觉，卒致杀身之祸，良可哀已。可见人心叵测，隐恶难防，小人之可畏如此。

卷下

（一）

木工侯廷佐，原籍冀州刘姓，赘于定州侯氏，故以侯呼之。言其昔年自冀来定，日已薄暮，离宿处尚远，夜行四五里，既至逆旅，皆已闭门。徘徊街上，路南有翁出，问是谁何。侯前急致殷勤，即求借宿。翁言："我非开店之家，但客既无投，有外舍，聊可下榻。何妨权主东道。"遂肃客入，西舍三楹，一明两暗，敲火然烛，几凳粗具。南间设榻，请客解装，北间双扉阖焉。问客所需，侯言奔波半日，尚须饮啖，幸具薄餐，与房租一并会直。翁言："此时天晚，他物不能措办，家中只有鸡子挂面。"侯言："即此便佳。再求代沽白酒四两，足矣。"翁去，旋闻中门内人语炊动，少间已备，往来蹀躞，止翁一人。饭毕，翁曰："客经跋涉，想应劳顿，早寝可也。我即在此中门内，夜间如有动静，可便呼唤。"翁入，侯灭烛遂寝，朦胧片时，忽闻北间爆响，如木器迸裂之声。愕然清醒，旋闻扉辟窸窣，有人行动，屏息静听，已近榻来。觉阴气袭人，不禁毛发森然。忽有人以两手围项，冷如冰雪。骇极，大呼跃起，闻砰然一声，如以巨手投于桌上，急呼店家，乃应声不至。久之，翁以笼烛出，语之故，持烛遍照室中，毫无踪迹。桌上亦并无一物，北间扉仍阖。翁曰："有何怪异？当是少年胆怯，讹听有之，然亦不能代，客无恐，家中止我夫妇二人，老荆已眠，内舍外间有榻，客如不嫌污秽，与老拙抵足何如？"侯可之，即以笼烛导入，侯终惊悸，未得熟眠。明发兴辞，请翁会直。翁言："我非卖食之家，怜客无投留宿，原不为利。客又受惊，尚何取直为耶！"再三不受，送客出门。有担水人过，翁言："客随渠往，可达官道。"拱手遂别。侯果随去，担水人问："客宿谁氏？"以翁对。问："宿某室？"曰："西屋。""有所见闻否？"侯听其问之有因，即一一相告。其人曰："此老大无分晓，无舍留客，不妨直言，何故为诳！伊儿妇缢死，未过三七，即在北间停柩，夜常不安，幸客无恙。如有不测，翁将何以对人？"侯闻斯言，弥增危怖，当冷手围项之际，若已眠熟，岂不被缢鬼闷死。念翁留宿之情，不以为德，反以为怨矣。自言迄今回忆，犹有余悸也。

（二）

夏月间，人死未殓时，以犁盘覆尸胸上，防雷震尸起也。尝见有如此预备者，未闻果有雷震尸起之事。车夫王顺言，其外祖病故时，正值盛夏午后，阴云乍合，闻隐隐有雷声，以为尚远，未必即至也。俄一阵风来，雷电随至，霹雳一声，尸忽坐起，男子夺门出走，妇女悉入他室，闭门，从窗中窥望。男人尚在院中，见尸危坐，两眼圆瞠，彷徨四顾。少顷复倒，或言幸霹雳一作，如再震，尸即起立，下床赶人矣。所谓尸变，即此也。有笑于侧者曰："人死如草木，已无知觉，焉能再起?"訾其无理妄言。余曰不然。人为万物之灵，精气所结，其遗蜕当不与凡物等，禽兽且不得比，何况草木。其或以暴疾卒，骨肉未寒，精气亦不遽杳，有所激发而尸变，容或有之。故人死三日始殓，有招魂之礼，不以死之日即死之也。圣人制礼，岂无因乎！明太宗以油烹铁铉之骨，尸不面上。令内侍以铁棒夹持，使朝上，油沸蹙溅起丈余，内侍弃棒走，尸倏复背转。景清剥皮楦草，械系长安门，太宗过之，清皮忽自坠，趋前数步，作欲犯驾状。凡此敢谓必无其事、而可据理谈乎?

(三)

王顺又言，其所居之村有玉皇庙，殿阁巍峨，相传阁下狐仙洞，夜尝出入，男妇之形不一，村人五更拾粪，往往遇之。有张仙者，画工也，为人喜事好奇，思欲一睹其异。一日，从阁后山墙下抉开四五砖，果见黑洞无底，俄有尘土如烟似雾，从洞中涌出，穰穰不止。顷刻间，院中集落土，约有四五车。村人皆惧，爇香楮跪祷，乃渐息，将砖仍旧砌好，再无敢动。张家中瓦砾掷窗牖，灰土污釜甑，张亦病，数日始安。古云"祸福无门，惟人自召"。狐虽妖物，与人无害，何必犯之。多事多患，张之谓矣。

(四)

民壮班头汪祥，性乖僻怪诞。一日，饮酒肆中，有箍桶匠推小车住轮门首，汪有旧桶当修，取出，与箍桶匠议直。匠审视曰："是须添板，连工带料，给钱二百。"汪言："太多，一百五不可乎?"匠曰："二百即未多要，减去分文，亦不敢作。”汪曰：“是了，即如尊命!”匠将旧桶拆开，刮刷整饬。工已将半，汪唤炒肉二盘，白酒二壶，呼匠曰：“来！先浮一白，再作未晚。”匠喜出意外，二人对坐，汪面前肉一盘、酒一壶，匠面前肉一盘、酒一壶。食未竟，汪谓走堂者：“再与我每人肉一盘、酒一壶，日已将午，兼用午餐可也。炒肉烧饼，鸡丝面，苜蓿汤，每人各一。”走堂者应声，顷刻即至，饭毕，匠默念：“此君厚道，人言公门中人挥金如土，果不误。”将桶作完，汪唤酒家算账：“我二人各该钱若干?”酒家言：“每位大钱三百。”汪谓匠曰：“君当找出大钱一百，一并完账。”匠曰：“非饶君乎?”汪曰：“汝要钱二百，分文不让，我为何请你？我给钱二百，分文不短，你为何饶我?”匠无言可答，颜红面胀，出钱一百，无言而去。人咸笑匠为汪所弄，余曰不然，非汪之故，匠焉肯如此饮啖，美口果腹，自得实惠，可谓一时之口福，迹匠生平，此遇无乃不可多得。

(五)

壬辰夏，两月不雨，禾苗俱槁，至六月二十八日午后，大雨滂沱，入夜方止。越二日，又雨，沟浍皆盈。郡城内西街观音庵旁有苇洼，积潦深丈许，有某翁偶过其侧，见水中一秤杆，锤与钩悉具飘浮水面。翁念秤锤铁物，焉得不沉？必是溺鬼求代，借以诱人也。因詈且数曰：“尔作此变怪，将欲诱人耶？吾已识破，我不贪取，谅尔不能白昼上岸，拖人入水。尔为误溺者耶？非人所陷，尔为故溺者耶？是尔自求，均之人与尔无冤雠，尔与人无怨尤，何必利人之死？如云求代，则代尔者又将求代，岂不遗害无穷！善恶有报，人鬼一理，欲离苦海，须善造因。吾劝尔今生不幸，勉修来生，当自忏悔，无为祸人也!”数已自去。至夜半，翁闻门外有人叫骂，言：“人溺求援，愿拯则拯，不拯则已，何骂为耶！我不能强汝溺，不能还汝骂乎?”闻以土块投门，咚咚然，翁知是鬼，惧不敢出。天明开门，板扉上乌泥投满。至午，有余姓子，雄伟后生也，家中微犯口舌，遽投此潭。人有见之者，以水深不敢救，竟致溺死。尝闻缢死溺死之鬼，不得轮回，阴律责其轻生，罚使候代。传奇小说恒有之，不意果有其事。然仍系传闻，究未亲询此翁也。

（六）

某太学，虎而冠者也。中年发迹，财运横生，而强暴之气拒人千里，人皆不敢与相交，所用雇工仆役，动辄唾骂，稍有辨言，则箠楚立至，用客作亦然，往往半日找散，分文不与。有某甲闻其声，曰："我不信如此恶道，请尝试之。"一日，太学雇四五人灌园，甲与焉。晨餐后，太学亲自督视，见甲漫运桔槔，故形拙滞，即呵曰："如此怠玩，亦要工钱否？"甲曰："我本未习惯，公请教我式样，当谨效之。"太学曰："躲开！"接放辘轳琅琅，下挽运甚捷，栲栳至井口，伸左手去提，甲从后挤之，訇然一声，太学落井。甲乃荷锄疾走。太学呼救，众曰："伊窃锄去，我等当急追之！"太学曰："且勿追，先来救我！"幸水浅，不至灭顶，桔槔下，太学乘之，两人力挽，才至井口，两人故作失手，訇然又坠。如此两次，始拯出之。甲本客作，不留名姓，莫可追寻。太学虽恶，亦无可如何。金人铭曰："强梁者，不得其死。好胜者，必遇其敌。"太学三番落井，几为性命之忧，非平日积恶太深，焉有此厄故。虽为人所陷，原其事有由，然即谓之"自陷"也可。

（七）

太守某公，公正廉明，可称循良。在任十有余年，无纰政，吏胥不假以威权，狱讼不累系多，人民歌乐。只独一逆案未办，未免白圭之玷，公亦自悔。盖乡曲有乞人子，殴其母几毙，兼之老病，不能步履，匍匐赴郡，将告官，乞为惩治。至郭门外，不能进，偃卧道周，越夕卒。里胥申报，公检验无伤，并无尸亲，遂以倒卧论，饬乡地具棺压寄。后其子常游市肆，人言纷纷，感叹暗无天日。公颇闻之，以有碍考程，姑置弗究。公有姬妾三四人，一年中殂谢半焉。署内白昼相惊以鬼，门窗自开掩，公盛服佩刀，坐其处镇压之，卒无验。未几，丁内艰解任，为交代故，呈不得行。寻以疾卒于郡。公病时，为人言曰："吾官此十载有余，国计民生，不敢不尽心竭力。祝与诅，任人所加，自觉无憾。惟南门外一案，中心阙然，悔已无及。"甚哉！顾避之误人深也。宦途中损名落职，往往蹈此弊者居多。以公之明，而不免贻此悔，良可惜也。然悔之而不讳，究属君子之过。故颂公者，亦不以一眚掩大德，谨为司民者劝，故志之，谅亦公之志也。

（八）

洼下之地，春风多则起盐，扫其土，漉水熬之成盐，色白似雪，味微苦，名曰"小盐"，贫民或藉以谋升斗之资。巡役遇之，以私盐论，送官惩治，到处皆然。太守张公，讳麟书，以仁廉称。会有讼私盐者，乃一个贫民。公讯曰："私盐干律，汝何独犯之?"民曰："非独小人，尚有某某。"公曰："彼何不来?"曰："逸矣。"公曰："汝不能逸乎?"曰："能。"曰："试逸，吾观焉！"民果逸，下堂即止。公曰："再逸！"遂出仪门。公谓役曰："彼畏罪逃矣，可勿追也！"此虽细事，可想公之仁廉耳。

（九）

有农夫夏月乘凉，以布被铺井池中，枕井沿而寝。尚未眠熟，一小偷从足后将被一抖，农夫落井，幸水浅不死，呼救得出。似此窃盗，与行劫无异，人命所关，当从重律。

（十）

保阳某士人，年弱冠，娶妻未匝月，亲串中有嫁女者，延为送宾，盛服往，抵暮不归。父某翁，黉序诸生也，待之终夜，以为亲串留宿，尚不在意。翌日既暮，仍不归，始疑。遣人于亲串处侦探，至则主人言，昨客俱发，并无留宾。使者返，合家惶惑，莫解所以。或言，近闻南山狐仙惑人，道经山麓，或迷入山谷，未可知也。翁乃纠集多人，笼烛燃炬，负铳挟弩，夜入南山大索，果于岩下得之，僵卧不动，问之不语。抚之犹温，舁归，灌以姜汤，始苏。自言为狐仙所迷，恍如梦寐，对所亲不甚详道。后其窗友根询，乃细细言之。盖是日筵散，与众亲友拱别，孤身就道。行近山麓，日已薄暮，遇一青衣问客何作，答言：“送亲回者。”青衣曰：“某郎君耶？日曛矣，离贵村尚远，日来山紧，昏夜独行，保无履尾之虞。家主荒第，近在咫尺，权住一宵，早旦而发，何如？”即惘惘然，随之行，实不自由也。未数武，有健仆控马道左，自云“奉命迎宾。”二人即扶上骑，款段里许，遽睹高第。时已昏黑，而目甚了了，粉垣连亘，金丁兽面，宛然世家。既至，重门洞启，一叟扶杖迎出，问：“来乎”。青衣曰：“来矣。”乃扶下骑，叟肃客而入。堂上巨烛双烧，光明如昼，二女奴侍媪候于堂。既登，媪曰：“贵趾辱临，宠荣奚似。”叟曰：“郎即内戚，吾酳谈宴，内寝为便。”相与穿堂入室，几榻帷幕，香气喷人，古玩陈设，不知何名，悉目所未睹。一二八女郎，靓妆坐，见客入，肃身立起，环佩锵然。睨之，明眸皓齿，云髻高耸，鬓凤低垂，人间无其艳丽。盛筵已陈，珍肴果品杂错满案。叟曰：“弱息陋质，不堪匹偶。但既承邂逅，即缘在三生，幸不摈斥寒微也。”顾女曰：“薄酒山肴，勉郎朵颐。汝宜善劝。”与媪偕出。往来给役，皆垂髫妖婢。女郎命酒，腼腆向客劝酽，良殷诸婢，剥果剖梨，堆积面前。此际即刘阮天台，不是过也。但念近地并无钜族，何以得此？意是狐仙幻景，虑为所惑，故酒肴虽美，皆不敢尝，止以醉饱为辞。乃暗藏果饼，以待回家验视。婢子见客不饮，谓女曰：“郎倦宜寝！”合扉俱去，一转眼间，已与女在榻上。自觉不曾动履，何以得移？弥增疑惧。女虽牵裾劝寝，屡促不应，女乃自寝，酒态嫣然，顷已眠熟，偎傍之际，惟闻热香流溢，不免心动，探手于衾，肌肤毛氄，尻尾修然。骇极，觅履潜逃，乃重门关锁，急不得出。叟闻，出视曰：“郎不愿留，亦不相强，门虽关，扛之可出。”果用力一扛，虚若无物，回视，已在门外。又至一层门，益巨，恐扛之不动，用力过猛，颠蹶不起。回扪，则石壁巉巉，星斗满天，暗不睹物，骇怖之极，昏然遂绝。经一昼夜，家人舁归，亦不自知也。但悔忽遽之际,所藏果饼未得携出耳。此事传闻已久,未得其详。昨与王棣华先生闲坐,偶然谈及,先生言:“我曾亲询其窗友,颇悉颠末。”因备述之如此。

(十一)

武安县钱铺陈某,年三十余,买卖精干,东伙弥切依任,岁食辛金五十两。一日,有劫盗假作平人,到铺买银一百两,陈与款接。银价低昂,客不甚较,即平元宝二锭,百两有奇,开帖银若干,合钱若干,客接银,与帖一并入橐,出门竟去,并未论及钱在何处。肆中诸年少颇涉疑虑,然以陈平日练达,交易无讹,想有兑付,遂无敢讉僭。至晚存账,短银一百两,陈乃皇然曰:“嗳哑!日间有客买银一百,并未付钱,此将奈何!”众曰:“曾否相识?”陈曰:“萍水之人,未与有素,哪得相识?”众谓:“可急出街上寻觅。”陈即出,遍访逆旅,渺无端绪。既归,顿足捶胸,愧恨无地自容。一夜无眠,明发兴辞,曰:“命途乖舛,遭此颠蹶,尚有何颜作此生意!家有薄产,折变尚足以偿,请从此辞。”肆主留拦亟切,执不可。财东闻之,亲来劝慰,以为无心之错,人所不免。陈曰:“平生逯逯,谬蒙推奖,生意行中不肯让人,奈覆餗如此,羞见同人。虽承高谊,不加诮责,而问心有愧,何得腼然赚人饮啖?理应自退。”东伙宽譬再四,终莫释然,食不食,寝不寝,忽忽若迷,虑其羞愤自戕,跬步使人相伴,积两月余,始稍稍开释。肆中兼贩绸缎,岁下苏杭。陈典其务,届春当发,陈辞不行,曰:“不出户庭,且致疏漏,千里赍金,保尢他虞?并非推诿,实缘自怯。”肆主曰:“君如不行,再无可托,只好歇业。”不得已,勉强从命。择吉治任,赁骑南下,过淮后,闻人言夜紧,不敢早起,漏尽始行。出村二三里,一人拦路曰:“住行!借骡一用!”陈言:“行路之人,骡岂能借?”丛莜间又奔出四五人,举杆索,套陈曰:“下来哉!无用细讲!”陈颠坠,大呼:“有贼!”飞来一梃,正中腰膂。陈仍叫喊,又飞一梃,中颅,遂昏不知人。骡夫亦被梃仆,驱驮竟去。日出,陈渐苏醒,来一人代拂面尘,抚之曰:“此非陈掌柜乎？何一至此！”开眸视之，不辨谁何。其人曰：“不相识乎？客岁借金百两，至今未还，岂遂忘之！”陈乃悟曰：“汝是买我银一百两，未给钱者耶？”曰：“然。”曰：“汝几杀我，今又来行劫！”急挣起，力揝其腕曰：“今日有死而已，断难相舍。”其人曰：“君勿急，如相负者，何来顾问？试言所苦，如何效力，不避汤火。”陈思此言是也，彼如不来，从何觅之？即于靴中出行单相示，标银三千，骡载四驮。笑曰：“此犹细事，可效绵薄，且请到镇，再作商议。”唤起骡夫，相与赴镇，呼逆旅主人曰：“此是好友！”加意承应，呼酒进食，情意殷殷。安顿已毕，谓陈：“君请万安，我去即来！”遂出。至午后，驱驮入寓，大呼曰：“陈掌柜，请验行李！”陈喜出望外，检视骡装，分毫不短。谢曰：“幸承德惠，慨施援拯，佩义实深。”答曰：“既是朋友，岂肯相累？”又于怀中出白镪二锭，碎银一封，曰：“承借之项，谨以奉还，外加息银五十两，并祈收纳。”陈曰：“借项留充原款，利钱所不敢受。”彼此谦逊，欢笑而别。陈至苏勾当，胜任而归，辞曰：“托庇福荫，德复完璧，兼全首领，实堪自幸。然而心裂胆寒，誓不再出矣。”人言劫盗往往义侠，信或有之。当其得银出走，陈如相随，不能骗脱，必遭毒手，而陈总不问钱，迹似示义，故志感耳。不然，茫茫世界，焉能再晤？顾施以二铤，报以三千，侠矣！将毋以盗薄之乎。然非盗，亦乌能有此侠哉！

（十二）

岁甲午，郡城重修贡院。有泥工某，年二十许，由村人。工作日久，回家替洗衣履，将复上工，至半途，暑月严热，暂至柳阴乘凉。忽来二女子，年皆及笄，粉白黛绿，衣履鲜洁，虽不锦绣，而妖艳殊绝，亦于柳荫暂息，笑语诙谐，顾某曰：“汝将焉往？”某曰：“上考棚。”女子曰：“我等亦上考棚，正好同行。”某曰：“我还去东亭。”女子曰：“我等亦去东亭。”某虽年少，性固醇谨，恐涉嫌疑，遽起欲去。女子亦起，举袖一挥，某即昏迷，如乘云雾，足不履地，目不睹物，但闻耳际风鸣，遂不知去向。东亭镇有农作者，耘苗田间，忽闻风声，四顾清天白日，哪来风响，举头见男子足二，女子足四，朱履翘翘，至正顶上，高不盈尺，急跃拽之，一男子坠地，昏迷不醒，久之始苏，自言由村人，将赴考棚泥作，行至半途，遇二女子，遂迷如驾云，不知何以至此，筋骨酸软，不能行步，乞借车送归。农如其请，其父母止此一子，尚未婚娶，神昏气薄，如病初起，不能强饭。两三月后，才得平复。父母恐为妖迷，不令再出。尝闻贡院后楼为狐仙所居，兹因重修，匠作或有触犯，故侮弄之耳。不然，贡院出入士人甚众，仙人何独媚一匠哉！

（十三）

有农家子，兄弟五人，惟三最慧，能写会算，心计尤深，余俱蠢蠢，兄弟析居多年。一日，郡城集市，三卖菜子，坐地摆摊，至午人稠之际，交易繁喧，其仲兄袖斧不言，至三背后，照项连斫三斧，血涌头项，登时倒毙。举市骇愕，不解何故。有识之者曰："是为兄弟相残。"众论纷纷，或言："骨肉至亲，以兄杀弟，不已甚乎！"有应之者曰："或者其弟实甚，杀人者死，夫谁不知？乃至不畏死而杀人，其中必有大不能忍者存也！"谅哉斯言，盖是非曲直，出于自然者无可怨，成于巧拙者气难平。兄弟共财产，不免有纷争之处，而其中之是非曲直，参杂罗织，非可执一而论。谚曰："清官难断家务事"，机辩者巧于占理，愚鲁者拙于措辞，固有迹，或不直，而实则负屈者幽愤莫泄，斯杀机伏焉。甚矣！心计之深，致杀身之祸，可畏也夫！

（十四）

山东地面多狐，往往嬲人。博野魏冠伦先生言，德州一瞽者郭姓，善谈鼓词，喜怒传神，抑扬动听。一日有邻村孙宅，巨室也，招之夜谈。薄暮独行赴邀，途遇二人，拦路曰："郭暹退也，将何往？"郭言："前村孙宅相召。"二人曰："我等正欲相访，幸相值，可便留此，稍共清夜。"郭言："孙宅晨已相订，如何负要？"二人曰："君之业，此亦犹生意，谁非照顾？我等醵金奉酬，当必倍之，何必舍近图远？"再三遮留，郭不得不从，即牵杖导之。行及门曰："门也。"及阶曰："阶也。"或曰："天气暑热，楼上爽豁。"一人前牵之，一人后扶之，拖曳以升。既上，即闻妇人孺子笑语不一，拂几移凳，捺之就坐。一人曰："郭暹退，久慕清音，今夕可得畅聆绝调。"郭言："多承过奖。不知列位何所欲闻？"一人曰："《绣香囊》词意最佳。"一人曰："佳人才子，鼓词之故套，莫若忠孝节义，言乃有物，不知暹退可有《精忠传》否？"曰："有。"曰："岳家父子，备极冤惨，使人痛惜。然而忠义之名，足以流芳百世。秦桧夫妻害贤误国，盗窃宠荣，然而丑恶之行，亦自遗臭万年。吾辈听书，勿徒见当时之苦乐，须念身后之荣辱。庶几小说皆为有功世教之文。"一人曰："胡四兄言之有理，今晚即谈《精忠》可也。"言论纷纷，觉有十数多人。郭默念，此处旧无人家，咫尺之地，何遂无一相识？茶罢，理弦开书，至夜半，众曰："可以暂歇，取暹退饮馔来！"肴酒并陈，不知何品，但觉甘美异常。饭毕稍停，众曰："此时尚早，可以再说两回。"郭如命，久之，闻远鸡已唱，人言渐寂。自以酒食餍饫，不好住弦。村人王二卖菜，将赴早市，出村，闻弦歌之声，渐近，知是郭。时已辨色，见郭在树上弹唱不休。异之，大呼曰："郭暹退，何乃树上谈词？"郭言："我在楼上。"一言之间，顿觉几凳全非，扪之，果树也。骇极欲坠，大言："怪事，分明楼上，何在树也？王二哥，你可将我奈何下去！"王曰："两丈多高，我一人怎生奈何你下？"急回村，邀四五人以绳来，缒下之。郭细述所遇，方知为狐所弄。由是郭暹退树上谈词，传为笑谈。余不异乎郭之为狐所弄，而异乎狐之能慕忠义，借鼓词谈世教，即人之道学，何以过之。然则世之读小说而能不愧此狐者几人哉？

（十五）

古人男子三十而娶，女子二十而嫁，今山西尚有此俗。直隶则不然，男子十七八岁即娶妻，犹不害于正。更有十一二岁娶妻者，类皆因父母得子过晚，急于使妇，故有妇长夫四五岁者，有长夫八九岁者，甚非所宜。其弊皆由妇人为政,丈夫不学,将顺其非,焉知圣人制礼,固有深意存也。旧闻田舍之家,有子十一岁,娶妇十九岁者,三朝既过,新郎宴起,父母隔窗呼之不应,入其室,新妇靓妆坐,犹蒙被而寝,推之不动。启被视之,血污狼藉,剪势而死。惊问新妇,妇不语,怒呵之,乃曰:"死了!死了罢!要他何用!"遣召其母家,父母至,推问仍不语,又问:"是汝杀之乎?"复曰:"死了!死了罢!要他何用!"父母羞愤,对其翁姑曰:"事已至此,经官亦不过敌偿,不如使殉可也。"买一巨棺,使夫妻生死并殓焉。《本命解》云:男子十有六而精通,女子十有四而血行,一阴一阳,奇偶相配,然后道合化成,婚姻之道宜准诸此。故男女嫁娶,当量其时,以为配耦。夫男子十一,女子十九,阴阳悬绝,情欲不通,致生奇祸,咎在父母不学之过也,可毋戒欤?

(十六)

生药铺胡硕彦,顶柜既久,粗通药性。一日,有不识姓名之人来言,其母痞满胀饱,大便不通,求药医治。胡曰容易,捣巴豆一枚,付之曰:"服此当下,亦不用钱。"其人去后,或曰:"巴豆性烈力猛,未见病症,投此狼虎之剂,倘是高年,为患不小,庸医杀人,须有应得之罪。"胡惧,怨曰:"何不早言!"心怔忡不安,然以不识姓名里居,悔已莫追。越日,胡在柜头与众闲话,遥见取巴豆之人,头戴新孝,贸贸然来。或戏胡曰:"汝致祸矣!巴豆之乱作矣!"胡色变抽身入铺,其人至,问胡掌柜何在。众曰:"何事?"曰:"老母服药,一泄而愈。家贫,无以为酬,特来叩谢。"问:"汝何戴孝?"曰:"婶母病故。"众唤胡不应,入铺索,不知所往。其人去,胡至晚方归,人语之故,心始定,如石落地。盖胡望见其人戴孝而来,骇极入,急于铺后逾垣遁去,惶恐之意,真不啻曾母投杼之惊欤?此亦可以为妄施医药者戒。

(十七)

余尝以卖卜卖药,皆市井滑稽,藉以糊口,焉有实能?而庄农妇女往往笃信，每叹其愚，然亦颇有可异者。南村某甲，娶妻二载，值岁饥，斗米千钱，日不举火，谋于妻曰："结发之义，本期白首，不幸遭此凶年，朝不谋夕，为之奈何？汝若改适，我可得赀，计图两全，莫此为便。"妻亦饥寒不过，答曰："夫妻相守，谁愿离别？但事出无奈，亦不怨君，我无四德，颇知三从，进退由君，敢不唯命。"岳家亦甚贫寒，不能阻其事，遂以七十千鬻于山西汾阳某乙。积四五年，父母念女不止，母怨曰："嫁女千里，永无见期，初不拦阻，遗此长恨。"朝夕相聒，父亦思欲一睹其家，况乃于务闲之际，治任而西，至则女已生女，婿不在室，家无储积，女以十指自给。盖乙商于陕，三年不归，女欲随父归宁，以室庐托诸邻舍，父女遂东。母女久别，彼此承迎甚洽，奈性皆非和顺，久之渐不相亲，析女别爨。或有劝之改醮者，父以有夫之妇，不敢主其议，又恐乙终无耗，作何了局？念不如归其故夫，律或从轻，遣人商于甲。初，甲自鬻妻后，渐以小康，取继室某氏，二年而夭，时尚鳏居，欲谋再继，低昂久不得就。市有卖卜者，将以决所从。卦成，卜人曰："异哉！卦体不符，所问何也？卜姻也，而遇故人相逢之兆，续弦也，而得原配谐和之占。君其曾否有黜妻乎？"曰："然，固有之。"告之故，卜人曰："是矣，覆水虽无可收之理，而断环应有再续之缘。怪道命中应得三娶，而妻宫止有二人。君可无用他求，夫人其赵还乎，破镜重圆，即在目前。三日之内，必有佳音。验后领赏可也。"及归，而岳家遣人已坐候于室矣。一说即成，择吉迎归，以应三娶。未及，而乙忽来，坐于岳家索妇。岳父母不承，异乡人亦不敢以恶言相加，惟日夜悲号，二目尽肿，乡人怜之。有泄其事者，岳父母不能隐，共诣甲谋之。甲不能有异词，而妇不愿西，乙无如之何，但曰："我本以七十千买者，既不归人，即当偿钱。"乡人劝甲，勉凑二十千遣之去。卜之奇中，似不可以猎食者目之。然余以为，或是左近之人风闻其事，而适逢其问卜，遂得以神其术焉？亦未可知。不然，术虽前定，非可逆睹。禆灶言火，子产犹訾其焉知天道。矧彼卖卜，其推测顾如神欤？

（十八）

正定令某公，仁明素著。有农民妇抱子省亲，道出瓜田。守瓜者三少年，见妇微有姿色，故相嘲戏，出秽语，辞涉挑谑。妇怒而詈，三人者恃众，恶语相侵，不稍让妇。妇告诸夫，夫盛气独往，寡不敌众，大被捶楚，不能履。妇鸣于官，公即签拘三人，三人者至，各抱两瓜，巨于五升匏，诉妇窃瓜致闹，夫尤凶暴，互殴是实。公呵妇曰："汝真刁妇！窃瓜被殴，理之当然，尚鸣冤耶！令击啄四十。"妇顿首叫屈，公曰："既畏责，罚所不免。"妇问："罚将若何？"公曰："以汝子偿若被窃。"妇惧责，不敢争。观者窃议公素明断，兹何愦愦乃尔？三人者抱儿下堂。公曰："勿行，尚有汝瓜，可并携去。"二人争取，公曰："且勿！令抱儿者取！"强举其二，不能多取。公冷笑曰："好狗才！顽恶显然，汝以男子，尚不能抱儿多取，谓彼妇人窃汝六瓜，将欲谁欺？"倾签下令各杖四十，枷号两月。三人叩头乞恩，公曰："本应笞断下体，姑从宽，容汝赎罪，可速将钱二十千来，以为彼丈夫养创之资。"命役严押速办，违必重处。人皆服公之明，诚然！然余谓淫顽恶少，是应责，以正风俗。若仅罚钱，彼为富不仁者，不将有所恃欤？

（十九）

任士良家称，小有同里石氏，因求借不遂，衔之。石有子，十一二岁，遣之赴市卖鸡，道经任氏墓侧，石怀刃随之，至任墓所，唤儿至墓后，出刃杀死，取鸡而回，人无知者。翌日，任闻墓有尸，同乡地往视，识是石子，报于官。太守郭公，山东人，才能出众，折狱尤精。检验刀伤三处，并无凶手。问石："汝子何以被杀？"石供："不知。尸在任墓，宜究任。"问任，任亦不知，遍审邻保，莫得其由。命并系之，覆审三次，讫无端绪。久之，公忽命人全犯赴城隍庙质审，设案庑下，公升座，问："人犯齐乎？"吏应曰："已齐。"忽一牝鸡径至案前，立遗一卵，回头自啄食之。公出座，仰首拱立，若有听察，向空应是者再，归座问石:“汝知杀汝子之人乎?”石曰:“不知。”公曰:“是汝自杀,何云不知?”石叫屈曰:“小人止此一子,岂肯自杀?”公拍案怒曰:“适才神已明告,是汝自杀,尚何抵赖?”石犹叫屈,而不禁觳觫色变。公益怒曰:“不加重刑,如何肯招?”命取枷棍来,两旁吏役齐喝,三木置前,石面白如死。公令上刑,石顿首曰:“大老爷,不用上刑,小人愿招!”遂吐其实。盖公令人潜访已久,知石素行不端,固有疑焉,以彼尸亲,不得实据,未便施行。故假神道以恐吓之,将以察其言色动静,而适逢鸡之食卵,益信不疑,果得其情,亦亿之幸中者耳。余谓神道设教,事近于虚,而临民者不妨偶一用之,不过欲使亏心之人,馁而自败耳,岂真听诸冥冥哉!及观鸡之遗卵自食,神不果有灵乎?异矣!

(二十)

乾隆末年,白金价高,腾踊日甚。郡城内天宝钱铺郭某、兴隆钱铺李某,各赍千金,赴白清河买粮,到彼投某粮店解装,尚未议及粮价若何,郭见窗间置邸报,取来翻阅,有某御史一折,言银钱通壅,轩轾不行,请发帑银,以平时价云云。郭心动,私语李曰:“买粮,胜负尚未可知,若帑银一出,银价必致暴缩,何不乘人未觉,将此买粮之银,暂且易钱,十天半月,可获倍息,再来买粮未迟。”李亦然之,乃问粮店,某粮某价,聊议低昂,即云不合式,束装急奔省垣。定更时,仅能进城,投金泰钱铺,将二千银随行合钱,批帖过账,酒饭毕,请客安寝。盖钱行生意人最机警,金泰号疑此二人来之有因,命将客房加锁,夜间客若呼唤,切莫应声。即着人载四千银,星夜出城,赴定州探听行情。二人睡至半夜,李唤郭曰:“郭五哥,你我作此生意,铺中不知。邸报之来,先省后郡,倘有与我同心者,亦到定州,如此办法,铺中被诬,我等此宗生意岂不枉作?”郭曰:“是也!必须连夜回铺,以防此虞。”即披衣,拔关启门,而门外倒锁,乃大呼“开门!”呼叫多时,如在无人之境,毫无声息。及天明日出,始有人来开锁,放二人出。问何故加锁,答云:“铺中犬恶,客如夜出,被噬奈何?”二人不疑,惟急命驾,金泰号再三款留,皇遽辞出脱,驰而回。到铺,金泰号之人尚未行,两家各买二千金,对月钱多加二数,业已成交,无可挽回。此风一播,银价骤减,一二日内,两家赔钱四五百缗,帑银未出,钱价已平,后亦卒未闻发帑之事。二人弄巧成拙,愧叹而已。此可以喻黄雀贪蜻蛉,而不知弋人之谋己,机心机事,伊于胡底。

(二一)

晋俗嫁女,婿不亲迎,于亲友中请一尊长为大宾,率鼓乐花轿而往。岳家亦不设筵,堂上备香案,客至登堂,行四拜礼,主人答拜。客执壶,酌酒三杯奉主人,名为"斟中",延至客舍待茶,候新人妆竟,即告辞而行。礼成而事简,其俗甚善。寿阳县张与王同日嫁女,同住城。张之婿家李姓,王之婿家赵姓,同住乡。是日,赵先发,误诣张,登堂礼毕,宾主素未谋面,茶间亦无深谈。新人上轿,客兴辞,鼓吹而回。新郎盛服,以俟行拜堂礼。入青庐坐帐,饮交杯盏,侄男女姊妹行,挑笑多端,启搭面,新人面壁坐,其婶母问曰:"你奶奶好!"新人云:"我无奶奶。"婶母曰:"王大成,你父亲,有老母,汝何无奶奶?"盖婶母与王有旧亲,故云。新人曰:"我姓张,何云王某是我父?"婶母曰:"差矣!"合室惊异。或曰:"今日城内张某亦嫁女,必是错迎,此将奈何!"婶母曰:"急宜驰伻诣张,言明送回,可也。"伻至,张怒曰:"要迎即迎,要送即送,悉由汝便,谈何容易!伊家亦有幼女,着来与吾家男儿行拜堂礼,饮交杯盏,即便罢休,不然,有讼兴也!"喧闹间,李氏迎亲者鼓吹又至,张惧不敢出,李在街上闻其事,怒曰:"天地间有如此奇事,看汝作何消交!"偃旗息鼓,愤然而回。张有表兄刘某,老成练达,谓张曰:"此事错在两家,不得专责一人。宜作速取回,勿得延滞。试思此何等事,可容隔夜议乎?"张亦恍然悟,急急取女而回,召李来迎,往返两次,李执不可。翌日,多烦亲友,恳求再四,别择吉期,方成合卺之礼。张气不过,罚赵在其祖茔优戏三日,始罢。吾以为张之计左矣,此事将覆闼之不暇,乃反优戏以张之,何也?其必泄愤于赵者，徒欲耗其财耳。不知赵虽损财，张益播丑，是可谓罚亦悔、不罚亦悔也。

（二二）

嘉庆六年六月，阴雨浃旬，遍地出泉，门外成渠，臼生鱼，灶生蛙，墙倒屋塌，四邻无隔，亦近古未有之变也。曾记某日，自朝至暮，雨连绵不休，酉刻少停，入夜又作，淋淋漓漓。百年不漏之房，亦皆涔涔滴堕，男女坐卧不安，中夜益复倾盆，檐流瀑布，震耳骇心。遥闻雨声中人语沸腾，喧杂甚厉，意是雨积壑涨，河水暴至耶，然昏夜中莫可方略，即甚危殆，亦听之而已。即而人声稍定，雨亦渐歇，假寐片时，窗有曙色矣。闻院中仆辈惊相告，语曰："夜间厩棚崩堕，压伤二人，贾已毙，刘可不死。急被衣出视，至中门外，见刘以白布缠头，蹲伏檐下，云是夜间所伤，贾则仰置板扉矣。盖刘宿轿车中，微有支持，故伤未及死。贾宿土槽上，正值栿下，栿落伤胸，顷刻立毙。执事者云，业驰伻召其家人，行将至也。无何，伻来，言其家止一妇，跛，不能跋涉，对使者云："丈夫夜间魂已来家，敬覆主人，怜我贫妇孤苦，急难无人，亡人既备犬马，尚累主人归其骸，铭心高厚，衔结有日耳。"乃为备市衾装，与衬而归，复厚恤之。盖贾极贫，妻独处一室，夜雨室漏，虑有倾塌，不敢寝，绩以待晓。至四更后，闻有人以手捶扉，连叫开门。妻问谁何，答言："我来矣！"俨然夫也。妻曰："夤夜冒雨，有何紧要？"辍绩下榻，拔关辟扉。觉阴风飒然，灯忽碧绿，愕而却退，并无入者。意其溲便，久之寂然。妻怨曰："既来，胡不入室？"持烛出照，见旷以黑雨濛濛，阒无人。凛然发乍，急入阖扉，骇疑不定，此际孑然一身，倍益凄清无已。拂枕就榻，辗转不寐，甫交睫，见丈夫立面前，疾首蹙额，颜甚愁惨。方将欲言，倏忽惊觉，乃知是梦，而形容宛在目前，心忐忑，疑虑百端，惟恨夜之不晓。未几，远鸡已唱，窃幸黎明不远矣。迨东方既白，而凶闻已至。谚云："人死如灯灭。"如贾者，岂其灯灭，而尚有余烬耶？于戏！息断尸寒，魂飞命尽。生前之名利谁为，顿归无何有之乡；死后之凭依安在，亦付不可知之数。顾泉途已逝，不忘床第之人；蝶梦长飞，犹认家乡之路，良足悲矣！宜乎，之死致死，仁者不为，僾见忾闻，礼明如在。矧骨肉未寒，而忍以异物视耶！然则刍灵焚野，清夜招魂，仁人孝子之用情，事虽近俗，而未可厚非也已。

（二三）

新邑聂明，士人裔。中年丧妻，遗一子玉保。甫十岁，读书僧寺，聂井臼自操，不胜其惫，故求凰甚急。有何氏新寡，年与貌素所悉也，通媒妁焉。而何有女金凤，年十四，无所依，媒议瓜蔓相随，聂意不合，然以中馈无主，势难旷日选择。不得已，曲就之。入门，逑好甚敦，金凤亦明慧淑慎，颇不冗食。居年余，何以女将及笄，嫁则离异，见玉保读书聪敏，貌亦不恶，莫若夫妇结朱陈，母女可以常相守。商于聂，聂不可，曰："姊弟相称，业经年余，礼不异宗，义即同胞，焉有再为婚姻之理？我虽不学，先人曾在士林，礼义乖舛，亲族其谓我何？"何执两姓之义，引证多端，相聒日久，聂亦摅拒不决，又念继母前子，多不相安，如此成就母子姑媳，或当无间，遂允其请。何好佛，村有大士庵，朔望烧香，与庵尼相熟，往来无虚日。尼见凤姐温婉宜人，谓何曰："令爱如此窈窕，我记一人，若相匹偶，可谓玉人成双。"何言："已许玉保，业有成言。"尼曰："嘻！母女嫁父子，名声不雅，我所言非他，即施主之侄观保也。无姑嫜之辖，嫁犹未嫁，仅一墙之隔，离如不离，名正言顺，业丰于此，何处觅此良缘？"何心动曰："俟我商之。"凤闻此议，心弗善也。盖聂有从侄，父母早世，幼多疾病，舍身大士庵，故名观保，尼其师也。年十八未娶，尼常代之谋，乃以此意告之，观保曰："娣也，乌容再议。"尼曰："未醮不为嫌，且成破在我，与汝无干。"何亦乘间言于聂，聂曰："事已久定，胡又反复！"拂衣出。越日，何又言之，聂怒，语侵何，何仍絮絮，遂致反目。寝食异处，言语不通，聂愤出，游学不归，何亦郁郁，不理家政，惟日过庵与尼闲坐。尼曰："凡事当求本，拔树要除根，扬汤止沸，莫如去薪。谚云'无儿不使妇'，事又何难?”何会其意。翌日午炊,以饼置一旁,谓凤曰:“此给玉保,莫要错食。”即过庵去。凤最慧,即知有故。玉保归,求食。凤以饼掷桌上,保即取啖。凤曰:“且毋!此不可食!有饭亦可充饥。”保不解其故,果食饭去。何归,见无事,以语尼。尼曰:“明日饭止一品,自不错事,何如?”教止留面一碗,再无食物。何去,玉保归。凤曰:“今日止此面一碗,食则必死。依我言,可暂忍饥去。辰有一餐,饥当不死。明日再食可也。”保含涕去,至塾,先生问:“饭乎?何速也?”泣不语。又问:“未食乎?”乃将两日情形一一诉于师。先生固同里人,此事早有所闻,言:“汝去,看汝母在庵中,与尼议何事?”保果去。本寺僧人法真,禅而儒者也,与先生最契,偶过斋,见先生若有所思,微扣之。先生曰:“玉保家事,师当亦闻之。今两日午餐,其姊皆戒勿食,食则必死。当是其母有恶谋,尼与其事。吾令伊去庵中,察听情形,今久不归,恐有变也。”僧聊沉吟曰:“殆矣!十一岁童子,焉能支持?必遭毒手。讵非先生将孺子送入虎口耶?”先生皇然曰:“此当奈何?”僧曰:“君宜速往,或可有救。”先生曰:“我以先生,何得冒入尼庵?”僧曰:“事急矣!不容顾避,我亦同去!”二人疾趋至庵,山门果闭。僧曰:“逾墙!”先生犹退缩。僧曰:“勿怯!缓即误事。来!踏我肩!”先生觳觫,登几坠,乃越。门启,僧入至禅堂,阒无人,即趋方丈,尼与何在焉。问玉保何在。尼言:“未来。”僧曰:“先生遣来,何得云无?”尼曰:“事无影响,意汹汹何为?”僧曰:“既无,搜当不禁。”尼曰:“本未来,搜何妨?”先生战慄[栗]不能言,僧遍索不得,方自悔猛浪。凤姐至,见门后一缸,以目示僧,僧悟,缸覆石板,启之,见败絮套花,揭视,玉保埋其中。提出,已僵,口塞败絮,除去,渐苏。盖絮止塞口,不防鼻,仍留息,故得不死。尼与何皆色变无人状。僧谓先生曰:“伊父不在,事当鸣官,君速作禀。”先生曰:“我教学人,如何预此事?”僧曰:“来即事中人,焉能推委。我亦不能辞,联名控可也。”邑令一讯,斥曰:“人既未死,兴讼何为?”饬塾师与僧毋得多事。二人拂袖起曰:“此事不能不多。”竟出。传者言此三月间事,复闻控上台矣,未知作何究竟,时壬辰六月也。异哉！尼与僧均称世外人，何预人家事？然佛法慈悲，舍身济众，僧所为，正释迦之本旨，功德所造，福泽鸿焉。僧乎有佛之心，不患无佛之身。彼尼胡为者？破人婚姻，一言已中，谋人性命，三施不成。顾身托佛门，口谈因果，曾不思泥犁地狱为谁设耶？观自在有灵，得不夺其魄而速之败乎？

《酒令》

戊子，西席李退庵、吴静斋赴试秋闱。余设祖帐，王棣华先生及善征、立庵皆在坐，饮次苦寂，共议行令。或曰："射覆佳。"或曰："拇战佳。"余谓："今日之饮，是为闱战，一鼓当用本地风光，取登瀛步云之意，以卜吉兆。"众曰奚若，余曰："择一字，与秋捷相关，先谜言之，次唱明某字赢酒，再将取义点醒，不能者罚。"众曰："君既出令，即请先步，以便率由。"余曰："然。试言之：土木相匹耦，一木两土守，圭木成一字，桂字当赢酒，兆取蟾官折桂。"首坐退庵曰："我喻矣。寻得一个口，须用鸟来守，鸟口成一字，鸣字当赢酒，兆取宴歌鹿鸣。"次静斋曰："土边何所有，草下人一口，荅土成一字，塔字当赢酒，兆取名题雁塔。"次棣华曰："二甲占在首，马足四下走，黑占成一字，点字当赢酒，兆取朱衣暗点。"善征曰："咬了多半节，吃得剩一口，夕口成一字，名字当赢酒，兆取金榜题名。"立庵曰："我不能与，俚语勿笑。遍想无所有，仅得禾一斗，斗禾成一字，科字当赢酒，兆取两夫子同科。"退庵、静斋皆立庵业师。举坐赞好，亦可谓才。令行一周，颇形阻滞，酒不举尊，菜不下箸，默默构思，视听罔觉，欢趣翻成苦事。余曰："令自我出，仍自我收，可也。"酌一巨觥，执而起曰："行令为饮酒，误我好几口，喉内馋虫动，急须这一斗。"仰而尽之，一笑哄堂，佥谓嘉会难得，因记其事。

附录一　清·王用臣《斯陶说林》卷十二《随笔》

深泽王用臣念航撰

斯陶说林·自序

说部一门,久为讲学家所厉禁,然亦视笔墨何如耳。典而不芜,雅而不俚,可以助谭,可以引睡,宜老宜病,宜闷宜闲,善矣哉!谢在椳[杭]之言曰:"读书者不博览稗官诸家,如啖粱肉而弃海错,坐堂皇而废台沼也。"辛、壬以来,杜门养疴,经史百家亦束高阁,唯日取稗说野史,摘录数则,日积月益,裒然成编。时当风雨晦明,焚香煮茗,拂拭几砚,翛然意清,赏心乐事,不在堂麈尾自摇,不觉已斯陶矣。

壬辰闰月上浣斯陶居士识。

卷十二·随笔·序

声莫震于雷霆,而聋者弗闻,明莫著于三光,而瞽者弗视,惟耳目之所用,亦有资于野史。闲尝考求遗事,综其终始,小以备词人之雅谈,大以寄百世之兴起,非曰能之,聊复尔尔,亦何取乎是古非今、贱目而贵耳也哉!

(一)

金星、水星,一日移一度,一月移一宫,一岁一周天。火星,二日移一度,二月移一宫,二岁一周天。木星,十二日移一度,一岁移一宫,十二岁一周天。土星,二十八日移一度,二十八月移一宫,二十八岁一周天。盖五星各以丽天高下为等差也。天分九重,最上为宗动天,次垣宿，次恒星，次土星，次木星，次火星，次太阳，次金星水星，而太阴居最下焉。

（二）

日与天会，而多五日有奇，为气盈。月与日会，而少五日有奇，为朔虚。合气盈、朔虚而闰生焉。

（三）

欲明置闰之法，须先识日月年岁之名，何谓日？以日东升西没而名也。何谓月？以月与日会而名也。月每日行十三度有奇，积二十七日一周天，又二日余而与日会，谓之“合朔”，共二十九日零，以其积零之数归是月，为大建，以其零数归下月，为小建。何谓年？十二月为一年，以月与日合朔，共十有二也，共三百五十四日，何谓岁？周天三百六十五度四分度之一，日行一度，积三百六十五日零，而一周天，较十二月之三百五十四日，余十一日有奇，而闰生焉。

（四）

阴阳数术家，动辄言五行生剋，至问其所以然之故，多不能言，不知皆出于河图洛书。由河图顺数之，即五行相生之序，由洛书逆数之，即五行相剋之序，顺则相生，逆则相剋，数固不离乎理也。上二条，闻诸先叔榕泉公讲论，故略志之。

（五）

国朝初设八旗，黄、红、蓝、白，皆纯色，后添四旗，参用其色镶之。幅之黄、白、蓝者，红缘。幅之红者，白缘。镶黄、正黄、正白为上三旗，正红、镶白、镶红、正蓝、镶蓝为下五旗。其左、右翼，则镶黄、正白、镶白、正蓝为左翼，正黄、正红、镶红、镶蓝为右翼。

（六）

国朝太祖既平诸国，每三百人，设一牛录额真。后改称牛录章京，即今佐领。五牛录，设一甲喇额真。后改甲喇章京，即今参领。五甲喇，设一固山额真。即今都统。每固山额真，左右设两梅勒额真。后改梅勒章京，即今副都统。

（七）

国朝有不入八分公。盖天命年间，立八和硕贝勒，共议国政，各置官属，凡朝会燕享，皆异其礼，赐赉必均，及是为八分，有功加至贝子，准入八分，如有过，降至公，仍不入八分。

（八）

满汉大臣，颁行公事，折奏称臣。请安、谢安、寻常折奏仍称奴才，见乾隆年间上谕。

（九）

背镫肉，国朝亲王优礼。凡年长者，免其进坤宁宫吃肉，许颁给背镫肉一分。

（十）

天下额兵之数，在北宋中叶，兵常一百二十五万。南渡后，养兵六十万，而兵亦不竞。明代养兵百三十七万，末年又加练兵八十万，而孱弱日甚。国朝绿营额兵之数，在乾隆中叶名为六十四万。缺额常六七万。四十六年，又增兵六万有奇。至嘉庆十九年，汰去万四千有奇。宣宗即位，又汰去二千有奇。咸丰初，粤逆蠢动，曾文正公疏陈请汰兵五万，以节军饷，后遂招募勇丁，削平巨难，此绿营一大变局也。至八旗劲旅，以强半翊卫京师，以少半驻防天下，其额数常不过三十五万，除勇丁无定额不计外，满营绿营兵，实共不过九十余万，视前朝数不及半，而武功之盛，陵古铄今，兵贵精不贵多，不信然哉！

（十一）

天下生员之数，在国初时，岁取已得二万五千三百余名，约计三十年中，岁试、科试各十次，共得五十余万名，迨后文运日盛，奏请加额者屡屡。近来军务频兴，各省修城捐饷，屡次奏请广额多名，不知青青子衿者，又增几百辈矣。

（十二）

吾家自前明以来，耕读传家，无大富贵，亦无甚贫贱，虽代有仕宦，从未有藉宦橐起家者，其或门户不齐，亦惟视先人世传之家法，能守与不能守而已。闻先曾祖自山左辞官归，所居外室，门俱无帘。先大父在家读书，虽严冬不炙碳，寒极则拾树枝薰之。及先大人仕闽，先大父首谕以节俭，覆禀云，任海澄已二载，只作一裹元羽毛单袍一件。没后，亦仅留敝衣数袭，他无长物，累代俭德可风如此。近世奢靡相尚，实令人愧且惧也。

（十三）

先叔榕泉公应童试时，先大父卜之，得词曰："欲问前程事，必须再踌躇。"意谓必待再试始售也。及入场，题乃"再"字，即于是年游泮，事亦奇。又是时，先大人方应科岁试，学宪沈公小湖维𫔎见其文章丰采，深器之，询悉家世，为先大父书联语云："箧里琅函珍旧德，谓先太高伯祖戆思公所著《皇极经世书解》《四书参注》《濂关三书》《权衡一书》《韵学崇雅堂稿》等书十数种。庭前玉树蔚新枝。"盖纪实也。

（十四）

道光丙午科，先叔梦坡公与凤千堂兄，并姑丈李子畬，表叔杨翼垣、杨耳峰诸先生，闱后扶乩。乩仙降坛，问："有能捷者否？"乩忽飞笔作画，六横一竖，绝无字形。复求明示，不动。凤千兄灵机一发，不觉出口曰："横六画，竖一画，非二王同榜之兆乎？"他人皆色变而散，及放榜，果叔侄同捷，并出一门。

（十五）

岁丙午，先大人宦游闽省，用臣为先大父所钟爱，不令随任远离。厥后，粤逆猖獗，先大父心忧国事，念切远人，辄抚用臣之背而叹曰："贼势蔓延，乱将胡底！"顷又闻其已立年号"天德"矣，时用臣十龄，受《易》，即应曰："勿忧，贼不足虑。"因急问："汝何知？"对曰："《易》主占验，不云'天德不可为首'乎？"先大父喜甚，逢人告语。追忆音容，曷胜泫然。

（十六）

咸丰丙辰秋，先大父晨起，见大门左扉一蛇蜿蜒而上。人谓蛇恒在墙阴砌角间，不宜在门。先大父曰："门内虫，闽字也。蛇亦龙属，有飞升之象，或宦闽者有吉兆乎？"未几，家报至。先大人由漳州府擢署延建邵道，气累之感，往往有验。昔范忠贞公承谟抚浙时，杭之西溪有虎患，捕之不得。一日，诣水月和尚卜之，和尚曰："山头大虫任打，门内大虫莫惹。"公不悟。未几，迁闽督，殉逆藩之难，乃知门内大虫，闽字也，吉凶之兆虽殊，事颇相类，故志之。

（十七）

先大人在闽，欲为先大父请二品封典，执意不允。曰："富厚荣华，宜为子孙留余，不可泄发太尽。"袁子才《咏唐花》云："百花开落虽天定，倘不烘开落或迟。"即是此意。余书斋檐下有苹果树一株，花实累累，不忍间摘，次年竟无一花。可知富贵福泽，本有者犹当撙节爱惜，其营营逐逐、妄希非分，奚为乎？祖训非遥，子孙宜敬佩之。

（十八）

先大人任上杭日，赴庐丰征粮，见旅店壁间题句云："村头花正开，村尾酒新熟。美人来不来，月明白茅屋。"因爱其情韵双美，书于册头，究不知何人作也。

（十九）

先大人终于闽南，尝抱终天之恨，无时能已。丙子入会闱，分得"阳"字第七十一号，嫌尾号，且不摒挡，拟封门，择上号空处而迁焉。正兀坐，突见一人至号底窥觇曰："尾号只余一人耶？"余问："是尾号乎？"曰："非也，第五号耳。向有一病，见出号者即不能成一字、书一笔，故欲坐尾号。"曰："互易何如？"曰："甚善。"余上迁第五号，又嫌冲繁，适过十五号，亦空，遂坐焉。垂帘小憩，闻邻号谈问籍贯，十七号乃福建上杭人，余心动，出与扳谈。自称周镛，字笙房，上杭城内人。因言："先大人曾任是邑。"惊曰："足下乃贤父母哲嗣耶？"遂备谈当日善政，余不觉泪下。周曰："君诚孝子也。"亦感动涕零，且曰："贤父母在任时，创修炮台，后粤逆四次至杭，阖县人奉贤父母在时长生禄位以守，城赖以存。县人醵金为建哀忠祠，且欲请入名宦，以相隔二十余年，前后事实，未能详举，且又不谙体例，至今耿耿。"余为述家刻有优诏哀忠录，及同乡举乡贤底稿，因亟索之。出闱后，并见上杭公车华特市达璋、王球史国屿等十余人，众口一辞，以行状归，遂得前旨。案，此事遇合甚奇，毋亦先灵凭式，冥冥中有以致之欤？

（二十）

深邑城垣，经久不修，破坏殊甚。同治癸亥，畿南土寇蠢动，先叔梦坡公侍先祖母太淑人避兵保阳，先叔榕泉公居守。时警报沓至，先叔呼余同誓神前：如是邑不遭兵燹，当竭力筑城，以卫生灵。二月二十四日，贼北渡滹沱，东窜。乃鸠工修筑，不两月告成。太淑人遂于五月旋里，至九月初六日，贼由城西里许向北窜去。以有城可恃，众赖以安。及戊辰正月，捻逆北犯，堂兄翰举公居守，复公议濬濠增陴，二月二十六日午前完工。午后，贼即大至，绕城四面而过，以守备严，竟无患。虽天幸，抑亦人谋矣。当初修时，除与邑侯商酌，动用公款千余缗外，其余二三千缗皆余家捐办。时尚物议纷然，后阖邑生灵得所庇赖，人始知福。谚云："无识之人，可与乐成，难与图始。"信然哉！

（二一）

先妣阎淑人告终，至戚挽联多佳者，惟以堂姊丈贺芝樵刺史锡珩联为最。联云："佐戎机于蛮烟蜑雨之间，饷助裙钗，卒能使漳水瓯山，勋留一柱；懔女诫于别鹤离鸾而后，祠崇节孝，正好与乡贤名宦，美并千秋。"语包实事，与泛填母仪颂词者迥别。又二伯母卒时，适其家行唐赵宅母太夫人方在殡，而堂兄翰举公亦先数月卒，余代姻亲作一挽联云："在殡有慈亲，情痛浣衣，二百里风凄月冷；先期摧哲嗣，心伤画荻，十数旬兰萎萱枯。"句虽平平，亦颇能切当日情事。

（二二）

杜召亭先生讳南棠，余外祖也。乾隆丁酉举于乡，丁未成进士，入词馆，立品清介端方，文名亦藉甚。时和相柄国，声势赫然，且监掌院事。一日遇于朝，同馆诸公趋谒，率不循典礼而行半跪，即今请安，《史记·淳于髡传》所谓鞠䏿也。先生独长揖，和相顾问籍贯，以赞皇对。愕然曰："固李卫公桑梓耶？"心颇不怿，以上深知先生学品，擢春坊中允，连命分校秋闱，而和相终慕先生名，亟欲招致。会宴客，主人行酒，座中者以尽属门下辞，和相笑曰："自有不为门生者。"盖阴指先生，而先生不为动也。卒以大考列平等，适遭炊臼之变，遂假归。归后束装远游，逾湖湘，浮江汉，登岘首，蹑钟山，东南名胜，游历殆遍，文思亦日进，掌正定尊闻书院。晚年失明，端坐诵《葩经》及《南华》数篇，故为文皆超逸绝尘。著有《荔村山房古今文集》，小沧表兄手抄成帙，今其后无能承先泽者，集遂送归余家收存，拟为刊刻传世，未遑也，先述其梗概如右。

(二三)

灵寿靳谦谷先生讳廷钰，嘉庆丙子孝廉。当先大人送院试，赴定武，先生亦以事至，因素耳先大人之名，来访，适未遇。同寓人见其布衣角巾，以为游学者，予青蚨数十，笑不纳，亦不留姓名而去。再至再不遇，人窃窃怪之。三至而后得会，一见遽曰："此真王琴航先生也！灵寿靳姓廷钰名特访。"坐次畅谈，大相知契，遂订交焉。嗣以大挑宦晋，升保德州，权宁武篆，历任清介绝俗。需次时，奉檄委赴某县，甫卸装，喧传盗越狱，先生告捕者赴东北，果获之。问以故，曰："入城时，见东北有缺路也。"其机警多类此。丁艰后，入京谒选，案头常置舆图一册，曰："无益之书，吾不读也。"旋授新民厅同知，清介一如曩日，日饵云豆，人呼为"云豆司马"。与上官不合，托疾归。先生负奇气，有经济才，使当中兴时，驰骋戎马间，其勋业当与彭、杨、罗、李相伯仲，竟郁郁以微官终，亦可惜矣。光绪初，黄子寿先生彭年主修《畿辅通志》，为述其梗概，寻其形状，请编入列传，兹更传其逸事云。又，先大人喜交游，无滥予，订兰谱者二人，一为先生，一则何文贞公桂珍。文贞殉难皖省，尤觉大节懔然，人咸谓真能取友者。

(二四)

淄川赵竹浦先生印川，幼时家贫，驱骡网贩粮以佐读。举于乡，计偕入都，与先大人联号舍，以同谱甚契，约曰："战再不捷，当就拣选，以展百里之志，未知能同舟否？"后十年，先大人守漳州，而附郭之龙溪令，即先生也。先生有干才，性强毅，边幅不甚修复，日谒堂官，常赤其足，先大人亦优容之，深爱其才，屡为推毂，遂得腾达直上。迨粤逆入闽，到处披靡，先生独敢战，贼畏避之。及擢陈闽臬，而先大人在延建邵道任，遂两路联兵，恢复闽北。未几，先大人积劳卒于军营，先生旋亦阵亡。其亡也，忠节可悯，仅得一股以殓。盖其平时好用黑缎袜，靴式鞋，故得取识。同治朝，军务敉平，追念死绥忠臣，特赐祭一坛以荣之。

(二五)

毕定邦者，赵竹浦先生之表侄，以技勇闻。随任捕盗，盗畏而恨之。一日出外访盗，猝被围，急自靴中拔刀上掷，盗竟仰视思避，遽突围出。后闽乱，随赵公带队，屡胜。贼见毕字旗辄走避，以功擢至总戎。后以诏安、漳浦两营勇互斗，便衣出营弹压，中飞枪子殒命，可惜也。

(二六)

定武王文泉先生灏，余同宗长者也。家本素封，而性豪迈，多义举。光绪己卯，开局刊刻《畿辅丛书》，十数年间，费至数万缗，绝无吝容。广延名士宿儒，与之商定体例，如余愚陋，亦得与于襄校之役，李爵相曾赐以"畿南文献"扁额，实足当之而无愧。唯是书未及观成，而先生遽尔易箦，人咸惜之。殁后，名公卿挽联甚夥，余亦曾挽一联云："吾家先生多豪举，畿辅潜德发幽光。"辞质无文，聊当望门一哭，亦纪实也。

(二七)

朋友居五伦之末，然择交从善，胥视其人之自为。余素性最躁急，自计偕赴都，屡与步浦男堂姊丈其端同寓，见其冲和纯粹，蔼然吉人，心已羡之。嗣其表弟李鄂楼入都捐官，猝患咯血症，幼年又少亲故，浦男为之经营医药，扶持疾病，几误入场，而绝无怨言。其族人多在京作生意者，见面后回看，步行往返十数里，归时亦绝无厌劳之意。观人于微，其学养大概可知。余着力践迹学步，实觉受益不浅，较之读数卷心性语录，尤为亲切也。又浦男之胞叔希衡姻丈嘉莘，其太夫人失明卧病，姻丈日夜侍奉，衣不解带，十数年如一日，亲友皆称为纯孝，步故枣强望族，而家法谨饬，尤为故家之冠，宜其代有君子也。

（二八）

日食星变，上天垂戒，人君藉以修省，宰执因而补救，上下交警，甚善教也。乃近日西洋人创为异说，谓上天各变，由于度数，原可预测而知，无关人事，故有变往往不应。昔人有驳之者，曰："天变应在中华，不在边隅，殊未足以折服其心。"余谓即如西洋之言，推测可知，亦正如算命起八字，人之一生祸福，某年疾病，某年丧亡，俱可预晓，至期加意珍摄，多积阴功，每可转危为安，此即因变警惧之意，若谓预能推测，即为非变，然则人之疾病丧亡，亦得谓为非变乎？持此说，庶足以破其愚蒙矣。

（二九）

咸丰八年八月，彗星见于东南，光长亘天，迨十月，忠武公李迪庵续宾覆军于三河，尽节甚惨，人以为天变之应。曾文正公尝挽一联云："八月妖星，半壁东南摧上将，九重温诏，再生申甫佐中兴。"盖深惜之也。

（三十）

雷霆之异，说部多载。同治壬申夏间，大忽浓阴，风雨交至。先慈在过厅闲坐，内子侍侧，厅系屏门四扇，开东偏一扇，倏见二火球如核桃大，穿屏门东偏，绕屋数遭，从前门帘隙出。方相骇异，忽震雷一声，发自檐际，惊人魂魄。或谓雷所击之物，求贵人护救，幸被火龙驱出，不致误伤，未知然否。时书童郭成在东院，甫出屋门，被雷一惊，几死，见灯火，即作鬼号，仆夫在马号，不觉跪地下，摸其首，问同伙曰："尚有头否？"三侄仁安方十余龄，在房顶嬉戏，已下梯，将及地，又提至顶上，无知觉，亦无损伤。旁有槐树一株，揭去树皮丈余，可异也。

（三一）

光绪八年十月二十二日酉戌之交，畿南一带地大震。先有声如雷，自西北而东南，旋即动摇荡漾，坏屋摧墙，禽飞鸣而兽骇立，人人愕异不自主。深州左近尤甚，楼房址错，井坎水溢，有学究课徒四五人，覆压同毙。家家结席舍，宿村闾外，经年不归，时动时止，岁余乃息，亦奇灾也。

（三二）

光绪十四年七月初四日二更时，房山县西山水陡溢，深丈余，越屋顶而下，淹毙万余人，琉璃河下游一带，尸身枕藉。传闻先时山峰崩开一缝，水即溢下；又言系蛟水者，北方向无蛟患，未知确否。

（三三）

光绪十四年冬，太和门灾，其明年八月二十四日，天坛内祈年殿扁额被雷击落，陡然火起。时雷雨交作，火势愈猛，势不能救，惟殿内宝座未烬。闻烧落之瓦，皆系熟铁铸成、外上琉璃色者，殿内楠木梁柱，火焦其半，犹植立甚坚，修工正不易也。

（三四）

光绪十六年六月，连日大雨，河流涨溢，直东汇为巨浸，平地水深寻丈，父老云，为国朝畿辅第一水患。忆《归田琐记》一条云：国朝中叶，京畿大水，三河等县水高数丈，有木直立水中而行，端与水平，端上恒有光，夜望若灯，或有龟鱼蹲其上，相传为龙宫取木也。邑父老有知其事者，谓木取于平谷县山中，或十余年，或二十余年，辄一取，其岁必大水。又有老妪言，幼时其戚某家北山下，一日有六七人，如木工状，暮投村中，皆不肯留，因诣戚某家，怜而止之宿。天明，客尚未起，穴窗以窥，但见鱼鳖纵横于地，惊而退，乃遥呼曰："日高矣！"顷之客出，故如昨也。临行，留一物置檐间为谢，嘱勿移动。及水发，村庐尽淹，此家独无恙云。道光癸未夏，淫雨为灾，直隶百余州县皆成巨浸。先是三月间，有十三人衣青，靴袜襦袴皆一色，腰斧锯，过平谷西门外饭肆，各食素馒头，告主人以取木归。众皆惶惧，恐复被浸，至是果然。然则龙宫伐木，事有明征矣。

(三五)

《子不语》载：山东于七之乱，人死甚众，事定后，田中黄豆生形如人面，老少男妇好丑不一，而耳目口鼻俱全，自颈以下皆有血影，土人呼为“人面豆”。又《雕邱杂录》云：徐州城南莅泉突生人面白豆，五官俱备，俨如人形，群呼为“人头豆”。自同治戊辰年捻逆北犯后，深邑城西田中产豆，间有似人面者，当时咸以为异，后于枣强步姻家处寄来数十粒，细玩之，豆白色，眉间竖黑一道，上锐下圆，俨如人鼻，鼻下一横如口，鼻上两旁二圆点如目，额上黑顶如发，两鬓宛然，数十粒无少异。据言得此种一掬，种田园中，收验皆然。又似自为一种，非由黄白变化而成者，若然，固无关祲祥矣。

(三六)

粤逆据吴楚之交，彭刚直公尝以水师克复小孤山，凯旋后摩崖题句云：“书生挥指战船来，江上旌旗一色开。十万雄师齐奏凯，彭郎夺得小姑回。”儒将风流，令人羡绝。

(三七)

粤逆之起，造作天父、天兄名目以惑众。追其所自出，云有叔嫂奸而生耶火华，火华，天父名也。天父有五子一女，长降凡为耶稣，即天王教主。第二子为洪秀全。三子杨秀清。四子韦昌辉，即韦正。五子萧朝贵。又云，萧逆非子也，乃火华婿。女名宣娇，实洪逆妹，降凡为朝贵妻。杨逆私通之，尝同卧起，众猝至，徐整衣坐，传天父令曰:“宣娇、秀清,同胞兄妹,卧何嫌?我令秀清卧,为天下兄弟赎病也。令宣娇同秀清卧,为天下姊妹赎病也。”其愚狂可笑类如此。

(三八)

粤逆僭伪号,于王侯之下,有义、安、福、豫、燕五等,如伪因天福洪方、立天豫莫兴、罔天燕赖文禾,皆是。于五字之上,各予一字,中加以“天”字,率不可解,真槐国衣冠也。

(三九)

粤匪有伪天德王洪大全者,湖南衡州人。少应童试,狂悖敢大言。亡命粤西,与洪秀全联宗,入其党。性狠毒,而外假仁义,禁勿奸杀,众以为贤。杨逆秀清心忌而囚之,逸出,为官军获。囚服系银铛,磔于京都西市。大全喜作诗词,就获时,于途间自题扇云:“寄身虎口运筹工,恨贼徒、不识英雄。妄将金锁绾飞鸿,几时生羽翼,万里御长风。一事无成人渐老,壮怀要问天公。六韬三略总成空。哥哥行不得,泪洒杜鹃红。”方大全之就获也,郎中联芳、主事丁守存押解入都,贼由永安突围出,谋夺大全,相距仅半程,邹中丞鸣鹤飞书促其兼程前进,七日抵全州。丁公恐过衡州被劫,因改由水程,出祁、永,遂抵长沙。初,大全登舟,丁公令置内舱,塞窗无少隙。大全不知船行之速,每曰:“到衡州,须起早。”兵役伪应之。及抵长沙,绐之曰:“已到衡州矣!”大全出舱眺望,曰:“此长沙也!吾合休矣!”其词为过此所作。

(四十)

粤逆之变,奇才异能之人辈出,如包立生者尤卓焉。包,绍兴诸暨之包村人,业农,而曾习奇门遁甲术。及浙乱,包聚村人练兵筹饷,以一隅之地,当方张之寇,屡挫凶锋,人始知其有异能,依附者日众。时吴晓帆煦观察摄苏藩篆,欲致幕中以为助,于佐杂中,访得包之戚冯仰山，潜令蓄发，备文书赴包所致意。时浙省遍地皆贼，防守严密，料难混入。探知包村勇目某，常杂处贼中，遂昼伏夜行，达某所，某为宛转觅得贼处路凭，留文书，不令带去。及见包，备述吴公相招意，包以未见文凭，意难即决。一日，值大雨，忽命护勇六人，改贼装，送冯出村，黑暗中，见无数皂衣红帽人僵立村外，似守护者。冯问："此何兵？"勇但摇手，遂绕小径出。至旧处，取文凭付勇，嘱包速定行期，而冯自归。包得文凭，即布卦以占，惊曰："细察卦象，惟今夜二鼓可出，过此即大凶。"遂传令起行，团勇四千人，案旗分五队，队各八百人，勇敢者入红旗队，为前锋，令酉初出队，由西北方冲出，白旗继之，皂旗殿后。中权青黄两队，保护众家族。传令毕，时值戌初，红旗队已发，闻金鼓震天，炮声不绝，村人乱如潮涌，阻包不令去。因令后队且勿进，前后既不相顾，队伍遂乱，贼大至，死伤山积。包与同事诸人皆死于贼矣。先是，冯在包村时，见包每登高望气，即令众曰："贼将攻我某处，宜防之。"屡试不爽。一日邀冯共瞭贼营，忽推冯倒，身亦伏地，倏一炮子飞过，得免。谓冯曰："此炮在艮方，月神适犯我村，当去之。"冯见炮架前山麓，约远四五里，有贼守卫，如何可去？继见包脱帽散发，跣足仗剑，如道家步罡状，选三勇目，衣皂随行。包口喃喃若诵咒，行如飞。将及，遥见一贼，忽扑地，余贼尽退。瞬息间，炮已取归，约重四五百觔，不知三人何能胜任如此也。时方涉冬，天久不雨，包忽令曰："久不与贼战，某日某时当大雨，宜乘贼不备击之。"至日果雨破贼，一如包言。时贼欲出温台以闽，患包牵制，愿以绍兴府城予之，请勿助官军。包笑曰："此诱我也。江浙俱陷入孤城，如困囹圄，粮草断绝，必亡之道也。"遂斩其使。如此种种，笔难尽述，或谓其得异人法术，故能以一村人力守危隅，叠挫凶焰。余谓数难测而理有可凭，惟先识顺逆之大义，故能毁家御贼，得众死力。至事败捐躯，亦势使然，未可以成败论英雄也。事见毛对山《墨余录》，删其繁琐，节志之如此。

(四一)

同治戊辰正月，捻逆窜入畿南，余闻信，避地省垣。越日，贼大至，民鲜得逃，妇女尽节者率得旌表。唯祁州崔章村南死一女，年甫及笄，贼虏自他处，逼奸不从，矢口厉骂。贼大怒，以竹稍歧其端，自下穿入，从两肩出，死后身无寸缕，僵卧雪泥中，面色如生。数日，无认尸者，始瘗之。邑绅等哀其节烈，又不知姓氏，无从请旌，为立烈女墓碑于石桥之右。每过此，令人悚然起敬焉。

(四二)

童谣口号，动以天籁，无不奇验者。道光末年，凡小儿哭啼，辄怒喝之曰："老毛子来矣！"当时不知为何语。嗣粤匪变起，南中呼广西长发老贼曰"老毛子"。其时，童谣有曰："咯噔咯噔妖妖，发逆呼官兵曰妖。小狗匪首有名四眼狗者，最凶悍。拿着枪刀。杀一个、剐一个，留下一个拾柴火。拾的柴火那里烧？庙里烧，烧的爷爷糊焦焦。"后粤匪到处，举火为号，见庙辄烧，其语始验。又捻匪未乱之先，人问人曰"甚么"，其人不耐答，辄曰："捻子"，盖碾、磨物同，磨、么，碾、捻音同，豫东呼捻匪为"捻子"，故有此语也。又其时，冠裳之制，有名闯王盔、回子帽者，旋即有陕回之变。几动于无形，语必为之兆，事后人始知之耳。

(四三)

嘉庆十一年八月，直隶总督裘行简、暨藩司庆格同奏司书私雕假印、勾串州县舞弊一折，钦派协办大学士刑部尚书费淳、刑部尚书长麟查办，究出司书王丽南等，自嘉庆元年起，至本年止，地丁耗羡杂款项下，俱有虚收虚抵，重领冒支等弊，共二十四州县。此内竟有与州县勾连一气，公然将正项钱粮私雕假印、挖改公文、虚捏报解、抵冒分肥，至三十一万六百余两之多，计每虚收重抵冒支银一万两，给予司书及说事人使费银二三千两不等,各州县实省解银六七千两,其串通舞弊之知州陈锡玉、知县徐承勋、陈孚、萧泗水、范毅贻、魏廷鉴,已经参革之知州王盛清、知县任铭献,均锁拏监禁,与已故之知州张麟书、知县邹试、丁履端,均被查抄。此外,又揪出正定县知县戴书培,曾经借领司库银一千六百两,经司书王丽南串通,将借领案卷销毁,戴书培允从,给予酬谢银四百两;幕友余用甫索分银一百两,究出情节,亦锁拏查抄。又任县知县马河,应解地粮银五千两,经长随赖锦堂串通司书,以实解银五钱,诓出真印库收,挖改为解银五千两。赖锦堂先供官不知情,又供官只给银二千五百两,供词前后两歧,显有弊窦,均问实定案。计通同舞弊之州县,立决者十名,其历任督藩失察者,均得处分,亦一巨案也,详见《东华录》。案,萧泗水,河南滑县举人,五年任深泽县事,至十一年而事发。闻父老言,查抄萧令任所时,其眷属披衣解带,哭泣四逃,惨不可言。身为司牧,名裂身辱,至于此极,国法讵可干哉!

(四四)

咸丰戊午科场一大案,主考为大学士柏葰,兵部尚书朱凤标,左副都御史程庭桂。揭晓后,物议沸腾,御史孟传金弹奏中式举人平龄硃墨不符,请特行覆试,奉旨着载垣、端华、全庆、陈孚恩悉心查勘,不准稍涉回护。旋奉硃谕,以是科试卷,应讯办查议者,竟有五十本之多,柏葰着先行革职,朱凤标、程庭桂,均着暂行解任,听候查办等语。旋据载垣等奏,此案兵部主事李鹤龄代刑部主事罗鸿绎递关节条子于同考官浦安,浦安批荐,并托柏葰家人靳祥称伊房中皿卷只此一本,恳求中式,柏葰听从中出。事后浦安得银三百两,李鹤龄得银二百两。又据平龄供称,系厢白旗包衣,曾在票班唱戏,同考官邹应麟,以其卷有错讹,疑系誊录所误,适误带朱墨,率为更正等语。经刑部讯明,柏葰斩立决,浦安、罗鸿绎、李鹤龄均照例斩决,副考官朱凤标、同考官邹应麟,均交部严议,其柏葰家人靳祥及平龄均在狱病故。此外，尚有应行查办之中式举人十二名：韩宗文、亢懋庸、耿光裕、谢祖源、余汝偕、朱大绳、郭受昌、景瀛、德生、潘观保、李汝廉、吴心鉴，卷内均有洗改挖补草率各情，移礼部查例定议。其程庭桂收受关节一节，据其子工部候补郎中程炳采供出，兵部尚书陈孚恩之子、候补员外郎陈景彦曾交条子。又工部右侍郎潘曾莹之子、庶吉士潘祖同曾为同乡谢森墀代递条子。又讯出前任刑部侍郎李清凤，有送给程庭桂条子事，嗣据李清凤供出，于八月初二日告病回籍，其子李旦华与幕友王锦麟入场，未中式，私通关节，实不知情。李清凤得降一级，调用处分。讯程炳采时，据供：伊父入闱后，李旦华即遣家人送书一封，内有李旦华、王锦麟关节条二纸，程炳采收下，外有银百两，仍交来人带回，后又有已革候选通判潘敦俨送条子，已革庶吉士潘祖同，代工部候选郎中谢森墀亦送条子，均经收下，并伊家教读之熊元培亦写给条子，后经家人黄太递进彭家书信一封，内附条子，有中皿字样。程炳采因彭系南省官卷，今写中皿，知为假冒，即将条子撕毁，并未查系何人，但取来封，装入熊元培条子，令家人胡升带进，共四封，系李旦华、王锦麟、潘敦俨、熊元培，其谢森墀一条，并未带进。又供彭家来信，系彭祖彝名，其将熊元培关节装入彭封，并嘱胡升称系彭送者，意图瞒混伊父。及传彭祖彝到案，据称并无只字到彼，至黄太所供彭家送信之人，不知姓名，年约三十余岁，其初见骑一青骡至门，及接信后，即已无踪，势难追究。据程庭桂供，儿子在家接受条子，无从禁止，家人送入封套，又无可拒绝，是时惟恐误为取中，特将条子收存。比提中卷核对，见无条内字样，当即烧毁。但平时不能教子，又不即时举发，求从重治罪。嗣拟斩决，旋以伊子程炳采议即行处斩，加恩将程庭桂发往军台效力赎罪。其谢森墀、王锦麟、熊元培、李旦华、潘敦俨、潘祖同、陈景彦，均加恩免其死罪，发往新疆效力赎罪。其监临暨内外监试、搜捡、巡察各员，均得处分。先是，顺天乡试卷册向由治中及粮马通判办理，初六日送院，本科迟至初七日，并多错误。监临景廉、御史征麟等，奏参治中蒋大镛、粮马通判萧鼎禧，承办试卷延迟名册舛错，得旨交部议处，而顺天府府丞提调蒋达，于初十日与监临梁同新意见不合，负气出闱，奏参府尹梁同新多款，并自请严议。钦派瑞常会同载鸾、宝鋆查明覆奏，蒋达革职，梁同新降三级调用。可见事必有兆，是科弊窦，致酿大狱纷纷者，已于此发端云。此条亦仿《墨余录》节删者。

(四五)

人情险恶，千奇百变，言之怖心。光绪己丑九月间，有官晋省之王勋立，贵州遵义人，曾任静乐县令，因事降调县丞，由晋赴都。初十日，坐骡轿至获鹿，因须换雇车辆，即在东关高升店后院住下，其长随王升、王香，父子也，山东武城人，服役有年，至是商同害主，图取财物。十一日，雇得任三等轿车，言明次早起行。是夜二鼓，王勋立已睡，王升因同院无人，正好下手。到柜旁诡称主人与获鹿县官有亲，拜访未回，取灯往接，移时回言："主人在县有事，迟日始发。"嘱伊父子先行，店主信之不疑。王升回房，遂骑压王勋立上身，以手闷塞口鼻，王勋立两足乱蹬，王香按住两腿，移时气绝，即用小刀割开左右胯骨缝，向前折叠，连手捆缚，以棉被油布捆作衣包式样，擦洗各处血迹。次早，即自装尸包衣箱等物起身。十三日，行至定州清风店，住天泉店内，觑得后院有井，遂于人静后，将尸包掷井内，适值隔院有寓客泄泻，于暗中墙缺窥见之。翼晨告店主，意必窃藏银物也。其出之，见尸，乃大惊，报官，急追至省城西关获之。讯问具服，王升以畏罪吞洋烟自尽。案定后，王升剉尸，王香凌迟处死。闻王勋立携有会票、银两、衣服，奢美逾常，象齿焚身，吁！可戒也。

(四六)

邑北郭家庄王某，素以屠牛为业。一日刑一牲，剖腹见犊，犊已能起立，众劝育之。某不顾，并剚刃焉。甫抽刃，其家报生子。某大惊，心窃窃然，虑其不祥。后子长成，名长发，因其妻与继母不和，遂弑其母并及其父，逃三日，戈获之。讯鞫时，妻本知情，当连坐。缘其父先控告忤逆，官曲为开脱，至是其妻即执前情，反唇相稽。官恐上司提讯，供出前情，故出其罪，其妻竟逍遥事外，携其子女改嫁，某家遂绝。人以为屠宰业报，无显于此、速于此、烈于此者。

（四七）

深邑北中山宋姓，聚族而居。村塾中延一邢姓老童为之师，弟子三，长十六岁、次十三、少者才十二，最顽劣，师督之严，啧有怨言，砚友习闻之。辛卯五月，是日值长者供馔，因自家送米至塾，并为执爨。适少者至，搅其釜而去。炊熟，师食之发呕，以为病也。辍食，嘱长者食之，碗中所余之食，次者食之，长者不逾刻毒发即毙，次者亦大惫，后三日死。人皆莫名其故，旋访知，确系少者欲毒其师，竟误毙砚友也，乃成讼。案未定，旋经乡族调处，苦主不得已，许少者毁其家以纾难，而幽魂不散，时时为伯有之厉，久之乃安。闻少者之祖母系续娶，前有二子，待之极无人理，分出之，性尤狠毒，常蓄砒霜毒其前子之鸡犬，破家后，反赖其前子养育之。此子此举，固习见使然，亦足征果报之不爽矣。

（四八）

深邑向无北门，枕城起庙，名北极台。台三层，共四十九级，其上老槐古柏，郁然葱秀。夏秋间，登台南望，水沼涟漪，芦苇苍翠，一洗城市气象。道光戊戌，郯城吴小岩步韩来宰是邑，题联云："放眼皆空，此境定知人不俗；回头是岸，前身安见我非僧。"清超雅与景称。

（四九）

北台之西为大忍寺，倾圮已久，惟门楼碑巍然尚存，唐开元时裴抗书，隶法苍劲，为唐碑之冠。风蚀雨剥，石质已斑。先祖乡贤公创修碑楼，赖以不朽。壬申以来，滹水浸入城内，深数尺，碑楼遂倾。水患既息，余家复踵修之。碑之北有泉，味香而甘，康熙朝邑侯陈子文奕禧竖碑建亭，因以“香泉”自号。《香泉记碑》楷兼隶法，与唐碑并峙，皆嗜古之士所摩挲不忍释者。

（五十）

鲛市蜃楼，幻出于海岛间，平原不恒有也。邑中山村黎明时，辄见蜃气，若亭、若塔、若轩阁，山环树绕，高下参差，朝曦初御，渐成子虚，而村闾亦无他异。惟康雍间宋锵、宋锋昆季联登甲榜，与先太高伯祖戆思公兄弟同为名进士，时邑中甲榜七人，或为文瑞，亦未可知。近则滹沱巨流，奔放于两中山之间，无复昔时景象矣。

（五一）

考试携带，本干例禁，近则几成故事，渐次公行矣。乾隆朝，此禁尚严，搜检官不无过事苛求者。某科会试，孝廉某嫌其非待士子之礼，有意玩侮之。入闱时，赤身跣足，仅披白鞹羊皮裘一件，右手绳系油馃一串为供给，左手携一笔、一砚而入。搜胥呼号拦阻，即将皮裘一掀，挺身而立。监搜官呵其无礼，孝廉大声曰：“举人之身，系父母清白遗体，官司不以礼待士子，士子敢无礼哉！”监搜官不能诘，急令放入，孝廉即于是科得捷。闻此系乾隆戊辰科会试第二名李公中简之事，未知确否。

（五二）

潘芝轩尚书未第时，与其兄树庭、中翰咸为名诸生，有声黉序，其封翁云浦参军索钱梅溪泳书楹帖一联云：“老苏家学能传子，小宋科名不让兄。”后芝轩中癸丑状元，事载《履园丛话》。余姻家武强贺苏生先生，以甲子科孝廉，司铎故城，其哲嗣松坡涛、芷村沅以弱冠同中同治庚午科举人。丙戌会试，又同捷南宫。还以此联赠之，亦士林佳话，妙于首句尤切也。

（五三）

同治甲子科，山左闱题“子曰若圣与仁”章，填榜时，向由藩司书吏填写，历城王生善泽，藩书子也，闱作甚得意，欲先睹为快，遂代阿翁入贡院写榜，向例自第六名写起，甫拆弥缝，即首唱生名，乐不可支，手颤不能书。监临阎丹初先生诘其故，以实告，监临亦大喜，遂更选书手毕其事。案此与乾隆庚午科江西写榜吏陈巨儒事相类，然彼犹写其孙腾蛟之榜，此则自书其名，尤为科名佳话。

（五四）

光绪某科记是壬午顺天乡试，有河间某生，在闱中引刃自宫，危甚。闱官回堂，为之延医敷药，幸得不死。未审是何业报？然毕竟是“文章误我、我误妻房”矣。案闱中奇闻，见于说部者累累。余谓读书人血气半多亏损，加以心力交劳，因之致疾，遂妄言谵语，如见鬼神，此常理也。若夫行止有亏，冤仇衔结，鬼由心生，往往致有惨死横祸，自发其覆者，此等事概谓之因果不可，概谓为非业报，亦不可也。

（五五）

光绪壬午科，定武李氏兄弟同应试。接卷时，一人守视场具，一人领卷。卷到手，分置卷夹中，遂各归坐号。三艺脱稿，出卷誊写，始知两卷互易，不得已，缮讫出场，二三场恐笔迹不符，遂互易到底。及揭晓报捷，乃兄文而弟名也。伯仲虽无异言，而娣姒间未免勃豀，然已无可如何矣。可知功名有命，可异而实无可异也。

（五六）

周生霖学宪科试保定时，博野某生于题下之先，即作无声之乐，仅留首一行作破承，及题下乃“子之燕居”两章，即作破承云：记圣人闲居之时，申申如，夭夭如，既念其梦，复欢其衰，噫！甚矣！”首先交卷，学宪阅之，立即唤回，责令长跪，同人莫解其故。发落已，争问其由，伊诡对云：“大人亟赏余文，欲赏鸿胪寺序班，故长跪谢恩也。”闻者无不匿笑。

（五七）

光绪某年，督学使者试正定日，有晋州文童入场窘迫，不能成文，遂于卷内画一大龟形，上书督学姓名；又画小龟形，书太守某姓名。纳卷后，该童星夜回家。及事发，行文到晋拘缉，该童已逃匿无踪。其父兄师范，悉受干连，竟报疯魔，事乃得寝。

（五八）

广文索在学，印结费不遂，动以月课挟之，取数既盈，即作具文而已。辛卯十一月，李仲约先生案临保定，考试儒学题为“我不忍以夫子之道反害夫子。虽然，今日之事，君事也，我不敢废。”讽议中出以隽语，极见雅人深致。

（五九）

桐城吴贽甫先生汝纶任冀州时，考试文童，搜出挟带课文，尽焚之，戏为祭文云：“苟无其本，又缺我戕。何以文为，呜呼尚飨！”

（六十）

深邑老童魏中行应院试时，诗题为“料敌塔中”，有句云：“东邻关帝庙，西至玉皇层。”盖西有玉皇阁，以得层字，故改阁为层，以就韵也。好事者为之补作五律一首，云：“立字魏中行，要去定州城。东邻关帝庙，西至玉皇层。中人王仲槐定武州牧，去于宗师彭时学宪为彭姓。京钱八百串，短底也不成。”又有老童应州试，杂体诗题为“鹏飞万里”得“飞”字，成五律一首，云：“好个大鹏鸟，你看他那飞。黄鹰赶不上，细狗也难追。渴时喝口水，饥来闹嘴灰。一去十万里，永远头不回。”二诗语虽鄙俚，均堪捧腹。

（六一）

尝见龙门卫子叙《贻笑铭》五十首，内《烟鬼铭》云：“日不厌高，迟起则名。夜不厌深，迟眠则灵。如斯烟鬼，口鼻常馨。床头灯碧绿，人面瘦黄青。酒香不敢尝，阳痿绝添丁。讲究云广膏、茗茶经，厌正言之逆耳，好侧睡之劳形。莺燕哭后庐，谷食辟前亭。抬棺云：‘何重之有？’”

（六二）

赞皇杜小沧表兄卿霱，以名进士起家县令，解组归，过余家，尝以手抄《烟鬼歌》示余。其歌云：“茶神酒仙呼不起，三千年后出烟鬼。烟鬼烧烟如烧丹，一日无烟鬼欲死。外洋番舶来中华，毒烟散入烟鬼家。当时食指骚然动，满座饕餮人如麻。曲房窈窕玻璃透，烟气如云灯如豆。画屏昼静语声轻，帘幕低垂人影瘦。藤床八尺隐囊支，烟鬼侧卧如僵尸。扃门别有一天地，雨落月明两不知。鬼之瘾动有迟早，故鬼瘾大新鬼小。五更烟尽东方白，烟鬼画皮无血色。日高犹握烟筒眠，烟鬼欲起起不得。君不见，饮酒食肉我与汝，此道今人弃如土。人言快活如神仙，几见神仙食烟火。”案，此歌据《余墨偶录》言，系李梦莲作。原文中间尚多十六语，不如此简括含蓄也。

（六三）

南皮张香涛先生《辎轩语》有“戒吸食洋烟”一则，语极恳切，士生今日当书一通以自警。其言云：世间害人之物，无烈于此。此事乃古今奇变，不可以常情常理论者也，伤生耗财，废事损志，种种流弊，不忍尽言。然而食之不甘不芳，举世趋之，如蓼虫食苦，尤足异者，人为他邪僻事所累，纵不幡然改变，亦有作辍，独至此事，一陨其中，沈溺不返，骨肉知交不能劝阻，良方上药不肯尝试，日有孳孳，毙而后已。

嗟呼！掷春华于九幽，变白昼为长夜，富庶转为沟瘠，志士废为尸居，君子慎始，勿待噬脐可也。

(六四)

《易》称“饮食必有讼”。谚曰：“睹近盗，奸近杀。”凡此劣端，未有损己而不害人者也，而洋烟为尤甚。然富人之吸烟也，隐受一灯之传，沈困其中，戕生废事，究属专于损已，而无害于人，人苟菲薄自待，宜若可为矣。至如其尊人深恶乎此，逢人痛诋，惟恐不快，而为之后者，乃显肆其毒而隐蹈其瑕。至令其尊人生不得吐气于人前，没不能瞑目于地下，直是掌批其颊、矛刺其盾矣。此等子弟，概不得指为废材，正当以忤逆大恶律之。是说也，余闻诸友人，虽属感深语重，而立论亦自明通正大，故志之。

(六五)

昔人有咏吸洋烟之管者曰：“此与杀人凶器等，不名‘烟袋’，故名‘枪’。”语颇警悚。余谓今俗名烧酒曰“烧刀”，“烟枪”可与“烧刀”为的对。

(六六)

近今户鲜盖藏，一遇凶荒，立见饿殍。推原其本，率由农夫逐末之故。农之逐末，种罂粟，植烟草，其人端也，罂粟利多于谷、菜、麻、棉十倍，烟草亦倍之。然多一亩，即少一亩衣食之田，此贫之本源，利既倍蓰，俗易奢侈，奢侈又贫之支流也。余深有感于此，故于田塍则禁其种植，于市廛则禁其负贩，非敢以察察胜汶汶，惟是天地之正气，民生之元气，见及一分，即当留养一分，所谓人不可自菲薄也。案，烟草，即昔之所谓“淡巴菰”，以其于人无大损也，故无贵贱、无男妇，率喜食之，然自觉其累而欲戒之，又千百人无一二，盖其中亦有瘾病也。忆余幼时，先叔梦坡公尝示训曰：“近日洋烟为一浩劫，而吸食烟草，实厉之阶，尔幼辈当力图屏绝。"居平服膺先训，至今弗敢失坠焉。

（六七）

《六韬》言十盗：成王问太公："贫富岂有命乎？将生理不得其道。"太公曰："盗在其室。"计之不熟，一盗；收种不得，二盗；娶妇无能，三盗；养女太多，四盗；弃事就酒，五盗；衣服过度，六盗；封藏不谨，七盗；井灶不便，八盗；举息就利，九盗；无事烧火，十盗。"养女太多"句，最奇而确，而"弃事就酒"即为盗，若今之吸食鸭片者，得勿将目之为劫夺大憝乎？

（六八）

自鸭片流毒中国，吸食者暗遭浩劫，患不可言，然犹漫毒也。年来遍地种植，烟馆盛开，往往有口角细故，顿欲轻生，故吞食生烟，倍便于砒霜铅卤等物，移时不救，立致危亡，第此毒盛行不久，医书中多未详解救之法。前年意创一方，用暹罗犀牛角，好云角亦可，乌角不济事。以粗瓷碗底盛井凉水一酒杯许，磨汁饮之，轻者饮一次，重者二三次，立解。此方应手奏效，百不失一，行之七八年，已活百余人，勿以海上方视之。

（六九）

《随园随笔》载"国君不死社稷"一条，其言曰：《曲礼》曰"国君死社稷"。注云"死其所受于天子也"。为诸侯言，如今之督抚死一省之社稷，州县死一郡邑之社稷也。若天子，固以四海为家矣。《春秋》："天王出居于郑"、"天王狩于河阳"，正此义也。明怀宗不肯南迁，似误读《曲礼》，未读《春秋》之累，即以诸侯论，若公刘太王，皆夏商诸侯也，亦何尝不迁，而必拘拘死社稷乎？先儒言东坡《周平王》一论，误钦宗于前，又误崇祯于后云云。余谓若怀宗者，当国家危急之时，未尝不可避敌出狩，下罪己诏，以号召义师，如万分事不可为，究以身殉社稷为正，不可含垢忍辱，致蹈宋徽、明英之覆辙也。

（七十）

《容斋五笔》云：邑既有学矣，又立书院，是一县二学也。夫太学与辟雍并置，尚且不可，况书院乎？余谓今之州县学，久成虚设，靡波难回，有书院以培置人才，亦不得已救弊之苦心，奈积久亦渐成具文，除间有名儒宿学乐于宏奖外，率皆敷衍了事，八字批语，圈点句读而已，未见其获益也。其考课生童，又率以剿说雷同，希博奖赏之利。此文教所以日衰也，岂尽关立法之不善乎？

（七一）

乳母缌者，谓母死莫养之儿，非谓人人乳母皆有服也。晋梁氏辨之甚详，北魏不知此礼，佛狸竟尊乳母为玉京太后，每见近日世家大族，乳儿之雇工夜郎自大，而兽畜娇儿之父母，遂逾礼以尊之，弗思甚矣。

（七二）

《礼》疏："古者适［嫡］长谓之伯，庶长谓之孟。"今人命名立字，率任意为之，漫不知字义之由来矣。

（七三）

居官称职，须以清廉为体，以通达为用。偏胜之材，犹堪节取，二者胥乖，则立形竭蹷矣。忆宋至正间，江右儒人黄如征邀驾上书，指数王士宏等罪状云："闾阎失望，田里寒心。"民歌之曰："九重丹诏颁恩至，万两黄金奉使回。"是不能以清廉为体者。又歌曰："官吏黑漆皮灯笼，奉使来时添一重。"是不能以通达为用者。

（七四）

幼时尝闻诸先叔榕泉公云："持家之道，勤俭为先，然家计薄者，'勤俭'二字即足以济，如家道稍裕，须有一番经营布置在，方足以保世承家，徒恃勤俭，无济也。"此诚阅历语。

（七五）

宋臣吕本中曰："公罪不可无，私罪不可有。若无公罪，则自保太多，无任事之意。"入官者不可不知。

（七六）

曹孟德云："宁我负人，毋人负我。"此奸雄语。桓南郡云："不能流芳百代，亦当遗臭万年。"此篡逆语。阮大铖云："宁可终身无子，不可一日无官。"此尤世俗之无赖者。千古小人，亦每下愈况矣。

（七七）

盛唐之诗浑沦元气，晚唐则深峭入骨，若馆阁体，率皆不求题义，惟以刻划字面为工矣。有以"出恭"二字命题，效盛唐体者曰："大风吹屁股，冷气入膀胱。"效晚唐体者曰："板仄尿流急，坑深粪落迟。"效馆阁体者曰："七条严妇戒，四品受夫封。"出句刻划"出"字，对句刻划"恭"字，直不知题义为何物矣。闻诸友人孟绂臣谈。

（七八）

纪文达公之先德名坤者，著有《花王阁剩稿》，内《登泰山》一首云："何地能消郁郁情，且登岱岳望蓬瀛。无人到处方孤立，有路通时更上行。四面愁阴千里合，一声痛苦万山惊。儒生未可讥封禅，终是能逢世太平。"通体音节苍凉，结处翻意尤痛切。

(七九)

纪文达公尝作《京官诗》数十首,记其咏小军机云:“对表双鬟报丑初,披衣懒起倩人扶。围炉侍妾翻貂褂,启匣娇童理数珠。流水是车龙是马,主人如虎仆如狐。昂然直到军机处,悄问中堂到也无。”又闻长山袁梦池表兄言,有人仿其体咏穷京官诗,有“主人如鼠仆如猪”之句,描写极趣,惜不能记忆矣。

(八十)

洪北江先生以上书成亲王获谴,谪戍伊犁,交将军保宁管束。将军妄测圣意,奏折内有“如伊到日,旧性不改,即一面正法,一面奏闻”。奉硃批:“此等迂腐之人,不必与之计较”等语,将军意始息。未百日,即奉特旨赦回。赵兵备翼赠一联云:“足以乌孙途上茧,头几黄祖座中枭。”可云奇警工切。

(八一)

前侍御吴柳堂先生可读于光绪己卯年三月二十二日,就义蓟州马伸桥三义庙,作《绝命词》云:“回头六十八年中,往事空谈爱与忠。抔土已成黄帝鼎,前星预祝紫微宫。相逢老辈寥寥甚,到处先生好好同。欲识孤臣恋恩所,惠陵风雨苏门东。”

(八二)

曾文正公之封翁竹亭先生,少时南岳庙拈香,祈得一签云:“双珠齐入手,光彩耀杭州。”尝谓当有二子官浙,后文正公与九帅威毅伯前后开府江南,名满天下,惟“杭州”二字未见赅洽。威毅伯曾简放浙抚,未到任。文正公虽有总统江浙四省军务之名,而浙省兵事,左侯实主之。又咸丰八年四月,文正宅忧在家,请刘昌储扶乩。乩初到,即判曰:“赋得偃武修文,得闲字。”文正方讶字谜败字,不知何指。乩判曰:“为九江言之也,不可喜也。”又疑九江初克,气机正盛,不知何所为而云然。乩又判曰:“为天下,即为曾宅言之。”迨十月初十,温甫六帅死绥三河,而先轸丧元,正与“不可喜也”四字相应,吉凶祸福,果冥冥中早前定耶?

(八三)

毅勇曾侯功在社稷,勋迈汾阳。闻公诞时,其曾祖竟希公梦有巨物,蜿蜒自空而下,首属于梁,尾蟠于柱,鳞甲森然,不敢逼视,惊寤,而公生。及其薨也,金陵城中惊传火起,救视无见,他处皆见大星陨于金陵城中。“生有自来,死有攸归”,殆公之谓乎!

(八四)

杭郡西湖湖心亭之南,有彭刚直公祠,即公昔日所居之退省庵扩而大之。祠前长桥一道,中有亭,四面雕栏回绕,东西厅各五楹,壁间楹联甚多,不具录。其退省老人自题数联云:“别具胸襟,明月前生,梅花知己;偶留爪印,青山有约,湖水寻盟。”又“大地少人闲,谁能作风月佳宾、湖山贤主;六桥多胜迹,我爱此荷花世界、鸥鸟家乡。”又“退食有余闲,当载酒人来,莫辜负万顷波光、四围山色;临流无俗虑,看采莲船去,只听得一声渔唱、几杵疏钟。”又“尽此一寸心,与点缀湖光山色;收拾数间屋,仅勾留墨客骚人。”皆浑成可诵,且句以人传矣。闻诸乡先生金华太守毕芾亭言。

(八五)

左文襄公薨前二日,自撰挽联云:“倘异日骑鲸西去,满腔血洒向空林,七尺躯委残荒草,问谁来歌骚歌曲,鼓铜琶井畔,挂宝剑枝头,凭吊松楸魂魄,愤激千秋,纵教黄土埋予,应呼雄鬼;趁今朝跨鹤东还,一瓣香祝完本性,三个月现出全身,愿从此为樵为渔,访鹿友山中,订鸥盟海上,消磨锦绣心肠,逍遥半世,只恐苍天厄我,又作劳人。”气概雄壮，真杰人杰作也。

（八六）

对联用成语，每以关合见情致。河间富室某姓，有女美秀而哑，以故年及笄，无问字者。后有献县拔贡生纪某，入赘其家，于卧室自署一联云：“花如解语还多事，石不能言最可人。”用成语极有风趣。又饶阳小堤村孟孝廉，性伉爽，中年丧偶。一日至岳家，其岳母告以倘谋胶续，须首择性格纯良者，庶子女不受继母之虐。孝廉唯唯，旋卒然曰：“若然，计无过二姨者矣。”岳母默然而罢，后竟以妻之妹归之。却扇之夕，孝廉自书楹帖云：“无可奈何花落去，似曾相识燕归来。”出语悼亡妻，对语宴新婚也，用语亦恰合。二事略同，故类志以资谈柄。

（八七）

东坡得许敬宗砚，弃而不取，且曰：“使敬宗在，犹当棒杀，何以砚为？”盖深恶其人也。道光间，山右宋文湖铭尧得岳王砚，绘图征歌，云砚得之藁城皇庄徐氏，乃明太祖赐徐王者。砚上镌云日文，左有篆云“丹心贯日。”旁隶书云：“宋岳少保砚，向供宸御，今蒙上赐臣达，此古忠臣手玩也，臣何德能，惟当矢竭忠贞，无辱斯砚。洪武二年正月朔，臣徐达记。”考中山王长子辉祖，袭封魏国公，以不肯推戴成祖，勒归私第。次子增寿，靖难兵起，阴与之通，及金川门启，建文手刃之。成祖即位，追封定国公。后其子随成祖北迁，赐第藁城县南，即今皇庄也。砚殆其子孙世守者欤？呜呼！同一砚也，或多历年所，名益增重，或弃而不取，且欲棒杀其人。后之人可以深长思矣。

（八八）

考试不得志，泛泛之交率以“抱屈”二字相慰藉，大是厌事，或犹委为不知此中甘苦，乃有读书人亦蹈此弊者，可怪甚矣。推之老病乏嗣，一切不得意事，总以不问为是。袁子才年衰无子，宾朋来者，动以此事相询，貌为关切，实讨其厌，有诗云："厌听人询得子无，些些小事不关渠。逍遥公有儿孙累，未必云烟得自如。"王次回亦有句云："最是厌人当面问，凤凰何日却将雏。"亦此意也。

(八九)

同人召集宴饮，久候不至，最为恶习。余上公车时，在都赴亲友之约，有一二嗜好颇深者，每迟回不至，人人枵腹相待，屡受其累，多痛恨之。此在尊师贵宦，尚未免局外讥评，若平等耦具，岂可习此酸款、不近人情？忆《池上草堂笔记》载，伊墨卿比部招同人宴集，候一公车，久不至。林樾亭先生亦在坐，忽举一故事云，某科乡试同考官阅一卷，甚不佳，因弃去。俄顷其卷复还几上，如是者数四，不得已，姑荐之，竟得售。榜后，见某生，语之故，询以生平有何阴骘，某生无以对，固询之，则曰："虚度四十余岁，实无一善可纪，惟历数年，凡遇人招饮时，无一次不先到，惟恐烦主人守候，或即此亦可为方便乎？"言甫竟，而司阍者报公车客至，乃大笑而散。案，此虽一时触机谑语，亦可知实有此可厌之事矣。

(九十)

昔戴宏正每得密友一人，则书于编简，焚香告祖考，号为"金兰簿"。近日交谊不讲，一言投契，动即焚香叩拜，名曰"拜把"。始则利交势结，继或隙末凶终，貌似袭金兰之雅，实为交道之滥竽。君子慎之矣。

(九一)

著书作序，取其眉目昭晰，标明作意而已，如必得名公巨卿一言以弁首，或招趋炎附势之讥，将以质诸名士高人，或不免隐诮含讽，致取大稿璧谢之耻。况连篇累牍，獭祭可憎，多有惮于寓目者，何如简洁详明，自缀数语，犹得不因人热之微意焉。倘有一二知已，不我诟、不我谀，赠一言以鸣同志，拜而登之，亦可也。

（九二）

近来富家大族，动以千金赈饥，请督抚奏请乐善好施字样，此所谓捐纳阴功者也。忆咸丰六、七年间，荒旱频仍，先祖乡贤公以二千缗散之里党，全活甚多。光绪丁丑，畿辅荒歉，两先权商诸堂兄用翺暨用臣等，亦以二千余缗周济之。统计先后共千四五百金，不惟无意上请旌扬，且未尝告诸县尹也。此等事本以阴骘论，有心为善，虽善不赏，况明明要求表彰乎？然三代下惟恐不好名，知以施济求善名，终胜于为富不仁者耳。

（九三）

兄弟分产，动以小利微嫌，致起讼端，宁中饱乎蠹吏奸胥之欲壑，甘于破家败产而不悟，此甚惑也。深邑嘉道间，南关生意鼎盛，有太谷某姓开设泰兴店，苏、广货生理，其家分析时，娣姒二人皆孀居，争得“泰兴店”三字，遂涉讼。时邑侯为长州宋公豫芳，娣行贿千金，姒亦以千金入。次日堂讯，将“泰兴”二字断归其娣，下加一“正”字，旋其姒入，又断归其姒，下加一“本”字，当堂具结完案，真乃一字千金。巧于仕官者，坐享渔人之利矣。此与相传一事正同，一富室兄弟析爨，共争一磨，讼至公堂，兄纳贿若干以争胜，弟倍之，兄又倍之。官所欲既盈，唤两造至，面谕曰：“汝兄弟争讼，各欲得磨耳，看汝磨甚不佳，又因此涉讼，理宜入官。本县已为汝各买新磨一盘，其领去，勿讼矣。”消案后，二人回思之，爽然若失，然则骨肉以小利微嫌涉讼者，得勿皆争磨者类欤？

（九四）

缙绅里居，干预公事者无论矣。其或寒蝉自守，于一邑大局毫无裨益，至与穷民愚夫等，亦非士大夫伏处之轨范也。光绪十年，邑大水，县尹王琴泉先生桐吉勘灾未公，动民愤。九月间，见街衢中乡众憧憧，询其故，得实，深虑有变。时西关各店人尤多，急往观之。甫入门，既有刘屯刘姓、陈家庄张姓二乡老迎出，云："先生至，甚善，正欲领教。"入室环而观听者，门内外皆满。问众人来意，具以告。既正色折之曰："此事二君领袖乎？聚众滋闹，罪灭门矣。且有事，众人一散，二君独任其咎耳。"急曰："非我等首领，众意也，然且奈何？"余曰："必欲请命，众勿往。邀乡老十余人，到署面求，余从旁赞成，或可集事。"其老成者意已馁，深以为然，众人犹有不平意。余归，急从静处入署，告邑侯以故，骤闻之色变，徐曰："当若何？"告以先已开解，当不至生事，并劝以众人来署，只可令十余名老年人上堂，到时先正言以折之，勿轻用刑以激之。邑侯唯唯，余遂出。正午餐，闻署内哄声雷动，惊曰："事变矣！"急出，邑侯亦遣人催请，至则人已塞满，而上堂者不过二三十人，邑侯堂讯亦得体，其哄动者，署外之人耳。退堂后，老成人劝众散，事赖以安，其未激变，亦岌岌矣。

（九五）

历代帝王世纪年岁，鲜有能枚举者。案陶唐百年，有虞五十年，夏十七王、四百三十九年，商二十八王、六百四十四年，周三十五王、八百六十七年，秦二帝、十五年，汉十二帝、二百十三年，东汉十二帝、百九十六年，蜀汉二帝、四十三年，魏五主、四十六年，吴四主、五十九年，晋四帝、五十二年，东晋十一帝、百四年，宋八主、六十年，齐七主、二十四年，梁四主、五十六年，陈五主、三十三年，北魏十五主、百七十二年，北齐六主、二十八年，北周五主、二十五年，隋四帝、三十九年，唐二十帝、二百九十年，后梁二主、十七年，后唐四主、十四年，后晋二主、十一年，后汉二主、四年，后周三主、十年，宋九帝、百六十七年，南宋九帝、百五十三年，辽九主、二百十年，金九主、百二十年，元八帝、八十九年，明十六帝、二百七十七年。其中或列国并峙，或南北分治，或历年而无正统，或一岁而再改元，总计共四千一年云。

（九六）

铨选之法，官离本省，漫天普选，亦意在防弊，而受弊处亦不少。南北辽远，言语情形之不悉，政何由举？其弊之最大者也。窃谓选归邻省，便利实多。如河南籍只选直隶、山东、安徽、湖北、陕西、山西等省，他省亦然。仍以五百里外为限，尝持此妄论，未敢为是。偶阅《退庵随笔》所引“王尔缉”一条，实与相合。其言普选有十弊，以情形不熟为大端，而亲老不能迎养，忠每妨孝次之，其他水土不服、赀斧艰难、旷职废事，弊端种种，因创拟三单之法：北单，盛京北直在内、山东、山西、河南、陕西甘肃在内五省；中单，江南安徽在内、浙江、江西、四川、湖广、湖南、湖北五省；南单，云南、贵州、福建、广东、广西五省，天下分十五省，以十五省分之。除司道大员不分南北外，三单各自轮选，不得以极南人任极北缺，极北人任极南缺，庶几公私尽便，中间暗收无穷之利矣。此说未知是否，秉铨衡者或有采焉。

（九七）

近世谥法最重文正，前代得此者不多见，明刘瑾欲中伤杨邃庵一清，李西涯东阳力救乃免。及西涯病笃，杨慰之曰：“国朝以来，文臣无有谥文正者，如有不讳，请以谥公。”西涯顿首谢，卒果谥文正。有人改宋人讥京镗诗云：“文正从来谥范希文、王沂公，如今文正却难当。大风吹上梧桐树，自有旁人说短长。”此明人之说也。及恭考我朝鸿称册中所载群臣得用之谥，以“忠”为第一字，而“文”为第五字，“正”字为第四十一字，“文正”为第一佳谥者，竟无所据。余编《幼学歌》，“文”字仍编在第五，“正”字四十一。有人谓“文正”二字不宜编在后者，亦未考《会典》耳。

（九八）

近今海禁一开，洋货辐辏。明害人者为洋枪，暗害人者为鸦片，似便利而毫无实际者为洋布、羽纱等物。其淫巧玩物，则自郐以下矣。窃谓最便者亦有二焉，曰洋取灯、曰缩本字典。字典案置一部，查字最便，无堆积之累，亦不觉目力之劳，诚善制也。至若洋版各书，余虽性所不喜，然价值甚廉，最宜寒士，亦不可废之物也。

（九九）

一孝廉截取山东某令，初谒上官，猝无酬对。忽问曰："大人尊姓?"上官甚骇，强应曰姓某。令俯首，久之曰："大人之姓，乃《百家姓》所无。"上官益骇曰："我系旗下，贵县未之知耶?"令复起立曰："大人在何旗?"曰："正红旗耳。"令曰："正黄旗甚佳，大人何不在正黄旗?"上官怫然怒问："贵县系何省?"曰："广西。"上官曰："广东甚佳，贵县何不在广东?"令愕然趋出，翼日即勒归改教，事见《凉棚夜话》。胡畲亭邑侯桂芬到深泽任，其尊人黼堂先生就养来署，县尉卫铭桂晋谒，卒然问曰："老太爷贵姓?"先生愕然，徐对曰："我也姓胡。"天下人无独有偶如此，抑何可笑。案：卫某本山右贾子人，窃赀捐职选是缺，岁丁巳，先大人在闽省军营病故，奏入，圣恩优渥，柩归，驻南关。卫某与县尹某，先以借贷未遂，意衔之，至是相约，不令入城治丧。先叔榕泉公愤甚，赴诉于州尊王荫堂先生。先生大怒，谓："忠灵归里，例准入城，伊焉得挟私阻挠?"特遣州倅莅深迎接，并大书挽联以赠，云："靖节著闽疆，几郡生灵全托命；忠魂归故里，满城草木亦增辉。"盖深斥之也。后卫某以忧去职，落拓无生理，至为娼家佣保，不齿人数，亦为恶之报。

（一〇〇）

《明斋小识》载庄监生厚于赀，捐贡后，凡门户器皿，皆用官衔封记。新置粪桶，亦写“候选儒学”字样。又曾投刺姻戚，与族叔偕写帖，曰“庄某率叔某顿首拜”。叔哗辨之曰：“我年长于汝，况我为贡生，汝为监生，无所谓非也。”阅此段，因忆我县有因事涉讼者，上堂长揖，自称“监侄”。时县尹为许葵生明府忠，茫然莫解。复问究系何职，曰“小的之叔为监生，小的乃‘监侄’耳。”满堂匿笑。至今人或捐监，黠者每戏呼其晚辈为“监侄”，无不强怒于言，弱怒于色也。

（一〇一）

深泽前任邑侯刘公之侄，同治初年，随任在署，人颇鄙琐，而好为狭邪游，于邑李氏女有所眷留，必欲娶之。李家无三尺男，其母挟以非入赘不可，伊亦勉应之。同人坐次谈及，或问：“此子后果姓李乎？抑仍姓刘耶？”广文刘益之先生，好诙谐，正色曰：“《毛诗》不云乎？‘琐兮尾兮，流离之子。’正谓此也。”一座大笑。

（一〇二）

同治初年，刘荫渠制军督畿辅时，以捐纳人员间有目不识丁者，遂定章考试同通州县及杂职等员，题系“为政不在多言”论，某令篇内有“鸡狗无惊”句，鸡字书作“鷄”，狗字书作“猗”，当时遂有“鸡穿钉鞋，狗戴草帽”之讥，殊为可笑。

（一〇三）

光绪辛卯八月，两江制军刘坤一奏参行止卑污之道员，请旨革职。据称江苏补用道员某，人才猥鄙，以画符水解案摩为名，辄敢献媚长官，使其妇人入署疗病，当被叱出，同列同乡羞与为伍。且有“江苏道员甚多，风气愈趋愈下”之语。案，江南多道，久已传为口实，有所谓“大学之道”者，国子生捐纳者也；“妾妇之道”者，则权要小妻之兄弟捐纳者也；“虽小道”，年尚童稚者也；“朝闻道”，老耄者也，如此类者不一，此则愈出愈奇，不几入于魔道欤？

(一〇四)

吾邑一田舍翁，开面房为业，亦略识字。其子从塾师读，师假归，某自督之学，适诗至《孟子》，以“力假仁者”节，某为句读云：“以为假仁者句，霸霸必有大国句，以德行仁者句，王王不待大汤句。”塾师归，闻之，传以为笑。

(一〇五)

称谓之间，庄农人每好为杜撰，尤可异者。如某姻家雇一女使来深，言及某宅事，辄云“太太如何”、“外太太如何”，阖家闻之咸愕然。后始知其所谓“外太太”者，乃称其家老爷也。又余遣去使女时，唤其叔来交付之，其叔每称余为“副爷”，不知其所谓“副”者，系武营老将副爷之“副”？抑系富家老爷之“富”？此则均堪𫖯然者矣。

(一〇六)

保阳习俗，凡红白事请司事者曰“请将”。有人作《竹枝词》嘲之云：“大将南征胆气豪，手提烟袋与荷包。一声呼唤行人怕，伺候宾客者，谓之“行人”。两字哄开乞丐逃。菜到吃完添炒肉，酒嫌味淡换烧刀。回家更有骄人处，席蔑灯笼挑大高。”友人董晋孚谈。

(一〇七)

汉《郭有道碑》实蔡中郎书，惟碑已久亡，欧、赵亦未之见。今山西介休驿路旁《郭有道碑》，系国初傅青主重书，后郑谷口又书一碑，与传书并峙，故顾南园有“五十步笑百步”之讥。钱梅溪曾详辨之。近日从帖贾购得一纸，确系原刻真迹，惟通体俱为斧凿损坏，略具字魂，犹觉精光四射。据帖贾云：此石先被一南方显宦，自晋辇石南旋，至豫东之交，重累难运，因暂寄埋于土中，人罕知者。近年来被人掘出，一老媪以千钱买作阶石，嫌其有字，以斧遍凿之，后为县尹访得，置诸壁间，人始知珍惜。物之显晦有时，其成败也亦有数，良可概矣。

（一〇八）

余家藏周昆来王寻《云龙三现图》一幅，泼墨满纸，生气勃郁，无笔墨之痕。案，《随园诗话》载梅定九《答周昆来诗》云："墨妙时看珍拱璧，心期今见托双鱼。"周故奇士，舞刀夺槊，豪气逼人，故画龙一幅，人以千金相购云。

（一〇九）

昨岁，得吴县黄端木孝子向坚画一轴，笔颇冲淡古雅。案，《熙朝新语》载黄孝子父孔昭，作宰滇中，姚江道梗，不得归。孝子于顺治八年十二月徒步出门，涉历艰险，周遍于猺獞之地，研足黧面，至白盐井，始遇二亲，以十年六月归里，承欢二十年。父母殁，负土营葬，未岁得疾以殉，世称完孝。好事者为谱《三溪记》传奇，至今世多演之。余重其人，遂宝其画。子孙宜世守焉。

（一一〇）

宋元书画墨迹，近今已少。以余所见，书则米襄阳宣纸围屏十二幅，画则郭河阳熙窠石平远大遮堂。襄阳书，乃束鹿王氏以贱值得自质库者，字大二寸，精采动目，惟索价太昂，售主亦未易得。河阳画，为正定梁蕉林相国家藏，其后与行唐赵氏缔婚，用此伴奁。赵氏式微，其子孙旋以画贷钱四百缗，无力回赎，遂归余家。余眼福未广，平生所见宋时真本，以此二物为最。元画则以倪云林为巨擘，惟名重一时，赝本甚夥。余曾于姻家购得一幅，笔墨淡远幽雅，的是真本。所题诗字，亦非近人所能伪为。款署"至元二年八月朔画"，并题诗《寄祝海云尚人》，盖迂老四十二岁笔也。印章止"云林子"一方，与画史所言皆合，可宝也。

（一一一）

勤有堂，乃闽中建阳县亦曰建安余姓堂名。自宋时已有此名目，北宋时为北建板，南宋时为南建板，以纸板最精得名。

（一一二）

安肃城西釜山村有大阜，光绪十年九月间，村人掘土开出古穴，吐气如白云，数时方散，远近哄传。有好事者燃火具，蛇行入穴。见穴内皆砖甃作洞，四旁有四门，积土过半，进十数层皆然，以无所得，又恐迷路，急寻旧迹而还，携出大砖数枚，宽厚皆倍寻常。惜纹理过粗，不堪作砚。或谓黄帝作合宫，会诸侯于釜山，即是地。其时始制陶器，作宫室，砖质之粗，理所固然。若然，此砖亦可谓骨董中之鼻祖矣。友人张郛海，安肃人，谈此。

（一一三）

汉砖晋瓦，嗜古者搜罗成癖。然赝本居多，如秋帆、芸台两先生，尚不免或受其欺，若河间苗先簏、平定张石舟诸君子，更无论矣。故纪文达公有《旧瓦砚歌》云："铜雀台址颓无遗，何乃剩瓦多如斯。文士例有好奇癖，心知其妄姑自欺。"正谓此也。然间亦有真本，肃宁王力田冠男宰楚之宜都，时江边水涨，冲出古墓，检其砖，半有字迹。时力田之侄眉侪在任所，带回若干枚。眉侪，余娅［姻］亲子也，赠余一枚，砖长一尺，侧面文曰"大吉阳宜侯王富贵昌"，宽五寸，横头文曰"吴凤皇三年"；文皆左读，字颇有古意，砖质亦坚润。闻眉侪言，墓砖无字迹者居其大半，黠者率仿其体，伪作之。是又真砖而伪字矣。后闻其带回之砖为骨董客买去，每枚价七金，转售直藩署内，犹不足应其求云。

(一一四)

交河萧姓，曾随伊犁将军在新疆。言西域一海子，时水时涸，中多珍宝。人恒掘取之，所得率不可名状。最异者，光绪初年有北直人驱车为业，到彼，亦随众掘取，冀有所获。一日掘得宝石小塔一座，高几二尺，五层，分为五色，光怪陆离，截然不紊，绝非出自人工。回子阿浑以千金购之，不可，云："欲求将军贡入大内。"因自制玻璃匣，日夜守之。数日稍倦，竟昏夜失去。诉诸有司，捕盗不可得，因诡言："此龙宫宝物，尘世不能久留。"敷衍了案，亦奇宝也。

(一一五)

康熙间，有滇南王姓者，性奇巧。尝以橄榄核刻作小舟，中坐东坡与客，前一长年翁，手持短篙，旁有童子围炉吹火，后一少妇扶棹立，有小犬捕噬其足，犬小如粒。两旁刻《赤壁赋》全文，闻当日共刻二核，一刻《前赋》，一刻《后赋》。刻《前赋》者，于道光间被西洋人以千金购去，半路沈诸海中。其《后赋》者，在德州一故宦家，前日为京师大贾以六百金市去，此交河友人萧铁崖所亲见者。案"技术门"内"姑苏金老"一条，与此略同，耳闻不如目见，未知是一是二也。

(一一六)

故城县南门内土姓家一古井，俗名"佛头井"，四围砖甃，昼视之，与常无异。夜间系灯笼于井底照之，距水四五尺许，砖圹上现无数罗汉头形，头皆向上，大如五斗栲栳，须眉口鼻各具一貌，宛如祠壁所绘者，此理真不可思拟。

(一一七)

怪力之事，圣门不语，然亦有足异者。山左某县田家童，自幼目力能视深远。一日，邻家失牛，群以为盗也。童曰："牛现在某处山中食草。”如言寻之，果得。自是喧传，县令闻于监司，遂驿送京师某府内，时问以某某大臣在家何为？备言或食或睡，询之皆然。适值滇南用兵，询以营中光景，言此刻接仗得胜，报至，一如所言。如此种种，一无舛谬。旋以其究涉怪诞，不崇信之，后亦无他异。闻此童只此一长，令之读，颇不聪慧，殊不可解。

（一一八）

丁丑仲春，计偕赴都。至安肃，哄传邪教剪辫发之事。《北齐》《北魏》等书，皆载此事，或谓狐媚，或谓讹言，被灾者皆予杖。后渐延及省南一带。最异者，某姻亲丈家，以年歉蒸饼济贫，乞者甚众。其夫人素以孝称，一日，奉其太夫人命，于门内督仆妇散给之。见有背黄袱者，踪迹殊诡，归室后，衣襟忽被剪去一缕，从此精神渐减。姻丈故明医理，遇事有胆识，意此必中蛊毒。蛊能隐形，似鬼神，能变乱人之元气。即案苏长公所云，服败鼓皮、服败鼓皮，即能自呼蛊主姓名，其力又能驱蛊。雄黄等解毒驱蛊之剂，以薄荷油点诸鬼穴，先以艾灼，兼用景岳雷火针法，易其咒曰：“针蛊蛊死。”复于室内燃药熏之，往往治出异样杂物。一日，病者觉耳鼻中热气岔涌，随有物飞出，直扑窗间。幸先设法以雄黄涂窗纸，物不得出，获之，乃纸人仗剑，上有七星血点，背负一纸葫芦，中有药末，染指，辄作麻木。因案古法纳入瓷瓶，以黄蜡煎雄黄涂口固封，于十字路口掘深坑瘗之。此物水火、刀剑俱不能制其死命。嗣后，屡获纸人若干，病者偶作谵语曰：“某翁治余，痛下毒手，已杀余弟子八人矣，我特来一试。”遂复重加前剂，不禁自呼曰：“吾某处某某也，不料又败于此。”随获纸人高尺许，血点双睛，眈眈视人。姻丈嘱余访之，果有其人死矣。自是病渐愈。症奇、治法奇、获效亦奇，人以为孝行之报。姻丈据《周礼·秋官》“庶士”一条经注，并各书治蛊之法，因时变通。遇有异症，即治出飞潜动植各物，怪怪奇奇，笔难殚述。忆《阅微草堂笔记》载医治病症，有治出黄雀者，未知何故。观此，知其病系蛊毒无疑，缘此毒盛行南徼，蛮司尤甚，故北方无人知之，亦无人能治之耳。姻丈尝云："蛊能飞行变化，教匪取用纸人、纸马，即是造蛊之术；蛊能摄取财物，世俗所谓搬运调白，即是蛊盗之方。"如法防之，皆有验。

（一一九）

光绪癸未三月二十七日午时，深邑大王庄王慈家有女十一岁，在院中食饼，忽见空际一僧，手持利刃，捉一披发妇女向西南去，随即落下鲜血数点，如核桃大，适落其手中饼上。落在院中草墩上者，色殷红不灭，村人多见之。此等怪异，真不可以理解，毋亦邪教所为欤？

（一二〇）

黄河之决于郑州也，初难堵塞。有湖北赵某，本籍四川，芒鞋布衣。至正定，谒镇军潘艺亭万才，自言能筑决口，且无须重帑，求其转禀制府。镇军欲试其能，时正定龙兴寺正殿损坏佛顶一间，梁木正落佛肩上，殿高九丈九尺，佛高七丈二尺，梁栋皆合抱巨材，人力难施。赵某于夜间将梁扛起，置墙壁上。又镇军署大堂东壁外侧，令葺之，赵某嘱将山头拆开数尺，夜间即将大墙扶直。具此大力，不知有何法术，意者其明末老神仙之流亚欤？后闻镇军未与通禀，赵某步行至津门求谒，亦未得路而去。此事系驻正定铭军先锋蒋维桢游戎广栋口述。

（一二一）

王莽秉政，令中国不得有二字名，因使使者以风单于。单于襄知牙斯改名曰知，莽大悦，白太后，厚赏赐焉。当莽时，故有禁，及光武即位，士大夫相循袭，复名者极少。然苏不韦字公先，有传附于《苏章传》后；孔僖二子曰长彦、季彦；又有刘驹余等诸人，固不可概谓无二字名也。

持布鼓过雷门之说，雷门多作雷部解。阅《王尊传》中师古注云："雷门，会稽城门也。有大鼓，越击此鼓，声闻洛阳"，故云。可见读书万不可含糊读过。

（一二三）

龙九子，据《玉堂丛话》所载，则赑屃、螭吻、蒲牢、睚眦、狴犴、饕餮、虮蝮、椒涂、金猊也，已编入《幼学歌》内。案《野获编》：长沙李文正公在阁，孝宗忽下御札，问龙生九子之详，文正对云："一蒲牢，好鸣，今为钟上钮鼻；一囚牛，好音，今为胡琴头刻兽；一睚眦，好杀，今为刀剑上吞口；一嘲风，好险，今为殿阁走兽；一狻猊，好坐，今为佛座骑像；一霸下，好负重，今为碑碣石趺；一狴犴，好讼，今为狱户首镇压；一屃赑，好文，今为碑两旁蜿蜒；一蚩吻，好吞，今为殿脊兽头，凡九物，皆龙种。此见之《怀麓堂》者，而实不止此。又有宪章，性好囚，饕餮，性好水，蟋蜴，性好腥，蛩蛉，性好风雨，螭虎，性好文，金猊，性好烟，椒图，性好闭口，虭多，性好立险，鳌鱼，性好吞火，金吾，性通灵不寐，此又见《博物志》诸书者。盖苗裔甚夥，不特九种已也。又龙生三子，名曰吉吊，盖与鹿交合遗精而成，能壮阳、治阴痿。

（一二四）

阿魏能医痞疾，然苦无真者，此物相传不一。案《觚剩》：《诸皋》载波斯国阿虞，长八九丈，皮色青黄，三月生叶似鼠耳，断其枝，汗出如饴。久而坚凝，名阿魏。《本草》亦从之。近有客自滇中来者，乃言彼处蜂形甚巨，结窝多在绝壁，垂如雨盖。滇人于其下掘深坎，置肥羊于内，令善射者飞骑发矢，落其窝，急以物覆坎，则蜂与羊相刺扑，二者合并而化，久之取出，杵用，是名阿魏。此说特异于前，后博野李令德以武职在蜀，随将军带队入西藏，藏王赐以阿魏，询及此物出处，与后说略同，当必可信。余乞得一块，臭味大恶，的是真者。闻此药取些须置葱桶内，吞之，能治噎嗝。一云，阿魏乃狮子粪，未知是否。

（一二五）

甲介之属，种类至繁。浙地产有醋鳖，色白，类砗磲，形似薏苡仁半粒，上圆下平，下面微露螺纹。平时用稻米茶叶喂养之，置诸醋中，能自移动，治产难。用时，取一枚以温凉水送下，产后即在小儿手中觅出，男左女右，再用尤效。亲串中，有宦浙带来若干枚，曾亲见之。

（一二六）

深邑前任吴小岩明府步韩，风雅吏也，与先大人交最契，尝言："近世凡夫俗子，皆立名号，率多取极现成者四字，半为名，而半为号。如名连骑，即号结驷，号满堂，必名金玉之类，甚或以大成至圣为名号，尤为可怪。所谓摩顶放踵，无一寸雅骨者，观所取之名号，其人之雅俗，思过半矣。"语虽谑而近虐，颇有理趣。

（一二七）

江子九思令郊居，尝制百签，写古人于签面。风日晴好，辄煮茶焚香，随取签中人，相与罄彼我而详论之，竟日而罢，名曰"云社"。又真定梁公，每语人曰："日间办理公事，向晚家居，必寻可喜可乐之事，与客纵谈，掀髯大笑，以发舒　口劳顿郁结之气。"所谓善养生者，先养欢喜神，以人常和悦，则心气冲、五脏安也。此二公可谓能得谈笑之真趣者。

男仁度/廉初校　　仁廙/广覆校

附录二　王湬华研究资料(附:王用臣)

一、王湬华

《大清畿辅书征》(节录)

(民国)徐世昌 纂

卷四十　定州二　王湬华

湬华字达亭,定州人,嘉庆间增贡生。生平不求闻达,雅量高致,名重遐迩。晚岁筑精室三楹,颜曰“退室”,取《易》“不能退,不能遂”义也。种竹莳花,翛然尘表,而读书至卒之前夕不辍,年八十七。

《退室文稿》一卷、《退室诗稿》一卷、《消闲录》二卷。王朝笏《广川学舍笔记》:达亭先生嗜书,收藏几万卷,暇辄垂阁下帘,浏览编摩不辍。其为文持论中正,务以裨益世教。如《读〈汲冢周书〉》,辩武王斩纣之非,反复论议,定为伪书,中引《贾子·连语》篇以证其诬词,皆翔实。《读〈博物论[①]〉》,以为茂先才气十倍,博识无伦,而其《杂说》篇内诬蔑先圣,言数数见附会不经之谈,最为害道。晋武帝既已削除无据、定为十篇,此两篇不在就删之例,致贻后人,实于是论著纠正其失,因并归咎武帝,实有补于圣学。其新著皆近时琐事异闻,类小说家言,然中寓劝惩,亦多有可采。

(据清光绪至民国铅印本)

---

① “论”,《达亭老人遗稿》作“志”。

《定州书征》(节录)

(清)佚　名 纂

槃华字达亭,定州增贡生,生平不求闻达,而雅量高致,为遐迩所重。晚岁筑精室三楹,颜曰"退室",取《易》"不能退,不能遂"义也。种竹、莳花、引泉,翛然尘表,而读书研究不辍。年八十有七,卒于家。

《退室文稿》一卷、《退室诗稿》一卷、《消闲录》二卷。王朝笏《广川学舍笔记》:达亭先生嗜书,收藏几万卷,暇辄垂阁下帘,浏览编摩不辍。其为文持论中正,务以裨益世教。如《读〈汲冢用[周]书〉》,辩武王斩纣之非,反复论议,定为伪书,中引《贾子·连语》篇以证其诬词,皆翔实。《读〈博物论①〉》,以为茂先才气十倍,博识无伦,而其《杂说》篇内诬蔑先圣,言数数见附会不报之谈,最为害道。晋武帝既已削除无据、定为十篇,此两篇不在就删之例,致贻后人,实于是论著纠正其失,因并归咎武帝,连二艺观之,均于圣学有补。其新著皆近时琐事异闻,类小说家言,然中寓劝惩,亦多有可采。

(据北京大学图书馆藏稿本)

《晚晴簃诗汇》(节录)

(民国)徐世昌 纂

卷一一二　王槃华

王槃华,字达亭,定州人,有《退室诗》。

《春初雪寒独处斗室》:斗室栖迟别觉宽,日消楮墨度春寒。迂愚应与浮名淡,蹇劣焉知世路难。一物无求常自得,百年有限但相安。居心愿学卫公子,事事胥教说苟完。

《种花》:种花心与爱花殊,日掩重门一事无。随意栽培随意长,

---

① "论",《达亭老人遗稿》作"志"。

何须检点费工夫。

（据民国十八年(1929)天津徐氏退耕堂刻本）

《(民国)定县志》(节录)

（民国）贾恩绂等 纂修

卷二一 志余·杂志上·艺文

王染华《退室文稿》一卷,《退室诗稿》一卷,《消闲录》一卷。并刻本。

（据民国二十三年(1934)刻本）

二、王又曾、王瀫、王珍、王琏、王度华、王槐龄

(一) 王又曾(王染华祖父)

《(咸丰)定州续志》(节录)

（清）王榕吉、汪鸣和、张朴 编纂

卷二 封荫

王又曾,布政司理问。以子珍职覃恩加级,赠朝议大夫。以孙染华、景华团练议叙游击衔,给予二品封典,晋赠武功将军。配汪氏、孙氏、李氏,晋赠夫人。

（据清咸丰十年(1860)刻本。）

《(民国)定县志》

（民国）贾恩绂等 纂修

卷十一 文献志·人物·封赠表

王又曾,以孙染华晋赠武功将军。妻王氏、孙氏、李氏,晋赠夫人。

(二) 王瑴(王棨华父)

《(道光)直隶定州志》(节录)

(清)宝琳等 纂修

卷十四　人物·仕进

王瑴,字还圃,号拙翁,本州西关人。由廪贡生官中书科中书。二年,丁母忧,即家居不出。勤学强识,于经传各有编纂,于史有《史论》、《史异》、《史断》等著,皆能发前人所未发。侍高堂,务得欢心,处兄弟姊妹极友爱,胞弟琏早卒,痛极致疾,恤其孤有加,尝作《十戒十要》训其子弟。又销毁新旧债券凡三千余缗,退还贫人质典地契四百余亩,曰:"吾不忍瘠人肥己也。"己业去十之五,陶然自足,五十六岁卒。

卷十四　人物·封荫

王瑴,廪贡生。任中书科中书。以子度华任河间府景州学正,覃恩赠修职郎。

(据清道光二十九年(1849)刻本)

《(咸丰)定州续志》(节录)

(清)王榕吉、汪鸣和、张朴　编纂

卷二　封荫

王瑴,中书,敕赠修职郎,见《前志》。以子棨华议叙晋赠武功将军。配任氏,晋赠夫人。

《(光绪)畿辅通志》(节录)

(清)李鸿章等修、(清)黄彭年等纂

卷二四三 列传·国朝·定州

王瑴,字还圃,号拙翁,由廪贡生官中书科中书。二年,丁母忧,即家居不出。勤学强识,著有《史论》、《史异》、《史断》等书。性好施,销毁新旧债券凡三千余缗,退还贫人质典地契四百余亩,曰:"吾不忍瘠人肥己也。"《定州志》。

(据《续修四库全书·子部》影印1943年商务印书馆影印清光绪十四年(1888)刻本)

《大清畿辅书征》(节录)

(民国)徐世昌纂

卷四十 定州二 王瑴

瑴字还圃,号拙翁,定州人。乾隆间廪贡生,官中书科中书,勤学强识,经传各有编纂。性好施,焚债券、还质地,多至万金,曰:"吾不忍瘠人肥己也。"年五十六卒。

《史论》一卷。《史异》一卷。《史断》一卷。《居家十戒十要》一卷。

《定州书征》(节录)

(清)佚 名

瑴字还圃,定州人。乾隆朝中廪贡,官中书科中书,勤学强识,经传各有编纂。尝焚债券、还质地,多至万金,慷慨好义如此。

《史论》一卷。《史异》一卷。《史断》一卷。《居家十戒十要》一卷。

《(民国)定县志》(节录)

(民国)贾恩绂等 纂修

卷十一　文献志·人物表四·清代仕进

王毂,中书科中书。七品。

卷十一　文献志·人物·封赠表

王毂,中书,以子桀华赠武功将军。妻王氏,赠夫人。一品。

中书王毂,以子度华赠修职郎。八品。

卷二一　志余·杂志上·艺文

王毂,《史论》二卷。《史异》一卷。《史断》一卷。《居家十戒十要》一卷。《本传》。

(三) 王珍(王桀华伯父)

《(道光)直隶定州志》(节录)

(清)宝琳等 纂修

卷丨一　人物·义

布政司经历王珍,字廷实,世居城北小奇连村。祖恩大始迁居西关,至父又曾,家渐富,有好义名。乾隆中,珍接理家务,仰体父志,凡亲族贫乏者,无不赒焉。小奇连族众日繁,告困者踵至。珍曰:"是岂久远计乎?"乃将祖业之在故村者畀族众,犹不足,则益以外村地,先后共捐地七百余亩。族众既感泣受地去,其粮仍由己输纳。子侄辈有以粮随地去请者,珍曰:"是非尔所知也。去粮,则彼将据为己业,有不知吾意者,或转鬻于人,仍受冻馁。吾既代输有年,终吾世,不变吾法。日后或薄责其租准粮数足矣，厚敛族人，非吾子孙也。”五十九年大水，曾出钱千缗以拯乡里。嘉庆六年复大水，乃告弟万年曰：“家业已分，不得不谋之于汝矣。”对曰：“此祖业也，亦父兄故事，弟敢有异议。然私给近于市恩，不如告当道代给，良且可省纷扰事。”珍曰：“善。”出千金，命侄度华请于州牧张委员至西关庙中散之，远近全活者甚众。尝语子侄曰：“汝祖乐善好施，以救人为急，至于捐修寺庙，亦曾费至万金，汝等能权所缓急，斯善法祖矣。”于嘉庆二十四年卒，寿八十，子孙丰盛甲于州。

《(咸丰)定州续志》(节录)

(清)王榕吉、汪鸣和、张朴　编纂

卷二　封荫

王珍，见前《义志》。以子景华议叙诰赠武功将军。配朱氏、薛氏、李氏，诰赠夫人。

《(光绪)畿辅通志》(节录)

(清)李鸿章等修、(清)黄彭年等纂

卷二四三　列传·国朝·定州

王珍，字廷实，布政司经历。父又曾，有好义名。珍克体父志，族众日繁，告困者踵至。王珍捐地七百余亩，其粮仍由己输纳。乾隆五十九年大水，出钱千缗，以拯乡里。嘉庆六年复大水，与弟万年出千金，请于州牧委员散之，全活甚众。寿八十，子孙丰盛甲于州。《定州志》。

《(民国)定县志》(节录)

(民国)贾恩绂等 纂修

卷十一　文献志·人物·封赠表

王珍，以子景华赠武功将军。妻朱、薛、李三氏，赠夫人。

卷十二　文献志·人物二·德行

王珍，字廷实，布政司经历，小奇连村人。祖恩大始迁居西关，父又曾，家渐富，有好义名。乾隆中，珍接理家务，仰体父志，凡亲族贫乏者，无不赒焉。小奇连族众日繁，告困者踵至。珍曰："是岂久远计乎？"乃将祖业之在故村者畀族众，犹不足，则益以外村地，先后共捐七百余亩。族众既感泣受地去，其粮仍由己输纳。子侄辈有以粮随地去请者，珍曰："是非尔所知也。去粮，则彼将据为己业，有不知吾意者，或转鬻于人，仍受冻馁。吾既代输有年，终吾世，不变吾法。日后或薄责其租准粮数足，厚敛族人，非吾子孙也。"五十九年大水，出钱千缗以拯乡里。嘉庆六年复大水，乃商同伊弟万年，出千金，命侄度华请于州牧张委员至西关庙中散之，远近全活者甚众。尝语子侄曰："汝祖乐善好施，以救人为急，至于捐修寺庙，亦曾费至万金，汝等能权所缓急，斯善法祖矣。"寿八十，子孙丰盛甲于州。

（四）王琏（王桒华叔父）

《（咸丰）定州续志》（节录）

（清）王榕吉、汪鸣和、张朴　编纂

卷二　封荫

王琏，廪贡生。以侄桒华貤赠武功将军，妻杨、何、杨三氏，赠夫人。

《（民国）定县志》（节录）

（民国）贾恩绂等　纂修

卷十一　文献志·人物·封赠表

王琏，廪贡生，敕赠武略骑尉，见《前志》。以侄桒华议叙貤赠武功将军。配杨氏、何氏、杨氏，赠夫人。

卷十五 文献志·人物篇·烈女表

杨,节妇,王琏,廪贡,西关,嘉庆十二年,清。

(五) 王度华(王桀华兄)

《(道光)直隶定州志》(节录)

(清)宝琳等 纂修

卷十四 人物·仕进

王度华,字穆如,号鲁亭,西关人。由乾隆己酉拔贡,举甲寅科顺天乡试。嘉庆十六年,官景州学正。十八年,教匪煽乱滑、濬间,其逆党蔓延潜伏于直省者,河间府为最。时景州牧葛,儒士也,观察使者李公銮宣阅视城守,至景,见州城版筑未竣,不足以备守御,乃谓华:"唯子可以托大事。"因授方略,使设保甲法以缉匪徒、团练法以严城守,复留兵三百、武弁二人而去。华既不获谢,遂商之绅民,招集乡勇,使富厚者输之粮,勇敢者董其事,期月完备。华乃与在城员弁督率巡逻,昼夜不息者数月。至十九年,逆匪荡平,其役始息。李公欲以知县保荐,酬华之劳,辞再四,李公笑曰:"宦海风波,乃惧之若是乎?"因手书撰句一联赠华,曰:"毛锥有用诗书力,桴鼓无惊保障功。"州之士庶沐华之德,以歌诗称道,凡数百章,题其卷曰"《癸酉集》"。二十五年,以亲老告归,至道光二十年卒,寿八十岁。

卷十五 科举·举人·本朝

王度华,见《仕进》。

《(咸丰)定州续志》(节录)

(清)王榕吉、汪鸣和、张朴 编纂

卷二 封赠

王度华,举人,仕进,见《前志》。以子维一议叙千总衔,敕赠武略骑尉。配赵氏，赠安人。侧室田氏，貤赠安人。

《（光绪）畿辅通志》（节录）

（清）李鸿章等修、（清）黄彭年等纂

卷二四三　列传·国朝·定州

王度华，字穆如，号鲁亭，由拔贡生中乾隆五十九年举人，嘉庆十六年官景州学正。十八年，教匪煽乱滑、濬间，其蔓延潜伏于直省者，河间府为最。时州城版筑未竣，度华商之绅民，招集乡勇，督率巡逻，昼夜不息。至逆匪荡平，役始息。上官以知县保荐，力辞之。民用歌诗称道其功，题曰"《癸酉集》"。以亲老告归，寿至八十。

《（民国）定县志》（节录）

（民国）贾恩绂等 纂修

卷十一　文献志·人物表四·清代仕进

王度华，景州学正。八品。

卷十一　文献志·人物表五·清代科第·乾隆五十九年甲寅举人

王度华。

卷十一　文献志·人物表五·贡生·乾隆

王度华。

卷十二　文献志·人物篇

王度华，字穆如，号鲁亭，西关人。乾隆己酉拔贡，举甲寅顺天乡试，官景州学正。嘉庆十八年，教匪煽乱滑、濬间，其逆党蔓延潜伏于直省者，河间府为最。时景州牧，儒士也，观察使者李銮宣阅视城守，至景，见州城版筑未竣，不足以备守御。谓度华曰："唯子可以托大事。"因授方略，使设保甲法以缉匪徒、团练法以严城守，复留兵三百，武弁二人而去。华既不获谢，遂商之绅民，招集乡勇，使富厚者输粮，勇敢者董其事，期月完备。华乃与在城员弁督率巡逻，昼夜不息者数月。至十九年，逆匪荡平，其役始息。李公欲以知县保荐，辞之再四。李笑曰："宦海风波，乃惧之若是乎？"因手书联句赠之曰："毛锥有用诗书力，桴鼓无惊保障功。"州之士庶以歌诗称道，凡数百章，题其卷曰"《癸酉集》"。二十五年，以亲老告归，卒年八十岁。

（六）王槐龄（王桀华孙）

《（同治）灵寿县志》

（清）刘赓年　重修

卷六　官师

王槐龄，定州增贡，同治八年任。

（据清同治十三年（1874）刻本）

《（民国）定县志》（节录）

（民国）贾恩绂等 纂修

卷十一　文献志·人物表四·清代仕进

王槐龄，灵寿教谕。八品。

三、王用臣

《(咸丰)定州续志》(节录)

(清)王榕吉、汪鸣和、张朴　编纂

卷二　封赠

王用臣，附生，以父肇谦军功，荫一子入监读，报满，以知县侯铨。

《(咸丰)深泽县志》(节录)

(清)王肇晋　修辑

卷八　人物志

王肇谦，恩赐祭葬，赠光禄寺卿，荫一子入监读书。子用臣，邑庠生，由荫，以知县侯铨。

(据民国二十五年(1936)重印清同治元年(1862)刊本)

《大清畿辅书征》(节录)

(民国)徐世昌 纂

卷四十　定州二　王用臣

用臣，字邻五，号念航，深泽人。荫生。同治九年举人。两试春官不第，杜门奉母课子以终。工分隶，精鉴名画法书，所著《幼学歌》行世，艺林传为佳本。

《幼学歌》五卷、《续》一卷。《自序》云：是编分天、地、人、物四门，上溯皇极初典文，近及熙朝掌故，随口而成，漫无音韵，意举一事，挂漏恒多，姑刊为课儿之本，藏于家塾，名曰《幼学歌》。记有云“六年，教之数与方名”、“九年，教之数目”，诚以蒙养豫教，罔不在初，使习熟焉，积累而扩充之，浸浸乎由幼学入大学之门，讵非善歌继声之遗意哉！世多丰博君子，见而多哂，其妄者续之、舛者正之，俾得免于诟病焉，则厚幸矣。

《斯陶说林》十二卷，刊本。《序例》云：是编共分十门，前九门十一卷，皆择录成说，有当引书目者，则标明之，有嫌其冗长者，则节录之，自抒其所见，则圈外有案字为志，其卷十二，则随笔自记者也。

愿你和孩子把日子过成诗

U0810976

中国出版集团 现代出版社

图书在版编目（CIP）数据

愿你和孩子把日子过成诗 / 冯尘著. —北京：现代出版社，2018.5
ISBN 978-7-5143-7076-8

Ⅰ. ①愿… Ⅱ. ①冯… Ⅲ. ①儿童教育—家庭教育 Ⅳ. ①G782

中国版本图书馆CIP数据核字（2018）第096653号

著　　者	冯　尘
责任编辑	杨学庆
出版发行	现代出版社
地　　址	北京市安定门外安华里504号
邮政编码	100011
电　　话	010-64267325　64245264（传真）
网　　址	www.1980xd.com
电子邮箱	xiandai@cnpitc.com.cn
印　　刷	三河市金泰源印务有限公司
开　　本	880mm×1230mm　1/32
印　　张	8
字　　数	210千字
版次印次	2018年7月第1版　2018年7月第1次印刷
标准书号	ISBN 978-7-5143-7076-8
定　　价	39.80元

版权所有，翻印必究；未经许可，不得转载

目录

CONTENTS

孩子，你可以慢慢长大

Chapter 2

Chapter 3

请成为你曾渴望的父母

愿你被世界温柔相待

Chapter 4

以温柔和爱，静候花开

Chapter 5

前言

愿你和孩子把日子过成诗

我从来没有想象过，幸福原来会有如此具体的形象，丰满而充实。

温馨的午后，我和先生坐在写字桌前，他在处理工作，我为自己的新书写序。

五岁的小苹果，坐在沙发上翻看他的绘本。阳光斜照进来，给他小小的身体披上了一层金辉。柔柔的光线穿过他软软的头发，像是戴上了一顶金冠。有时我从文字间抬起头来看他一眼，一恍神，以为是天使降临。

噼里啪啦噼里啪啦，唰，噼里啪啦噼里啪啦，唰。

——安静的空间里，只有我俩敲击键盘和小苹果偶尔翻书的声音。先生的键盘声音又柔又缓，我的又脆又响，而孩子翻书的声音，更像是一种天籁，提示时间的流逝，提示幸福的真实性。

忽然间，我有股流泪的冲动，内心充满感恩。在有孩子之前，我从来不知道，幸福原来是一种充实又生动的感觉。

就像一幅好画，静默着，却也述说着，它毫无力量，却能直击人心。

1

我曾无数次努力去回忆，当初为什么要生孩子，但是从来没找到答案。

模糊觉得，大概是因为到了合适的年龄，家中长辈又不断催促，所以就听了他们的“在什么年龄做什么事情”，稀里糊涂地把这件事情给办了。

把结婚和生孩子当作任务来完成，这听起来十分草率，却是许多国人不得不去面对的压力。

因此，我曾无数次对朋友说，如果可以重新选择，我会晚几年再生孩子。因为总觉得自己当初生育时，并没有做好准备，于是走了许多弯路，留下许多遗憾。

怀孕时，经历了一次胎停育，第二次才怀了小苹果。可还是没能逃过先兆流产，整个孕期有一半时间在卧床静养，其间还经历过一次晕厥，可谓一波三折。他还在肚子里，我就给他取名苹果，图个平安的意思。

从怀孕开始，我就知道，苹果小朋友是老天派来磨炼我的。孕前期先兆流产，卧床静养；孕中期稍稍稳定，在超市晕倒，继续卧床静养；到了孕晚期，终于进入稳定状态，这位小朋友却赖在肚子里不肯出来。预产期早过了，可肚子一直没动静。怀了 42 周，撑到最后处理期，打了三天催产针，还是毫无反应，医生只好将他剖了出来。

一声响亮的啼哭之后，助产护士将一个小肉团端到我眼前，说："请确认一下，是个男孩。"

其实我什么都没看到，那个小肉团被端到眼前时，我本能地被吓了一跳，然后侧着脸"嗯"了一声。

护士说："睡吧。"

我便像被催眠了一般，一秒钟就沉睡了过去。

那时我还没有意识到，从此我的生命中，多了一个小人儿。而我的生活，也将以此为分水岭，发生天翻地覆的变化。

2

苹果诞生之后的头几天，我常常看着他发呆，搞不清楚状况。为什么家里凭空多了一个丑兮兮、红乎乎的小肉团？还把全家的注意力都给吸引过去了，所有人都在围着他转。

他出生后的第八天，我把自己裹得严严实实，独自走去医院拆线。那天大雪，城市一片纯白，一轮白日高挂在天，周边罩着一圈温柔的光晕。大片的雪花在我身边飘舞着，鞋子踩进雪地里，和过去一样，绵软又坚韧的触感，咯吱咯吱的声音。我喜欢雪天，每到雪天心情就格外雀跃。

可是这时，有一个名字忽然出现在我的脑海里：小苹果。似乎在提醒我：你再也不是以前的你了。

抬头，漫天的雪花似乎对于小苹果的诞生毫不知情。而我的快乐，却因为有了这一丝血脉的牵连，有了黏度，加了甜度，变成了一颗含在嘴里永远都不会化的糖果。

从前他并不存在，是我把他从虚无中带到这个五光十色的世界。

这是一种多么神圣的联结。

3

听许多人说，孩子出生后，会有很多次想把他再塞回去的冲动。可我从来没有，大概是因为走过艰难路程的人都不怕坎坷吧。

哪怕他从不好好睡觉；哪怕他总是要求我抱着他在地板上走来走去；哪怕他身上脸上长满湿疹，触目惊心，看得我崩溃落泪……我还是觉得，比起孕期的担惊受怕，这都不算什么。能看到他四肢健全、五官正常，是个普普通通的人类小孩，我就觉得很安慰了。至于那些养育的难关，一关一关过呗。

苹果很爱哭。一岁之前，他大部分的时间都在哭。无休无止地大哭，打着挺大哭，扭着身子大哭，不肯睡觉一放床上就大哭。作为一个经历了糟糕孕期、心态十分脆弱的新妈妈，我总担心他哭是因为患有某种隐疾，于是一趟一趟跑医院，可每次得到的答复都是“长大了，就好了”。

“长大了，就好了。”在当时的情境下，听着是一句没用的废话。可后来每每回忆，却觉得这是我听过最安慰的一句话。原来所有的痛苦都会被时间打败，然后幻化成充满成就感的回忆。

那些为初生的婴儿而纠结而痛苦的日子，正是我快速成长的岁月，也是我和小苹果日渐磨合的过程。后来，我读懂了他的每一声哭泣。而他，随着长大，也渐渐学会了其他的表达方式。我们从他单方面的要求和表达，变成了双方面的互动和协作。

熬过即成长，放在育儿这件事上，是铁律。

真的很好。

4

人类真的是很精明的动物，那些痛苦的过往，总是很容易就忘记了，快乐和感动，却能永恒地烙印在记忆中。

小苹果是个高需求宝宝，曾经差点把我折磨到精神崩溃。可是无论什么时候，我想起新生儿时期的小苹果，都只会想到他在梦中、在姥姥怀中、在爸爸肩头，所露出的谜一般的微笑。

他曾经无数次用尖厉的号哭表达他的需求，可我记忆最深刻的，却是一次无声的夜奶。那时他刚出生十几天，那天我做了一个特别舒服的梦，梦中有个柔软的东西，在不断地蹭着我的腿，像是天使的抚摩，我的整颗心都酥酥的。

当我从梦中睁开眼睛，发现身边的小婴儿在窸窸窣窣地舞动着他的四肢，摇晃着他的脑袋，张着嘴巴在到处找他的食物。而我梦中温柔的触感，就是他软软的身体在不断触碰我的腿。

他张着的小嘴，似乎在诉说对生活的渴望，没有一种渴望比它更强烈。而他的小身体给我的温柔触感，就是对我以自身为他提供食物的回报，没有一种回报，会比它更珍贵。

他吃着母乳，我默默流下了眼泪。这个崭新的小生命，看似什么都要依靠别人，却能够给人最强有力的感动。

5

我们这一代妈妈，很多都在照着书本养孩子。

书上说的第一件事，就是睡眠质量决定发育质量，孩子在睡眠中会分泌生长激素，新生儿需要保证每天 14 ～ 17 个小时的睡眠。可苹果小朋友从出生起，睡眠时间就很少能够达到 14 个小时。为此我十分焦虑，每天要花好几个小时来哄睡。

抱着哄，站着哄，走着哄，每天都筋疲力尽。可小朋友从不会因此就放过我，明明在我身上睡得很沉了，可往床上一放，就开始扭着身子放声大哭，有时我半个晚上都得抱着他在地上散步。

到他三个月时，有一次我实在累极了，看他在我肩上睡着了，就抱着他小心翼翼地斜着身子倚靠在被子上，好让自己休息一下。因为害怕一放床上他又醒来哭闹，所以把他轻轻地抱在了胸口。谁知，他竟一口气睡了四个半小时。我一直保持那个姿势，即使全身发麻也不敢动，只能睁着眼睛看窗外。夕阳渐渐消失在远处的高楼后面，天黑了下来，房子的轮廓渐渐消失，世界变成一片墨黑。

在这空灵的黑夜里，小苹果偏着头，蜷曲着双腿，趴在我的胸口均匀地呼吸着，小小的身体一起一伏，迎合着我心脏的律动。那是他出生以来睡得最长的一个午觉。在那四个多小时里，我凝视了白天，也凝视了黑夜，冥冥中像是明白了什么叫命运。

我把他带到这个世界，我还要带大他，这就是命运。

有那么一个人，他把自己生命的全部都交给你，你怎样对待他，他都会全盘接受。这是一种荣幸，而这种荣幸，会激发出一种叫作母爱的东西，让女性变得宽容，然后伟大。

后来的两个月里，苹果常常趴在我的胸口入睡，他的睡眠质量终于好了起来。而我，在和他同呼吸的日子里渐渐明白，能够和他共命运，是我的使命，也是我的荣幸。

苹果长大之后，性格十分平和，在同龄的孩子里也显得成熟大气，我总觉得和那段时间的亲密接触密切相关。婴儿时期来自母亲最亲密的爱意，对孩子来说，不仅仅意味着安全感，也是取之不尽的爱之库存。

6

家中有苗不愁长。

小苹果很快就变成了大苹果。在这个过程中，我无数次焦虑抓狂，无数次歇斯底里，有时甚至情绪崩溃，觉得生无可恋。可神奇的是，熬过之后，他成长了，渐渐变成一个性格开朗、懂事明理的小男孩。而我，也在过程中不断反思、不断历练，慢慢磨去了过去的戾气，成为一个平和理智的妈妈。

我终于明白，原来孩子是上天派来拯救庸碌的大人的。他们赤条条地来，却带着世间最本真的情感；他们一无所有，却用每一个眼神、每一声啼哭，告诉大人们生活的真谛。

做父母，真的是一场修行。

你可以放纵自己沉溺在孩子的屎尿屁里面，为这个小生命放弃掉自己的一切生活，让他把你支使得原地打转，让每一件小事摧毁你的情绪，折磨你的心性，把生活过成一地鸡毛。

你也可以用一双充满爱的眼睛，去发现这个新生命带给你的种种美好，用一种更好的心态，去迎接新生命带给你的每一次挑战。然后，和新生命一起成长，变成更好的大人，把生活过成一首诗。

一切，全在于自己的选择。

7

现在，仍然有许多年轻的朋友问我，人为什么要生孩子。

莎士比亚曾经在他的十四行诗中，用了大量的篇幅去劝他的青年友人结婚生子。生了孩子，你的美好基因便永远不会在世间消失，它会在孩子的身上，得到一代又一代的传承。我从没觉得这有什么说服力。因为，我自认没什么太过优秀的基因，即使有，也并不在意它们能否得到传承。

后来我生了孩子才渐渐明白，生育，并不是简单的复制和传承，而是另一个内在的自我，以新生命的形式，来助我长成真正的大人。他带给我又一次的童年，我借此弥补了过去的种种遗憾；他也教会我责任与担当，我借此享受了掌控，也学会了负重。因为孩子，我变成了自己喜欢的样子。

这世间所有的爱，都以聚合为目的，唯有父母之爱，注定要分离。我知道他的翅膀迟早会硬起来，然后毫不犹疑地单飞，连回眸都来不及。

可是，在成长的过程中，他早已经用顺从、用反叛、用坚强、用脆弱、用柔软的爱、用偶尔坚硬的冷漠，把他的灵魂，复刻了一份，存进我的灵魂。

他的肉体会离我远去，去寻找独属于他自己的海阔天空。可他的灵魂，永远都留了一份来陪伴我的灵魂，因此，我的余生都会诗意盎然。

我们为什么要生孩子？

因为孩子，会把我们的日子，变成诗。

Chapter 1

谢谢你，愿意做我的孩子

爸爸妈妈，请持证上岗

日本作家伊坂幸太郎说，一想到为人父母居然不用经过考试，就觉得真是太可怕了！

许多人会说，从古至今，为人父母从来都是依靠本能摸着石头过河就可以了，哪里需要什么考试？可是，近年来越来越多的事例让我们不得不去正视一个客观事实：父母整体能力和素质的提升，没能跟得上时代的发展。

事实上，每一位父母都该进行一次自学和自测，然后为自己颁发准入证。

如果为人父母需要通过考试获得准入门槛，会考些什么呢？打分的标准又是怎样的呢？

1

客观地讲，低收入家庭的孩子安全系数更低，意外指数更高。社会新闻里被拐卖、被留守、被侵害的孩子，大多出自低收入的家庭。

每次有类似的恶性事件发生，都会有人质问当事人：你那么穷还生孩子干吗？这种论调当然很让人难以接受，就像有网友反驳的一样，难道只有富豪可以生孩子？

可是人生艰难，最基本的物质保障还是要给孩子的。父母的匮乏，不该是孩子需要翻越的第一座高山！

经常看到这样的报道，十来岁的小女生，自己还是个孩子，没有稳定的工作，生活没有任何保障，却早早地生下了孩子。有些，是靠同样十来岁的丈夫外出打工支撑家庭，有些则一家三口都要靠原生家庭帮补着过日子。这样的妈妈，能够把孩子安全地带大已经是莫大的不易了，她能给孩子的实在有限。可是，对于孩子来说，其实并不公平，他和别的孩子一样赤条条地来到人间，却一出生就要面对物质、精神的双重匮乏。别的孩子的父母，都在拼尽全力以帮助孩子赢在起跑线上，可他，一出生，就输了。

作为父母，我们都期望孩子可以比我们过得更好，但这种期待不会凭空实现，是和父母的实力息息相关的。所以，准备生孩子之前，请一定对自己的经济实力做个评判和预估，如果连最基本的生存保障都不能给孩子，还是先去努力吧。

人们常说“生养”，生和养是分不开的，我们不仅要生得起，还得养得起，所谓养得起，不仅包括经济实力，还包括身体力行的照顾和陪伴。是否已经提前规划好，孩子出生后由谁来照顾，谁陪孩子长大？如果在生孩子之前，就已经想好让他成为留守儿童，我认为也是不负责任的做法。

并不是说收入低就不能生孩子。而是，哪怕收入低，也要有能力对孩子做出合理的安排。

我练车的时候，有个陪练特别爱聊天。闲聊中得知，他有个两岁的女儿，妻子没工作，他的月收入是6000元。听了之后，我猜测他的妻子和女儿一定在老家，因为以北京的房租水平，6000元真的太难支撑一家人的开销了。

可他笑着说："那不行，一家人必须在一起，我也必须给孩子足够的父爱！日子苦是苦一些，但是我们很知足，很快乐！"

他的确是一个很快乐的人，任何时候见他，脸上都带着真诚的笑容。我很欣赏他的心态，也特别佩服他的选择。钱不多，只要一家人有一起承担的信心和给孩子最大限度爱意的决心，对于孩子来说，这样的家庭，就是丰富的馈赠。

时代已经进步，生命的意义不该只是传宗接代的繁衍，而是爱的传承。

2

人是什么时候开始真正长大，不再是个孩子？

不是十八岁，也不是孕育生子、成为父母的那一刻，而是能够清醒地认知自我并且能够对自己负责的时候。

在决定生孩子之前，每位成年人都应该有一次主动的自我完善。

我们知道，每个人的性格甚至整个生活，都逃不脱原生家庭的影响。因此，做父母之前，首先应该去回顾自己的童年，父母做的哪些事让你现在回忆起来都觉得幸福，哪些事成为了你始终无法摆脱的阴影。

之所以努力去回忆，是因为人总是会不自觉地重复童年时的生活模式。己所不欲勿施于人，说起来很简单，可事实上，那些曾被父母虐打过的孩子，大概率上会虐打自己的孩子；那些离异家庭中长大的孩子，更容易放弃婚姻。

所以，对于我们在原生家庭中经历的一切，我们要有意识地存精去粕。自己所享受的，同样传承给孩子，自己所抗拒的，要努力去规避。

要跳出那些不好的教养方式，最根本的办法，是先试着理解和原谅当年的父母。其实只要稍微了解一下我们父母那一代的成长环境、受教育经历，你会发现，他们之所以会用一些不好的教养方式对待孩子，是因为他们有自己的局限性。

我刚生孩子时，认为自己做得很好，偶尔会在心里发问，为什么我妈当初不能这样温柔地待我？先生也常对我发出这样的感慨："我怎么没有碰上一个你这么好的妈妈呢？"

后来读了一些书，我才开始理解我的父母。在那个年代，父母的局限性其实是很大的，时代背景、周围环境、受教育程度决定了他们的认知水平。从结果来看，父母的确给过我们伤害，有些伤害甚至是可怕的、不可逆转的，可那并不是他们的初心。他们只是在教养孩子这条路上，选了错的分岔路而已。也许，他们也一直在为自己做过的错事懊悔、难过呢。所以，我们只需要确定一点：父母爱孩子的心，从来没变过。

父母曾经伤害过我们，那是因为他们能力不足，并非也不可能是出于恶意。原谅这一点，会让我们更加容易接纳父母、接纳原生家庭，也接纳有伤痕的自己。

接纳，才能改善。放下内心的戾气，才能平和淡然地按照自己的期望去养育孩子。

育儿，应当是一代更比一代强的过程，而不是这一代人，简单重复上一代人的行为模式。

3

我认识一位妈妈，生孩子几乎没给她的生活增加任何负担，相反，有了孩子之后，她活得更滋润了。

孩子出生后，她爸妈过来帮忙带孩子。于是，她过上了出门去上班，回家有饭吃，逛街、美容两不耽误的美好生活。而对孩子，她除了三个月的母乳喂养，几乎没付出什么。

从孩子出生起，姥姥姥爷就负责起一切杂事。孩子拉了，她会大惊小怪地喊："妈，孩子拉了！"姥姥跑来换纸尿裤，而她在旁边捂着鼻子说真臭。孩子开心时，她就陪孩子玩一玩。而孩子哭闹时，她哄两句哄不好，就发着脾气扔回给父母。

说到上班，她工作清闲，工资也不高。她的父母是拆迁户，所以经常在生活上贴补他们。而她对父母，是一边依赖一边嫌弃。嫌妈妈做的饭不好吃，嫌爸爸抱孩子的姿势不对。总之，事事有话说。

很显然，这位妈妈本人还是一个巨婴。生而不养，极其不负责任。虽说孩子在物质上得到了富养，可从这样的母亲身上，孩子耳濡目染又能学到什么呢？

我一个特别好的朋友，离了婚，现在自己一边工作一边带着两个孩子。离婚的原因，曾经让所有人跌破眼镜：前公婆不喜欢她，要前夫在父母和老婆之间做出选择。

前夫最终选择了离婚，并在前公婆的撺掇下和她争夺过孩子的抚养权。最终朋友虽然拿到了抚养权，可自己一个人带着俩孩子，特别辛苦。而且，前夫没有稳定工作，有时还会拿不出法院判定的抚养费。

婚是离了，朋友也从前夫的房子搬了出来，可前夫偶尔也来帮忙照顾孩子，一家人的状态变得特别尴尬。而朋友，不仅要工作、照顾孩子，还常常在和前夫的关系之间纠结摇摆，过得特别让人心疼。孩子们还小，可也懂得心疼妈妈，老大四岁多就学会了承担家务、照顾妈妈。两个孩子的内心，估计有很多困惑，是他们现在的语言能力所表达不出的吧。

这位前夫，连自己的生活都无法做主，被父母推着做出如此荒谬的决定，让两个孩子从此生活在畸形的生活环境中，真的让人很无语。如果连对孩子负责都做不到，又有什么资格听孩子叫一声爸？

每个人都不是生来就会做父母的，最重要的是，我们做好了承担一个生命的准备。哪怕在内心，我们自己都还不够成熟，甚至还是个孩子，但至少，我们愿意为之努力，为之成长。而不是像个真正的孩子那样，一遇到事儿，就躲到父母的背后。你选择了躲到你父母背后，你的孩子呢？

4

养不教，父之过。

孩子要生，要养，也要教。时代的发展，对新一代家长教养孩子的方式提出了更高要求。在过去，能够把孩子安全地养到成年，就是父母莫大的功劳；后来，能让孩子考上大学，就算得上光宗耀祖；而现在，孩子要安全，要健康，还要优秀。

并且，优秀的标准变得很多元，不再局限于经济上的富足或者事业上的成功，更要孩子独立、快乐，以及具备寻找幸福的能力。毕竟，他们是未来全新社会环境的缔造者。

许多家长还在固守过去错误的、落后的教养方式，用父母的强权控制孩子，用单一的标准衡量孩子，用过时的价值观要求孩子。试问过时的教养方式，又如何能培养出符合时代标准的优秀孩子？

作为新一代的父母，我们都在面临这样的考验：如何用最温和的方式，传递给孩子最坚定的立场，培养孩子正确的三观？

答案只有一个：用心关注孩子，用脑不断学习。

互联网提供给我们的，是前所未有的便利，一键下单，想看的书籍第二天就被送到手上；在网络上输入一两个关键词，就会搜出无数的网页，输入自己的问题，也能得到数不清的回答。信息资源的便利性和丰富性让我们没有懒惰的借口，无论什么时候，保持学习的习惯和状态，永不放弃自我成长，这是对自己负责，也是对孩子负责。

需要注意的是，在唾手可得的信息资源中，我们需要有去粕取精的辨别力，更要懂得什么才是最适合自己孩子的。育儿是一件能够接受别人的建议，却一定不能被手把手指导的事情。因为每个孩子，都是独一无二的，需要一份量体裁衣的教养计划。照搬别人的经验和方法，就是在拿孩子做实验。

所以，请广泛地学习，有选择地摄取，科学地糅合，结合孩子的状况，制定出专属于自己孩子的教养方法，成为孩子唯一的育儿专家吧。

没有人生来就会当父母，最重要的是，要保持学习力，随时去补课，去精进。

为人父母，的确不需要什么考试，但是每一位父母，都要有自学、自考、持证上岗的自觉性。

因为，孩子的成长只有一次，而我们，要做最好的父母，绝不给自己和孩子留遗憾。

让孩子像孩子一样长大

孩子可爱时，你喜欢他是个孩子；孩子顽劣时，你希望他像个大人。这是强盗逻辑。

1

最近半个月，因为流感，儿子一直留守在家。连续十五天，全天二十四小时无缝隙的陪伴，渐渐耗光我的耐心，亲子关系越发堪忧。

有一天想带他出门吃饭，等我穿好厚厚的羽绒服站到门口，才发现他还坐在沙发上看书，顿时气不打一处来，十分暴躁地催他快一点。

结果这孩子不仅没开始穿衣服，还慢条斯理地走到我面前，特别认真地抬头仰视着我，问："妈妈，我觉得你最近好像变坏了，是这样吗？"

我没搭腔，只是继续催他穿衣服出门。

到商场后，我想直奔饭店，可儿子赖在玩具店门口，一直磨蹭了很久。在饭店坐定后，我在点餐，他绕着桌子来回转圈，一会儿坐到我旁边，一会儿坐到我对面，后来又把水从两个杯子里倒来倒去，把桌布一角扑得湿漉漉的。

我强压着脾气，再三嘱咐他安静坐一会儿，他都像没听见一样。

终于，我失去耐心，瞪大眼睛看着他，有一句话升到了嗓子眼儿。

“你能不能像个大人一样，安静地坐一会儿？”

话说出口，我忽然被自己哽住了。

他明明还是个孩子，我为什么要他像个大人？意识到自己的问题后，我及时刹住了车，闭上嘴，继续耐着性子看一个五岁男孩的“胡作非为”。

虽然那真的很让人烦躁。

2

我问自己，如果儿子真的像个大人一样，稳重地坐在餐桌前，安静地享用美食，偶尔低头刷刷手机，我会觉得欣慰吗？

答案当然是否定的。我八成会忧心忡忡，这孩子不爱动也不爱说话，别是有什么问题吧？

这让我想起一个亲戚的孩子。

我家亲戚多，走动得也频繁。每年春节，亲戚们都带着孩子来拜访我爸妈，今年也不例外。年龄差不多的孩子们疯成一团，楼上楼下地跑，开门关门，疯打疯闹。大人们直皱眉头，我妈恨不得挨家去向邻居们道歉。

可有个男孩不同，他乖乖地坐在妈妈身旁，安静地听大人聊天。我妈塞糖给他，他便默默接过来，撕开糖纸斯文地塞进嘴里，不给他，他也不会自己去拿。

亲戚们问他什么他便回答，不问他，他便什么都不说，安静地看电视。也有大人劝他去跟孩子们一起玩，他只是缩缩身子，羞涩地笑着摇头。

我记得前一年见他，并不是这样的，也是一个很欢脱的小孩。孩子们一起疯跑，家长们扎堆聊天，大人孩子天然地分成了两拨儿。大人们聊得热络，都懒得去关注孩子们。唯有那男孩的妈妈，只要他回到屋里，妈妈的眼神就一直追着他，不断强调："歇会儿！""别疯疯癫癫的！""瞎跑什么呀？"当他表现得比别的孩子都不懂事时，他的妈妈就会大声威胁："再这样，小心我回家揍你！"

每次妈妈说完，他都会表情一变，然后有所收敛。

我们平常不大见面，但是，管窥全豹，男孩平常应该也是被父母这样管束、要求的吧，要他脱离孩子的天性，趋向大人的稳重。

终于，他在一个不该成熟的年龄里，不合时宜地早熟了，变成了一个未成年的大人。

亲戚们虽夸赞男孩有礼貌，成熟懂事。可背地里，又都叹着气感慨，小小的孩子，就让父母管束得没点孩子样。在本该天真幼稚的年龄里，却展现出一副成熟的暮气，的确让人心疼。

他的眼睛里，已经没了孩子的稚气，而是一种深沉。大概他已经习惯了，装作自己是个小大人，以此来讨好妈妈，得到妈妈的赞许。

别林斯基说："任何事物只有本身和谐、自身相称时，才显得美好、优雅。"凡事各有其序，勉强的、过早成熟的儿童是精神上的畸形儿。

为了讨好父母，他放弃了自己的成长规律。长大之后，八成会是个讨好型人格的大人吧？他要怎样才能活得快乐？

3

过去，每个家庭都有好几个孩子，家长大多粗放教养，放任孩子们自由生长。那时家长能给孩子的很少，他们对孩子的要求，也是微乎其微的。

都说现在的孩子幸福，物质上富足，又有全家人围着照顾。可事实上，这一代的孩子正在面临前所未有的压力。家长们虽说在孩子身上付出了更多精力和心力，却对孩子提出了更高要求。

所有的孩子都在加速成长。

我们希望他们提前学习，幼儿园学小学的东西，小学学初中的内容。

我们希望他们提前适应社会的运行规则，小小年纪去学成人世界的世故。

我们希望他们专注、勇敢，追求自己的目标。

我们希望他们能够控制自己的情绪，哪怕内心已经火山喷发，也要控制住自己，心平气和地和大人沟通。

像大人一样。

有好多朋友和我说过，看西方国家的电影里，每个小孩都像大人似的，看上去特别好玩。

可是小大人，仍然不是大人。那些让人很喜欢的小角色，他们只是学会了大人的礼仪，彬彬有礼，但是提问题仍然是属于孩子的“为什么”，提出来的目标，仍然是属于孩子的幼稚要求。他们并没有学会大人的城府、圆滑、势利，他们身上最让人喜欢的，仍然是那份童真。

“为什么我的孩子这么不听话？”

“为什么我的孩子这么不懂事？”

“为什么我的孩子不优秀？”

“为什么我的孩子总是疯疯癫癫？”

当我们有这样的疑问时，我们该明白，其实问题并不是出在孩子身上，而是出在父母身上。

身为父母，我们太焦虑了。而这焦虑，又来自急躁，急着让孩子成长，急着让孩子去了解更大的世界，掌握更多的资源。可我们总是忘记，孩子，只是个孩子而已。

你所期待的，是远超孩子能力的。而你所诟病的，很多只是孩子特定年龄段的专属特征。

4

纪伯伦有一首诗。

你的儿女其实不是你的儿女／他们是生命对自身渴望而诞

生的孩子／他们借助你来到这世界／却非因你而来／他们在你身旁却并不属于你／你可以给予他们的是你的爱／却不是你的想法／因为他们有自己的想法／你可以庇护的是他们的身体／却不是他们的灵魂／因为他们的灵魂属于明天／属于你做梦也无法到达的明天／你可以拼尽全力／变得像他们一样／却不要让他们变得和你一样。

当我们要求孩子像大人一样成熟、稳重、精进时，我们在把自己的想法强加到孩子身上，这对孩子来说，是一种巨大的不公平。

为人父母，我们该明白，每个孩子都有自己的成长规律。一岁流口水，两岁吃手指，三岁抢东西，四岁没礼貌，五岁疯癫癫，这所有的坏习惯、坏毛病，其实都是他们对自己行为规则、对世界运行底线的探索啊。

这些毛病不好，却是必经的。

而我们要做的，是放平心态，尊重孩子的成长规律，学会牵着蜗牛散步，耐心地等待孩子长大。我们要允许孩子犯错，允许孩子不优秀，允许孩子像孩子一样长大。

让孩子像孩子一样长大，让他有更多机会享受他的童年，让他放肆奔跑释放体能，让他高声尖叫宣扬快乐，让他号啕大哭宣泄情绪，让他爬高下低探索世界。

让孩子，就只做一个孩子。

父母最高级的爱，是和孩子肩并肩

比起监护人和导师，孩子们总是更喜欢与他们并肩作战的战友。

1

一个读者给我留言，说这几天她都在循环播放周杰伦的《等你下课》。听多了，心里那个故事就特想说出来，于是她找到我。

原以为那是一段关于青春的青涩往事，可她说："我想说的是我爸妈。"

高二那年，她喜欢上隔壁班一个学霸。整日神思恍惚，上课集中不了精神，下课就盯着窗外等学霸路过，或者满操场搜索学霸的影子，然后制造一次又一次的偶遇。

暗恋，是一个人的"兵荒马乱"。偷偷喜欢学霸那么久，学霸并不知道她是谁，她的成绩却下降了不少。班主任找家长谈话，直截了当地说，怀疑她早恋。

放学后，她忐忑地回到家，准备迎接来自父母的"暴风骤雨”。可还在门口，就闻到家里飘出的饭菜香味，那是她最爱吃的红烧排骨。

爸妈什么都没问，而是热情地叫她洗手吃饭。一顿美食之后，爸妈笑着调侃她：“我们家姑娘长大了，知道喜欢别人了啊！”

原来，妈妈早些日子就看到了她扔在垃圾桶里的一堆纸团，那是她写给学霸却不敢送出去的情书。可父母并没有干涉她，一直到班主任约谈，才和她正式提起这件事。

“爸妈得告诉你，偷偷喜欢一个人，是很辛苦的事。因为不管你做了什么，对方都不知道。比这更遗憾的是，你没和他交流过，你根本都不知道你喜欢的，是个什么样的人，也不知道你到底有多喜欢他。”

在爸妈的鼓励下，她鼓起勇气去和学霸表白。学霸拒绝了她，说想等上了大学再考虑恋爱的事，但表示愿意和她交个朋友。

后来，妈妈会做好吃的让她带给学霸，爸爸也会帮她分析学霸的心理。同时，父母一直都和她强调：聪明的女孩，会先努力让自己变得闪耀，这样男生才会更喜欢自己，鼓励她好好学习，和学霸考相同的学校。

结局怎么样，你们都猜到了吧？

很抱歉，并不是你们猜的那样。女生没有和学霸考上同一所学校，她考得比学霸还好，去了一个更广大的世界，看到更多更精彩的人，很快就把对学霸的单恋放下了。

女生说：“我永远感恩我的父母，在我青春萌动的时候，没有骂我不务正业，没有强行阻止我早恋，而是和我并肩作战，一起战胜年少的悸动和懵懂。”

“否则，我很可能成为周杰伦歌里的那个同学，悔恨自己‘高中三年／我为什么／为什么不好好读书／没考上跟你一样的大学’。”

我听了之后十分动容，对她说：“你真幸福。”

她答道：“我也觉得。”

2

世间有多少家长，明明很爱孩子，却总是在不知不觉中把自己变成孩子的敌人。

在我成长的过程中，妈妈每当对我管教无力时，都会绝望地喊出这句话：“我是你的敌人吗？”每每此时，我都低头不语，内心却在倔强地呐喊：“是的，你就是我的敌人！”

这样说真的特没良心，可也是当时最真实的想法。成年之前，父母一直都是我首要提防的对象。想做什么稍微出格的事，首先冒出的念头就是，要是被爸妈知道我就完了！

小时和同学打了架，哪怕受伤，回家也得说是自己不小心撞的，因为要是爸妈知道我打架的话，搞不好还有一顿打。我爸妈才不管什么谁是谁非，他们只坚持他们的道理，“小孩打架是不对的！”

后来长大些，开始有男生送礼物，再怎么喜欢，也不敢拿回家。因为我妈是侦探，不管我把礼物塞到什么犄角旮旯，她都会刚巧去那里找东西。让她发现了，认为我早恋，那我就完蛋了。

记忆中有一次，忘了是因为什么事，我给妈妈写了一封长信，诉说我的苦恼。大概是属于女生的小秘密吧，所以我在信中强调："请保证，这件事不要告诉任何人，尤其是我爸。"

结果特别尴尬，当天晚上，我爸就找我谈话，与我沟通信中的那件事。当时，我内心悲愤交加，觉得自己信了不该信的人，于是在心里狠狠发誓，以后什么事都不会和妈妈讲了。

为什么别人家父母都那么好，我爸妈却总是与我为敌，不让我过得顺心？这是我成长过程中一个很大的烦恼。

后来才知道，那些所谓别人家父母的孩子，也一样疑惑："为什么在我越脆弱的时候，父母越是会站到我的对立面？我到底是不是亲生的？"

父母明明是我们最亲密的人，同时却也是最无法信赖的人。这是我们那一代中许多人的成长之痛。

成年之后，因为见识的增长，我慢慢理解到，当时大环境的局限，决定了父母的认知天花板很低，他们虽然已经竭尽全力，但还是在许多事情的处理上有失偏颇。明白了这一点，慢慢也就接纳了父母当时的错误教养。

前车之鉴，应该成为后事之师。当我们也为人父母，就有义务让自己不重蹈覆辙，让我们的孩子不再承受那些我们曾经承受过的痛。

3

前几天孩子闹着要去游泳，那是冬天最冷的日子，想想都没勇气走出家门。可拗不过他，就带他去了。

游泳池里没几个人。才下水没一会儿，就来了个更小的男孩，三岁多的样子。

小男孩快步跑到泳池边，想要下水，又有些畏缩。于是坐下来，用脚轻轻试探水温，脚尖刚碰到水面，就兴奋地大叫着收回来，这么反复了好几次。

小男孩的妈妈在旁边催他快下水。小男孩脸上虽写着期待，身体却本能地往后缩，嬉笑地看着妈妈说："我不敢下去，我害怕！"

妈妈在旁不断鼓励他："下去吧，一点都不怕，很好玩的！"

后来，妈妈弯腰从泳池里撩水到小男孩身上，孩子被逗得又笑又叫，可一提下水，又开始往后退，距离泳池越来越远了。

很快，妈妈失去了耐心，从"大冷天的不让来非来，来了又不下水"的抱怨，到"你再不下去我要生气了"的不耐烦，再升级到"如果今天你不下水，晚上就别想吃饭"的威胁。看样子，恨不得把孩子推进水里。

孩子脸上的期待渐渐消失，取而代之的是伤感和委屈，继而号啕大哭起来。

还好，小男孩的父亲及时赶来救场，他抱起孩子，说的第一句话是，“对不起啊！爸爸本来是要和你一起下水的，去办了点事来晚了！”

之后，爸爸抱着小男孩，轻轻拍打他的肩膀，安抚他的情绪。等孩子情绪平复下来，他才问：“你是有点害怕对吗？”

小男孩委屈地看着爸爸，点点头。

“爸爸和你一起下水好吗？你害怕的时候，拉紧爸爸的手就好了。”

在爸爸的陪同下，男孩套上游泳圈，畏缩着下了水。没过多久，他就开始享受水中的玩乐，似乎刚才的事根本没发生过。可是，每当他和妈妈的眼神有所碰撞，就会重新泛起委屈。

我一直在旁暗自观察那一家人，内心十分庆幸孩子爸爸的及时赶到，化解了一场危机。不然，小男孩很可能连泳池都没进去，就被妈妈拉回家。那样，他极有可能很长时间都不愿意来游泳了。

男孩的母亲和父亲，面对同一件事情，用了完全不同的解决方案，达成的结果也完全相反。前者两败俱伤，后者皆大欢喜。

仔细分析就会发现，其中的差别，不过是立场。

妈妈站到了孩子的对立面，试图控制孩子。她将孩子的畏惧和懦弱，视作孩子本身，去与之对抗。结果只是对孩子造成了进一步的否定和打击，让孩子变得更加畏缩。

而爸爸，将孩子和他的畏惧分离开来。他站在了孩子旁边，鼓励孩子，与孩子并肩作战，一起战胜孩子内心的畏惧和懦弱。

因为有了一个强有力的战友，孩子心里有了抗争的底气，也就勇敢了起来。

4

成长，其实是一次艰难的远行。有些人，哪怕身边有人陪伴，也觉孤独；而有些人，哪怕孑然一身，也觉得自在丰盈。

其中区别，很大程度上就在于：父母是否在孩子童年时，曾经和他们并肩作战，给了他们足够的安全感。

从孕育起，孩子就不是独立的，他们百分百依赖母体，母体健康，他们才能得到足够的营养。即使与母体分离之后，也还要依赖父母很久，被抚育，被教养。

小时候，父母对孩子的态度，会影响他们的一生。世界很大，可最初，对孩子来说，他们的世界只有爸爸妈妈。

当父母强迫孩子将自己的玩具给小朋友分享时，孩子就被全世界背叛了。所以，父母要告诉孩子，学会分享，游戏才能变得更加快乐。可是如果你今天不想分享，我也会站在你身边，捍卫你的物权。

世界很大，可对孩子来说，父母是他们的退路。当父母强迫孩子独自去挑战世界挑战自我时，退路就被封死了。所以，我们要告诉孩子，想要停止恐惧，唯一的办法就是战胜恐惧。可是，如果你还没准备好，还没有足够的勇气，我愿意同你一起，对抗你的懦弱。

长大后，我们有义务让孩子知道，“在你没能成为更好的自己之前，爱情很可能不会开花结果”，但是，如果你真的已经陷入，我也愿意和你一起，寻找爱的意义。

任何时候，我们都不应该站在成人的制高点上，用“我吃过的盐多过你吃过的饭”式的自以为是，否认孩子的决定，质疑孩子的想法。

你看过那么多的教育宝典，懂得那么多的育儿心经，可那些都不如这一点来得重要：永远和孩子站在同一条线上，并肩作战。

好的父母，都应该是孩子的好战友。

孩子，就是用来“惯”的

“惯子如杀子，溺爱出逆子”。

在很长的一段时间里，这句话都是育儿经中真理一般的存在。家长们一度视惯孩子为育儿的大敌，生怕多惯孩子一点，就把他惯成混世魔王，惯进监狱，所以对孩子尽量严格。这句话带来的恐慌，也贯穿了我们这一代人的成长。

无数家长将它放大，极端化，然后作为自己的育儿座右铭，用它剥夺孩子被爱的权利，毁掉孩子一生的安全感。

1

我的前同事陈姐，每次在街上看到别人家的孩子和父母举止亲昵，都会远远地站着，看上很久，然后长长地叹气。

陈姐的女儿十二岁，品学兼优，琴棋书画无一不通，可就是性格特别孤僻，而且讨厌与人肢体接触。

有次一起过马路，陈姐想牵女儿的手，女儿竟像触了电一般，一下子就甩开了。从那次起，陈姐开始观察，她发现，同龄的女孩子都喜欢与人结伴，勾肩搭背牵手挽臂，而她的女儿，却总是踽踽独行。

陈姐夫妇想和女儿聊一聊，可孩子拒绝与他们沟通。不得已，陈姐带她看了心理医生。医生和女儿聊了几次，初步得出结论：孩子幼年时期长期生活在思想紧张、精神焦虑的心理状况中，长此以往，就诱发了肢体接触恐惧症。

而罪魁祸首，竟是父母的严格。

陈姐对女儿，可以说是从没惯过。一岁多自己吃饭，摔倒了自己爬起来，上幼儿园起自己洗小衣服，和小朋友起冲突自己解决。每当女儿向她撒娇或者求助，陈姐都会将她推回"战场"："不惯你这臭毛病！"

女儿八岁时，有一次哭着回家和她说："妈妈，有同学欺负我！"陈姐不仅没问原因，还一脸嫌弃："哭什么！没出息的样子！你招惹他们干吗？！"

那之后，孩子再没为任何事情求助过她。

孩子越长大越顺从，可看上去一点都不快乐，亲子关系也越来越淡漠。陈姐说，她的女儿变得很陌生，她再也无法知道女儿内心的快乐和烦恼。在父母面前，女儿彻底地封闭了自己。

太过严格，就变成了冷漠。想起过去对孩子的严格，陈姐后悔不已，然而现在再想要孩子敞开心扉，已经没那么容易了。

陈姐说："在我们带孩子的那个年代，大家都说惯孩子就是杀孩子。为了让她独立，我只好狠狠心把她推出去。谁能想到，竟是这样的结果。"

惯子如杀子，可这里所说的"惯"，是极端化的娇惯，是毫无原则的宠溺，是纵容孩子去挑战别人和社会的底线。而不是连最基本的爱和支持都不给。

2

我妈有一个邻居，当年老来得子，取名大宝，像宝贝似的娇惯着，有求必应。而且，任何时候只要孩子在活动，全家人的眼睛就一刻都不会离开他，几双眼睛里盛着的，是几何倍数的宠溺。

有一次，大宝去游戏厅里玩，非闹着要买一台大型游戏机。闹了几天，他爸妈居然真的搬了一台回家。大宝请孩子们去家里玩，那样子神气活现。

那时，几乎所有人都在背地里说："大宝这孩子，被他爸妈惯坏了！""这孩子将来肯定成不了器！"

大宝确实学习不好。八九岁时，在家里养了十几只流浪猫、流浪狗，整天忙着照顾小宠物。中专毕业之后，他开了家宠物店，因为他对宠物有爱心又有耐心，生意做得很不错，每天哼着小曲开店关店，见到人永远笑容满面，谁都看得出，大宝很喜欢也很享受自己在做的事，他过得很快乐。又过了几年，小宝把宠物店做成了连锁品牌，真正地把爱好做成了事业。

在很多老一辈人看来，整天和猫猫狗狗打交道，不算什么成功。可是在这个焦虑横行的时代里，我觉得他比大多数人都过得好。一个人最大的成功，不就是能按自己想要的方式去生活吗？

爱出者爱返，福往者福来。一个被爱包裹着长大的人，有着充足的爱的库存，他才得以将爱绵延不断地投射到宠物身上，从而撑起一份属于自己的事业。

过去，我也和所有的邻居一样，觉得大宝的父母对他太过娇惯，想当然地觉得，他一定会被惯坏。于是，我们总是忽略掉他好的一面，只看他对父母耍赖的一面。

后来，当我开始质疑“惯子如杀子”这句话时，仔细寻找脑海中关于大宝的记忆，发现他从小就是个与人无害的孩子，很善良，对小动物格外爱护，与小朋友们也能融洽地相处。

偶尔他抢东西或者打人，他的父母都会很严厉地批评他。他父母对他的惯，从来都不是没有底线的。他们尽自己最大的能力去满足孩子的需求，同时，也要求孩子不去侵犯别人的权益。原则和底线从来都摆在那里，只是大家都习惯性地忽略了。

有原则、有度的“惯”，有时并不是坏事。

3

都说惯子如杀子，事实上，那些真正被父母“杀掉”的孩子，绝大多数都是因为父母从来吝于表达爱意，只知严苛不知慈爱。

2010年那宗让人闻风丧胆的药家鑫案相信大家都还有印象，药家鑫开车撞人之后，又下车杀人灭口，把车祸变成凶杀案。一时招来无数指责痛骂，后被判处死刑。

后来记者柴静采访药爸爸，才渐渐揭开药家鑫当时选择杀人灭口的直接动机：他只是太害怕伤者会去找他父母的麻烦，怕父母会因此责怪他，于是选择一了百了。

很残酷，可不得不承认，药家鑫变成杀人凶手的背后推手，就是父母的严苛。药爸爸接受采访时，特别伤心地说，自己从没惯过儿子，很后悔。

那些没有被惯过的孩子，都在别人看不见的地方，默默地舔舐过伤口。

有位旁人眼中优秀无比的女生曾在微博写道："我羡慕所有在自然的爱里长大的小孩，像我这种从小到大自己跌倒自己爬起来、自己哭完自己擦眼泪的人，别人给得多一点就会惶恐不安，为了想要多一点点爱，又要去飞蛾扑火。"

我深有同感。我很感谢父母让我成长为独立自由的人格，但同时也会觉得可惜，我知道自己错过了人与人之间很重要的东西：表达和接受爱的能力。

而爱，恰恰是人世间最重要的东西。

被严格要求的孩子，在时间的短线上很容易赢过同龄人。可将时间线拉长，就会发现，那些曾经以"为你好"为由的过度克制，都会变成孩子成人后无法疗愈的心伤。

就像陈姐的女儿，她从骨子里认为，自己是不值得被爱的，出于自我保护，便把真实的自己严严实实地包裹起来，在避免灰尘的同时也隔绝了阳光。

这样长大的孩子，对于爱的把握能力往往会矫枉过正。因为他们没被正确地爱过，自然也不知道如何正确地爱自己，更别提爱他人了。

得不到时就飞蛾扑火，得到时又诚惶诚恐。在爱里患得患失的成年人，他们的字典里缺两个词：安全和平衡。

中国的父母，素来内敛，不会通过言语和肢体语言直接对孩子表达爱意。唯一的出口，就是行为上的体现。

还有更多的父母，因为害怕惯大的孩子没出息，“理性”地关闭了这一出口。

这是一代父母的认知局限，也是一代孩子的隐痛。

记得有个关于孩子的综艺节目，主持人问一个小朋友：

“你觉得爸爸爱你吗？”

听到问题后，孩子眼神飘忽，脸上写着不自信和不确定。

他犹豫了很久说：“有时候会爱我吧。”“不爱我的时候，就不理我呗。”

孩子的表情和话语刺痛了我心中那个没长大的自己，也唤醒了已成为妈妈的我。

世间没有一对父母是不爱孩子的，可是如果父母一点都不肯惯着孩子，传达到孩子那里，就会变成不一样的答案。

因为孩子的逻辑很简单：你不惯着我，就是不爱我。

而“父母不爱我”这样的想法，会写入孩子的潜意识，令他终其一生都逃不出“身后空无一人”的孤独感。

4

我的好朋友一一，母亲早亡，家里又穷，所以从小她就被贴上了两个标签：“单亲家庭”和“贫困生”。

可她身上，完全没有我们想象中的那种自卑、自怜、自怨、自艾，相反，她很开朗，也很热情。对于家中单亲、贫穷的状况，她毫不忌讳，说起来云淡风轻；有时朋友们物质上的帮助，她也会坦然接受，真诚道谢，然后找机会回报。

有一次，她讲了一件儿时的小事，我听了触动很大。

那次有个亲戚来她家，带来一小包糖。亲戚走后，父亲把一小包糖都塞给她，然后带她下地干活。那一整天，她都坐在树下吃糖，后来舌头发疼吃不下了，就把剩下的糖，都剥了糖纸泡入水中。

父亲收工时，她正在拿糖水倒地上吸引蚂蚁，于是父亲嗔怪了一句："臭丫头，宁愿喂蚂蚁也不知道给我吃一块啊！"

说起这件事时，一一的语气是自责的，她说："那时我真是不懂事，都不知道主动分享一块给爸爸吃。"

可她的表情，却格外的温暖柔和，似乎回到了过去的情境之中，变成那个被父亲宠溺着的幸福小孩。

听完那个故事，我忽然找到了一一出身贫苦却能豁达平和的原因。因为"惯"，因为父亲从小无条件的爱，让她的内心丰富而充盈。

哪怕贫穷，哪怕单亲，来自父亲那份深沉又直接的爱，也能给她足够的安全感。

惯孩子，就是在孩子的大脑里写入这样的潜意识：你是世界的中心，你配得上一切更好的。理智上，任何人都知道自己不是世界中心，可那种被惯着的热度，却能温暖他的一生。

对孩子而言，父母对他的"惯"，是最直接的爱的表达。而足够的爱，就意味着足够的安全感。

只有被惯大的孩子，又才会笃定地认为：这个世界上，有那么两个人，会给我无条件的爱，做我无条件的依靠，无条件地把我视作全世界最珍贵的宝贝。

如此，孩子的内心才会有充足的安全感，也会有勇气，去选择自己想要的人生。他们知道，父母是他们永远的退路和归属。

当然，惯着孩子，并不代表没有原则和底线。其实，父母站在那里，就是原则和底线。如果父母平时做得好，在孩子做得不对的时候，从旁提醒就够，根本用不着严肃冷酷；如果父母本身没有原则和底线，光要求孩子，孩子也不会服。

我有时候会去试探苹果，看他怕不怕我们。因为只有不怕，他才会在遇到大的困难时，毫不犹豫地第一时间求助于父母。如果过于严格，一点都不肯惯着孩子，势必会让孩子心生恐惧。

父母之爱，应该理性，可不应该过于理性。所有以“为你好”为由的过度克制，都会变成孩子一生无法疗愈的心伤。

所以，我一向主张多惯孩子一点，少一点严厉。

育儿本就是一个“度”的艺术，爱得过多或者过少，都会让孩子跑偏，所以需要父母在实操中不断调节。

而我尝到的，就是比“正好”丰盛一点点。因为世人都讲宁缺毋滥，唯有父母，宁愿多给一些，也舍不得让孩子留有缺憾。

充满仪式感的养育，才是真正的富养

1

前几天，参加了儿子的第一场音乐会。

到场之后，老师提出一个要求：“家长和孩子要分开坐，孩子们坐前面，家长坐后面。”

我听了马上提出疑问：“没家长在旁管着，不得乱成一锅粥啊？”

老师笑笑：“放心吧，他们穿着西装和礼服裙呢！”

我当时并没有明白那句话的意思，只是看着老师信心满满的脸，将信将疑地遵从了他的安排。

出人意料的是，整场音乐会，秩序简直好得不能再好。孩子们大到十几岁，小到三四岁，个个正襟危坐，认真地观看表演，没有一个聊天、玩闹，轮到自己表演时，也都在老师的指挥下有序上场、表演、退场。

平时习惯了鸡飞狗跳的家长们，竟也安静优雅地欣赏了一场演奏会。

要知道，在教室彩排时，气氛可是截然两样。老师在台上声嘶力竭地大声强调秩序，家长也在身边不断地低声提醒，可孩子们还是毫无顾忌地聊天、打闹，年龄小点的孩子，甚至站在椅子上跳了起来。

彩排和正式演出时两种完全不同的状态，让我不得不去深思其中的原因。

而答案，就藏在老师的那句话里——“他们穿着西装和礼服裙呢”。

其实那句话，凝练起来就是一个词：仪式感。

演奏会那天，小朋友们都穿了西装和礼服裙，小男生抓出酷酷的发型，小女生涂上漂亮的彩妆。盛装出席，进入到灯光氤氲、气氛唯美的音乐厅里，连平时最欢脱的孩子，脸上也带着明星走红毯一般的庄重。在这样充满仪式感的环境里，他们自觉地生出了遵守纪律、尊重别人的意愿，然后很好地控制自己。

《小王子》里的狐狸说，仪式就是使某一天与其他日子不同，使某一时刻与其他时刻不同。

而对于孩子来说，仪式感也让此刻的他们与平时不同。正式的服装和场合，隆重的仪式，能够激发孩子心中对事情、对自己、对他人的尊重，然后主动提升自己的专注力，认真对待这件事情。

2

我的朋友小敏，她的微信签名是：“晚上八到十点别找我，因为我在陪孩子。”

一次有急事找她，发微信一直不回，只好打电话，可手机只传来语音提示：“您拨打的用户正在通话中。”

后来才知道，她每天晚上陪孩子时，手机都调成勿扰模式。

小敏说，她每天都会当着孩子的面，把手机调到勿扰模式，然后郑重其事地放进电视柜的抽屉里。

每次她关上抽屉的瞬间，孩子都会大声尖叫：“开始玩喽！”

小敏说，她很享受那一声尖叫，因为里面蕴藏着孩子由衷的快乐，开启的是她和孩子之间毫无干扰的高效情感交流。

其实许多父母所谓的陪伴孩子，不过是在陪着。看似人在孩子身边，心却总是牵系着手机里的工作、社交，还有娱乐。

小敏之前也是如此，和孩子玩的时候，手机响一声就忍不住去看一看，看完之后，又不知不觉点入了下一个链接。孩子在旁边，从等待变成催促，从催促变成愤怒，又从愤怒变成失望，有时就会说出“你做手机的妈妈吧”这样的话。

看着孩子失落或者暴躁的样子，小敏反思了很久，做出了陪孩子时把手机隔离的决定。

起初，她把手机调成勿扰模式放入抽屉，只不过是一种强制性的自我约束。可孩子对这个行为很感兴趣，也特别期待。于是，这就变成他们家的一个仪式，不论谁要陪孩子玩，都先把手机隔离起来，然后全心全意地投入到亲子时间里。

自从有了这个小小的仪式，他们家的亲子陪伴时间，效率变得很高，家庭气氛也变得比原先热烈很多。不仅孩子享受大人陪玩的时光，连大人也在专注的陪伴中，感受到了爱意的高效流动，获得了极大的成就感。

这个小小的仪式，对于孩子来说，意味着“现在就是我们的玩耍时间，任何人都不能打扰我们”。

这是专属于孩子的仪式，是安全感，也是被爱和被珍视的幸福感。

而爱和珍视，就是父母能给孩子最珍贵的礼物。

3

我有一位朋友，孩子的每一个生日，她都会熬夜布置家里。等孩子睡着，赶快拿出事先准备好的气球、气筒、彩带、礼物，开始张罗。好几个小时的忙碌之后，家里有了节日的气氛，只为了在孩子起床时，给他一个大大的惊喜。

另一个朋友，每年孩子生日当天，都会驱车带着家人去前门的照相馆拍一张全家福，然后整理成册。这不仅仅是他们给孩子的仪式感，也是她父母一代传承下来的仪式感。一张张的照片，记录了两代人一年又一年的成长，每次翻看照片，全家人都很感动。

还有一个朋友，他每天都会在睡前亲吻孩子，风雨不改。有时他回来时，孩子已经睡了；有时他出发时，孩子还没起床。可他从不会省略这一仪式。孩子起床之后，会知道爸爸回来过了，因为“我做梦的时候，梦见爸爸亲我，还把我扎疼了”。

提到仪式感，许多人会联想到有酒店、有翻糖蛋糕、有小丑的生日聚会、有亲朋满座和高昂的费用，认为那是富人的专属权利，然后望而却步。

其实，所谓仪式感，真的不必总是大费周章，也并不一定意味着昂贵和烦琐，它就藏在日常当中，并且无处不在。

早上的第一句“早安”，接孩子放学时的一句“今天过得好吗”，回家后的一个拥抱，睡前的“晚安”和亲吻。

在相同的时间或者情境里，做相同的爱意的表达。每一件小事坚持下来，变成一种习惯，就能成为仪式感。

只是，仪式感并不等同于形式感，如果不能为之赋予更好的精神属性和个性化价值，不能让周围的人感受到重视，并参与进来，那么就不是仪式感，而只是形式。

用心灌注的形式，才能变成仪式。

4

充满仪式感的养育，也是真正的富养。

所谓仪式感，从来都不是生活的必需品。就好像制服上的胸针，没有它，一样穿得暖和穿得舒服，一样精神，一样干练，可有了那枚胸针，整个人的搭配风格，就会被点亮。

仪式感，是通过一些非必要的动作和形式，赋予某个时刻、某件事情以特殊的意义，以表达它的重要性。

我们知道，记忆大师们总是把需要记忆的对象，关联到特别的场景当中，以增强记忆。而仪式感，正是通过增加场景的特别性，给孩子留下深刻的美好记忆。

而比这更重要的是，仪式感的本质，其实就是爱和珍视。

宝贝，我爱你，爱着全世界独一无二的你。因为你是独一无二的你，所以我想给你独一无二的爱。因此，我愿意付出时间、精力、金钱，为你营造这些特别的仪式感。

孩子都是从被爱中学会爱人的。当他们感受到被爱和被珍视，自然也会给予别人以同样的爱和珍视。有足够的爱和珍视，人生必定充盈。

毕淑敏说，人生是没有意义的，但你要为之确立一个意义。育儿中的仪式感，正是给予“育儿”以意义，并且让孩子在耳濡目染中，建立起独立寻找人生意义的能力。

当我们忙碌着、奔波着、焦虑着，唯有仪式感，能让我们庄重认真地对待生活。仪式感本身，就是对生活极大的热爱。

世界纷纷扰扰，日子平淡无奇，而仪式感，就是平淡生活中主动建立的小确幸。

正是这些小确幸，让我们能更好地感知生命、热爱生活。

充满仪式感的养育，才是值得一代又一代传承的富养。

谢谢你，愿意做我的孩子

所谓父母子女一场，不过是相互滋养。我原本以为自己为你付出了一切，到最后才发现，成全的原来是我自己。

1

朋友参加完姥爷的葬礼后，给我讲了一个故事，听完，我俩一起哭了很久。

在姥爷快过世的那些日子，胃口已经很差了，每天能吃下的东西少得可怜。于是妈妈到处搜罗姥爷没吃过的东西，给他尝鲜。

那天妈妈带去几颗莲雾。姥爷半躺在床上，吃完一颗，又吃了一颗，然后定定地看了妈妈很久，说："谢谢！"

妈妈以为在说莲雾，漫不经心地回了句："喜欢你就多吃点，回头我再给你买。"

姥爷又说："谢谢你做我的孩子。"

"你哥哥姐姐小时候，我没管过，都是你妈一个人。你妈生你难产离世，我只好自己带你。才知道，原来养孩子要那么辛苦，可是又真的开心。"

“以前我总想，等我退休了就自杀，绝不给你们添麻烦。可是看着你们生儿育女，又看着你们的孩子生儿育女，我实在舍不得。现在，倒要你们像照顾小孩一样照顾我。”

妈妈早已泪流满面，多次哽咽着说：“爸，你别讲了。”

可姥爷说：“你不懂，我没时间了。”

第二天，姥爷就去了。

姥爷去后，妈妈无意中拿起姥爷吃剩下的莲雾，才咬了一口，就酸得掉下了眼泪，又哭了很久。

亲友安慰她，她抬起头来说：“你说多好笑！都要走了还说胡话，养我这么大，我没谢谢他，他反倒感谢我。”

朋友说，其实姥爷要讲的是，他因为养育妈妈而学会了爱，妈妈照顾他，他又学会了如何被爱。所以他说谢谢。

姥爷早年丧妻，再未重娶，自己带大四个孩子，其间还曾被打为“右”派，一生可谓坎坷。可他去时，却安详又幸福。

那一代人，一生中吃了太多苦，唯有从孩子那里学会爱和被爱，生活中才有了甜。

孩子对他们来说，大概也是活着的意义吧。

2

夏天时，林立的父母来北京玩了几天，他请了年假，全程陪同。父母从乡下来到首都，看什么都好，玩得也特别开心。

父母回去时，他又买了许多特产，让他们大包小裹带着。

妈妈给他电话，说带回去的特产都给邻居亲戚们分了，大家都夸好吃，还很羡慕他们能去北京玩，语气里满是骄傲。

这时，爸爸抢过电话，声音听起来醉醺醺的："立仔，谢谢你！要不是你，我们这辈子也吃不上北京的好吃的，也不可能去看天安门，看长城！爸爸！高兴！"

爸爸还想说什么，电话已经被妈妈抢了去。林立随便找了个借口，就挂掉了电话。

父亲对他向来严肃，几乎从没夸过他。他考上大学那次，父亲也只是绷着脸，说了一句："万里长征才走了第一步。"他对此一直十分不解，父亲难道真的不为他高兴吗？

直到有一次他回家过年，无意间看到父亲和别人夸他时眉飞色舞的样子，心里才释然。

父亲夸他，亲自对他说谢谢，说自己高兴，这还是第一次。虽说是借着酒劲，他也终于确信，原来父亲真的为他骄傲，过去只是不善于表达而已。他又更加明白，其实，自己早已经变成了父母的双腿和双眼。

去了他们没去过的地方，看了他们没看过的风景。因此，自己有义务给父母打开新的世界，给他们分享自己的见闻，也找机会带他们亲自看看听听。

后来，林立制定了一个每年带父母旅游一次的计划，还喜欢给父母邮寄包裹。

听见父母说"收到了"，他都会笑，因为他知道，那是"谢谢"的意思。

3

我曾经是个特别叛逆的小孩。

因为父母对我太过严格，我总觉得他们不够爱我。在很小的时候，我就咬着牙发誓，以后一定要努力，远离爸妈居住的城市，远离他们的束缚。

念念不忘，必有回响，后来我终于得偿所愿，过上了自由的生活。

我曾一度扬扬得意，以为自己做得无比正确。

直到后来，我生了孩子。在无数次筋疲力尽的哄睡中，在孩子生病时焦头烂额的陪伴中，我总能看到妈妈将幼时的我抱在怀中微笑的样子。原来，我也曾被温柔对待，只是，都忘记了。

后来，我的孩子长大，学会了交流，学会了捣蛋，也学会了叛逆。当我控制不住自己冲他大发雷霆时，当我面对他受阻无措时，我的意识总是及时跳出来提醒我：看，你变成了你父母当初的样子。

原来，我并不比父母高明多少。

在烦琐家务的磨炼中，在和孩子的交锋中，我开始回忆父母曾面对的生活。那个年代，赚钱不容易，生活不便捷。

爸爸的世界里只有一个问题：怎么才能给孩子们赚到更多的钱？而妈妈，每天要生火做饭，洗碗洗衣，指导孩子写作业，闲时还要给三个孩子打毛衣做衣服。

在这样的生活条件下，他们还为我们争取到一个又一个受更好教育的机会。而我，却一直在抱怨他们的严格和情绪化。

多么自大，又多么无知！

终于，我心中的戾气渐渐消失，日渐浓厚的，是对孩子和父母的爱意。直到这时，我才真正开始长大。

我也终于明白，原来孩子，是上天派来拯救我们这些庸碌愚蠢的大人的。

他们赤条条地来，却带着生活的真相；他们总是保持索取的姿态，却总在不觉中，弥补了大人心中的空缺。他们带着我们重新过一次童年，引领我们忆起曾经拥有的爱和丰盛。

这时，我们的人生才真正变得完整。

4

曾经有一首叫《挑妈妈》的诗走红网络，戳中了无数人的泪腺。

你问我出生前在做什么／我答，我在天上挑妈妈／看见你了／觉得你特别好／想做你的儿子／又觉得自己可能没那个运气／没想到／第二天一早／我已经在你肚子里。

因为我们足够好，孩子才选中了我们做他的父母，这本身就是盛大的恩典。

而借由孩子，我们将童年重演一遍，拾起被遗忘的幸福，补全日渐残缺的灵魂。呕心沥血地教养孩子，最后发现，一起长大的还有自己。

所谓父母子女一场，不过是相互滋养。我原本以为自己为你付出了一切，到最后才发现，成全的原来是我自己。

谢谢你，愿意做我的孩子。

Chapter 2

孩子，你可以慢慢长大

请给孩子留些自由空间

1

周末一家人去逛超市，苹果小同学选了一小袋水果。结账时，收银员对我说 280 元，我以为她多说了一个零，确认之后，才咬着牙结了账，同时感觉心痛到不能呼吸。

刚走出超市，我就迫不及待地对先生说："要是我买这一兜，顶多花 28 块钱！"

等回到家看到那些水果上贴的价签，才发现苹果买的都是"天价"水果。杧果 58 元一个，奇异果 90 元四个，西瓜 20 多元一斤。

等切开那皮薄如纸、肉软如绵的西瓜时，我简直有些愤怒了："都不如楼下三块钱一斤的西瓜好吃，居然还敢卖这么贵！"

一小兜水果，价格高质量差，让我糟心了好久，真的一点都不经济实惠。可这样的事情，其实已经发生过无数次了。

先生看我来回吐槽，有点不明白：为什么明明不想让孩子自主选择，又不说出来？

很简单，我想给儿子留下这一点的自由空间。每次去超市，我都会觉得自己特别残忍。

“妈妈，可以买巧克力吗？”“不可以！”

“妈妈，可以买棒棒糖吗？”“不可以！”

“妈妈，这个玩具我没有，可以买吗？”“不可以！”

几乎从进入超市的第一分钟开始，我就在不断地跟他重复同一个字：“不！”巧克力不能买，糖不能买，添加剂过多的饼干不能买，玩具不能买，没用的东西不能买。

除开这无数个“不”，孩子可以自由选择的，就只有水果了。我又怎么忍心剥夺他最后的这一点权利？“不行，这个水果太贵了！”“不行！那边的水果才更划算！”“不可以，要买应季水果！”抱歉，我实在做不到。

如果全程只听到“不”，孩子连最喜欢的逛超市，也会变得一点都不开心，这太残忍了。

所以后来，除非孩子选了特别不新鲜的水果，不然我一定不会干涉，让他自由去选，然后帮他结账。有时苹果会选到很贵很贵的水果，但这并不会影响我们的生活质量，我心痛并不是因为买不起，而是，这件事和我一贯的消费习惯相悖，仅此而已。

一个孩子，能够拥有的自由空间真的太少了。不论做什么事，都会受到很多限制，所以，我总会留意，给他留下哪怕一点点的自由空间。

2

也许没有人统计过，自己一生中听过多少“不”字。“不”意味着否定，被否定的次数多了，人就会失去自信，对自我充满怀疑，对外界抱有排斥。

我有一个好朋友，她常说，在成长的过程中被父母否定了太多次，所以对“不”字有着非常深刻的厌弃和排斥。

她说，在很长的一段时间里，她觉得自己做什么都不对，做什么都无法得到父母和老师的喜欢。于是她干脆自暴自弃，还将自己封闭起来。在旁人看来，她在自己的世界自得其乐，可是她的心里，其实充满失落和不安。

与她的沉默相反，她的弟弟会把不满挂在嘴上。“反正我怎么做你们都不会满意”是她弟弟某个时期的口头禅，这句话里附带的是绝望到底的情绪。那时是弟弟的叛逆期，他做了许多在旁人看来酷毙了的事情，可从他的脸上，没看到一丝的得意或者快乐，他内心对一切充满了敌意。

朋友说，父母从小就对他们十分严格，要求也高。这不行那也不行，每当他们与父母有不同看法，都会被否定。做得好是应该，做不好就要被教训。整个童年，他们接受的都是挫折教育。

受了太多挫折的孩子，最容易自我怀疑。朋友说，在很长的一段时间里，她不自信，也不知道快乐的滋味，好在后来读了一些书，渐渐学会了自我开解，他的弟弟也是一样。

有多少父母和他们的父母一样，用数不清的“不”字，限制了孩子的发展空间，把孩子变成了执行命令的机器，不给孩子留一丝丝自己选择、自己决定的自由空间。

太多的否定，对于孩子的自信心来说，是一次又一次的损伤。想要重新建立起来，不仅需要很多时间和精力，还需要有面对自己的勇气。

3

我的成长过程中，也充满了父母无尽的否定，也许，这是我们这一代人共同的伤痕。

所以，当我有了孩子，总是不忘时刻提醒自己，一定要少对孩子说不，少否定多肯定，少批评多表扬。然而孩子的烦人程度，总是超过我的耐心限度。

出门前明明说好了只买一个玩具，可是苹果小朋友还是会指着他喜欢的每一个玩具问我："妈妈，这个可以买吗？"

已经看了近一个小时的 iPad，还是要无数次问我："妈妈，我可以再看会儿 iPad 吗？"

明明是午睡时间，却第 N 次"腾"地从床上坐起来问我："妈妈，现在可以去游乐场了吗？"

明明在生着病，还要一天问我二十遍："妈妈，今天可以吃巧克力吗？"焦头烂额的我甚至连一秒钟都不愿意控制脾气，歇斯底里地喊："不——可——以！"

大概父母的人生就是这样吧，哪怕心中有再美好的愿景，孩子也总有办法逼着你走到理想的对立面。有时我们真的恨不得把孩子变成一个带遥控器的机器人，遥控器掌握在我们手里，我们按哪个键，孩子就执行相应的操作。

不给孩子任何空间，对于家长来说，是控制孩子的捷径。否定和打击，是控制孩子最强劲的武器。可被控制，恰恰是一个孩子人生悲剧的开始。

我知道，你想说孩子还小，就是要管束啊，管束和控制之间，哪里有什么明晰的界限？是的，我特别认同。正因为如此，我们才要留心，给孩子哪怕一点点的自由空间，减少自己说“不”的可能。

4

如果你还是做不到，那就请试着换一换自己说话的方式。

比如，小苹果每次要求看 iPad，我们之间的对话就是这样的：

“妈妈，我可以看 iPad 吗？”

“可以，明天。因为说好的每天 20 分钟，今天已经看够了。”

“可是我今天就想看。”

“那也可以。今天再给你看 20 分钟，但是作为交换条件，接下来的一周，每天都不能再看，行吗？”

“好！”以为他会犹豫一下，没想到兴高采烈地答应了。也是，他才不管什么以后，先爽了今天再说，反正明天还可以耍赖。

"你听清楚我说的交换条件了吗？"我只好再确认一遍。

"什么条件？"原来他根本就没仔细听。

"如果你现在先去玩别的玩具，接下来你每天都可以看 20 分钟。如果你今天一定要看，我也会答应，但是，接下来的六天，我会把 iPad 锁起来，你一分钟都看不成。"

"哦。"小朋友一副若有所思的样子。

"也就是说，你今天看的话，可以马上多看一集 20 分钟的动画片，但是接下来的六天每天都没得看，如果你现在去玩别的玩具，接下来每天看一集，你一共可以看六集。"我乘胜追击。

"哦，那我明天再看吧。"苹果小朋友终于语气坚定地给出了肯定的答复。

"真是个聪明的小朋友！"我及时竖起大拇指给他点了个赞。

不难发现，我全程没对苹果小朋友直接说出一个"不"字，一直都给他留出了选择的空间，让他自己去做决定。当然，他也要自己去承担做决定的后果。

给孩子留一点自由空间，他会明白自己对自己的重要性。这种说法有些拗口，但是事实上，许多孩子知道父母对自己来说很重要，却并不明白自己对自己来说更加重要。给孩子留出自由空间，正是要从小培养他"我很重要"的自信。

所以，在不伤害家庭利益、不破坏育儿原则的基础上，我会尽量给苹果足够多的自由空间。比如买水果，不管他买了什么，我都会克制自己不指手画脚；比如穿衣风格，他选的衣服风格我就算无法接受，也不会妄加评论；比如他邀请小朋友来家里做客，虽然招待很费时费力，我也一样要准备充分。

毛主席曾经说过，一个人做一件好事并不难，难的是一辈子做好事。这句话引申到哪里都是通用的，做一次好家长并不难，难的是做一辈子好家长。

说到底，当父母就是一场修行。要在孩子年幼时给他足够的关注和管束，又要在管束中培养孩子独立生活的能力，还要在他心中种下自我成长的种子。

任重，道也远。

接纳孩子的情绪，到底有多重要

1

几年前，我刚结婚时，有次周末在广场玩，目睹了一场母子之间的情绪灾难。因为是第一次亲眼看到，所以那一幕深刻地印在了我的脑海里，直到现在都无法忘记。

那天是我们片区的公益表演，广场上摆了许多小凳子，附近的居民陆续入座，表演还没开始，大家便在位子上聊天，各自娱乐。

坐在我前面的是一对母子，从他们入座起，我就注意到了他们。因为妈妈年轻漂亮有气质，儿子大约六七岁，很帅气。不过，男孩好像有点不开心的样子，不太笑，也不太愿意和妈妈搭话。

他们坐在前面，很安静，儿子低头不语，妈妈隔会儿转头看看儿子。后来，妈妈开始和儿子说话："别拿手揉眼睛，脏。"她的语气很温柔，音调也不高，儿子漫不经心地答应着。

可是后来，儿子又拿手揉了好多次眼睛。每次妈妈看到，都会提醒一下，可是她的提醒好像并不奏效，相反，她说得越多，儿子揉得好像更起劲了。

提醒了多次之后，妈妈终于失去耐心，在儿子抬起手准备揉眼睛时，她稳准狠地打到了儿子的手背上。儿子一下子被震惊到了，噌地站了起来，怒目看向妈妈。妈妈也站了起来，脸上的表情很明显地写着一句话：哪里说错你了，你还不服？

是儿子先爆发的，他大声地喊："打我干吗？"

紧接着，妈妈也爆发了："跟你说过多少次了，手脏不能揉眼睛，我说的话你是听不见吗？"

儿子负气似的，抬起手认认真真地揉起了右眼，而左眼，恶狠狠地瞪着妈妈。

接下来，戏剧性的一幕发生了。那位妈妈的怒火瞬间被点燃，她说："你今天是疯了吗？"然后就开始打儿子的右脸，连续打了六七个巴掌，一边打还一边喊："让你揉！让你揉！"

从他们站起来开始，周围就聚拢了不少围观的群众。看到妈妈动手，有位男士出来劝和，"别打孩子，有事好好说。"

这位妈妈红着眼转向那位路人，"我教育我自己的孩子，跟你有什么关系！"

男士和她理论了一会儿，就知趣地走开了，那位妈妈好像也偃旗息鼓了，又给儿子讲了会儿道理，拉着儿子回家去了。他们走时，演出还没开始。

他们走后，大家都在讨论这对母子，言语中都是对那位妈妈的鄙弃。

我当时也读过一些育儿的理论，知道打孩子是不好的，公众场合打孩子更是罪大恶极，所以很心疼那个孩子，也有些替他讨厌他妈妈。

后来做了妈妈，见识了苹果小朋友花样百出的作天作地，我无数次把那件事在脑海中反思，渐渐地有了新的理解。

那天的事，如果发生在我身上，在孩子屡教不听的情况下，我能保证自己一直对孩子保持温柔耐心吗？那位妈妈当天的做法肯定是不对的，但是她真的是个素质不高的妈妈或者坏妈妈吗？我想，那天她只是失控了。

那天从一开始，男孩就是一副心情不好的样子，也许在他身上刚发生过什么不愉快的事情，或者他和妈妈在之前已经有过冲突。但是很显然，问题的根源在于，妈妈并没有去接纳孩子的情绪，而是一味地按照平时的原则，去要求孩子。

情绪不被接纳，孩子自然更加不开心。妈妈和儿子相互拱火，最后才闹到双方情绪都失控，局面不可收拾。

2

孩子虽小，但是他们的情绪，却是大大的，不容忽视。

可惜很多家长都用了错误的方法来处理孩子的坏情绪。最常见的情况就是，小朋友崩溃大哭，而父母也在旁边歇斯底里，大声指责，甚至威胁，要求孩子马上停下来，一副剑拔弩张要吃人的样子。

这样一场战争过后，孩子会失望不已，家长也会筋疲力尽。

每次苹果情绪不好时，我也心绪不宁。而他崩溃大哭时，往往是我最头疼、最心烦、最累的时候。更要命的是，苹果小时候真的很爱哭，很多时候，为一点点小事就会哭半天。饼干掉地上了、玩具坏了，都能成为他崩溃的理由。

有一次，走在路上，某宣传人员送了他一个劣质的竹蜻蜓，没玩十分钟就坏了，之后，苹果同学大声号哭了一个多小时！

有一次，我看他心情不错，从他手里掰了一块雪饼吃，他又哭了一个多小时。

还有一次……算了不说了，数不胜数。记得他两岁到三岁那一年，我常说："只要苹果一天内哭的次数达到三次，我这一天的力气就用完了。如果他早上就用掉这三次机会，那剩下的半天，我绝对不知道是怎么过来的。"

曾经我也觉得男孩子爱哭很丢人，有时我看到他的饼干断掉、玩具坏掉，预测到他的崩溃，甚至会先于他而崩溃。等他真的崩溃大哭时，我不想安慰他，只想转身逃走。

后来，我渐渐明白，孩子大哭大闹的时候，其实正是他们心里最脆弱的时候。一块饼干在大人看来是小事，超市里还有无数完整的饼干。但是对于孩子来说，那就是天大的事，除非你瞬间把他手里的饼干变完整，否则他们只能是"整个人都不好了"。

这种时候，父母若站在孩子的对立面，结果只会是两败俱伤，孩子委屈，大人疲惫。

相反，若能换位思考，首先接纳孩子的情绪，然后站在孩子立场上想问题，把孩子从坏情绪中引导出来，事情就能变得明朗。

3

有次带苹果去长隆玩，住在一家亲子酒店里。有天玩完回来，刚到大堂，就遇到一名小丑。小丑用一只长气球做成小狗，然后送给苹果。小家伙开心坏了，一边挥舞着一边跟在我身后回房间。

走到房间门口的时候，我正在开门时，忽然身后“砰”的一声巨响，小狗在他手中炸掉了一截，身体只剩下一半。

不到三岁的小苹果看着手中的半只小狗愣了一下，紧接着就“哇哇”大哭起来。虽说小人儿哭得挺可怜，可是为一个廉价的气球掉这么多眼泪，我内心还是有一丝抵触的。

赶紧按下怒火，调整好自己的情绪，然后蹲下来拥抱他，让他在我怀里哭了一会儿。等到哭声渐渐没那么凄厉的时候，我看着苹果的眼睛问他：“你很伤心是吗？”

他点点头，又大哭了起来。我再次拥抱了他。

又哭了一会儿，看他情绪平和了一些，我问他：“气球是妈妈给你弄破的吗？”

他摇头，说不是。

“那是你自己弄破的吗？”

他又摇头，说不是。

“那它是自己爆炸的，对吧？”

他点点头，又委屈了起来。

我又问他：“刚刚在大堂的时候，你有没有听到别人的气球爆炸的声音，有个小姐姐的气球，还在我们身边爆炸了，你看到了吗？”

他点点头，说是的。（可能工作人员把气球吹得太鼓，所以我们一路上听到好几声气球爆炸的声音。）

于是我帮他擦擦眼泪，对他说：“所以，说明这个气球就是很容易爆炸的，这不是我们能够控制的事情。”

他点点头，可还是一副不开心的样子。

于是我接着问他：“我们家是不是有很多这样的长气球，你过完生日还剩下好多。”

他看着我，点点头。

“那你说，妈妈是不是特别棒，会做各种各样的气球小动物，这样的小狗狗，妈妈会做吗？”（苹果生日时，我曾经为他在家里办了一个小小的party，然后特意学了很多做造型气球的技巧。）

他点头，含着泪说：“会。”

“是啊，这个很容易的！等我们回家之后，你想要什么动物，妈妈都可以给你做。现在我们不哭了，进屋吃西瓜好吗？”我拿起手中的西瓜，开始尝试转移他的注意力。

看到我手里的西瓜，小朋友终于破涕为笑，把气球的事情暂时给忘掉了。看到他重新开心起来的样子，我不仅开心，而且特别有成就感。

能够帮苹果调整好他的情绪，其实起点就在于我问他“你很伤心是吗”。那一瞬间，他知道自己的情绪被认可，心理上首先获得了安全感，所以愿意与我沟通。紧接着，我抱着他一直耐心等他哭完，也让他把坏情绪发泄了不少。

之后的处理方法，就是语言的艺术。和孩子沟通，问问题是最好的方式。相同的事情，如果用肯定的句式去表达，孩子根本听不进去，因为他正陷在自己的坏情绪中。可当你提问时，孩子的注意力就会被吸引过来。当他开始思考，理性战胜感性，情绪也就慢慢缓和了。

和孩子沟通，最重要的是共情。很多事情在大人看来，小得不能再小，可在孩子眼中，却是当下备受打击的大事。如果用大人的眼光去看待事件，去斥责孩子，孩子会受到很大的伤害，大人也会筋疲力尽。相反，如果接纳孩子的情绪，试着去了解孩子的感受，就会找到出口，结果皆大欢喜。

孩子别怕，妈妈会保护你

1

我七岁时，曾经干过一件大事儿。

记得那是一个黄昏，太阳西沉至山顶，马上就要藏身到乌沉沉的山后面了。我披着一身碎金，雄赳赳气昂昂地走在村里的小路上，手里拿着一块沉甸甸的石头。

——我要去砸班里一个男生家的玻璃。他下午打了我，没等我还手就跑了。就算我还手，我也打不过，只好想出砸他家玻璃这样的损招。

可等我终于到达，站在他家没有围墙的简陋院子里，手却忽然举不起来了。那一刻我的脑海里，站着爸爸和妈妈的无数个分身，他们黑着脸，一句接一句地指责我，说我这么大人了做事不过脑子，说我给他们丢人，让村里人觉得我们是有钱有势欺负人……

石头在我手里握了很久，最终还是伴着地球引力无力掉落。我回转身，艰难地迈着步子回家，眼泪吧嗒吧嗒地往下掉。

九岁时，我总和邻居家的女儿吵架。我俩同龄同班，却水火不容，这对父母们苦心经营的和谐邻里关系来说，无疑是一种伤害，每次我俩一打起来，大人们脸上就特别挂不住。于是两个妈妈总是想撮合我们，尤其是我妈。可强扭的瓜不甜，每次我俩凑到一起都会以打架收尾。

有次我俩又打起来，那女孩脱下鞋子来用又硬又韧的塑料鞋底抽我，当我怒发冲冠地抢过鞋子正准备打回去时，我妈大声喊我名字，要我停下。

听到我妈的命令，我虽说愤怒，可还是停手了。跟在妈妈身后灰溜溜回家时，我红着眼瞪着她后背，心中满是恨意，恨自己有这样一个妈妈。如果不是她搅和，我才不会这么窝囊。

也许那次真的是被打惨了，回家之后，我妈破天荒对我说了一句软话，“刚才妈妈在的时候，你怎么不趁机反击？”

我没抬头，没张嘴，心里却在恨恨地说：“就是因为有你在，我才不敢啊！我怕你会觉得伤面子，怕麻烦你处理棘手的邻里关系，怕给你丢人！”

现在的我当然懂，我妈看我被狠抽是很心疼的，但是她要维护邻里关系，所以违心地喊我停手，以表明她的立场。其实她内心里，也看不得我被欺负。

可是一个孩子，哪里懂得大人这么复杂的苦心？当时我只觉得，因为父母，我活得很窝囊。

我父母信奉中庸之道，践行吃亏是福，在村里人缘第一。乡亲们提起他俩，全都竖起大拇指夸他们温和、善良、体贴周到。而孩子，也是他们的门面。所以如果我胆敢不温和、不善良、不体贴周到，就是丢他们的脸，抹黑他们的声誉，他们也理当放弃中庸棍棒相向。

每次在外面和人打架，不管输赢，回来肯定还会再挨一通胖揍。后来，每每遇到与人有争执起冲突，我总会第一时间想到父母，害怕给他们丢人，害怕他们劈头盖脸的指责，害怕变成他们眼里的坏孩子，于是第一时间败下阵来。

屡战屡败，不战而败，真沮丧啊。

2

读柴静的《看见》，里面有一章是关于药家鑫案，我看哭了。

药家鑫开车撞了人，可他没报警，反而拿刀把人捅死了。问他为什么这么做，他说以为对方在记他的车牌号，怕对方没完没了地纠缠他的父母。

比起杀人，他更怕父亲的责难。采访中，他说，我爸爸是不允许我犯错的，还说他觉得压力大，看不到希望，常想自杀。

他的父母也说，小时候只要和小朋友打架了，回来都挨骂；在学校有个男孩要药家鑫背，不背就得给一块钱，爸爸被叫到学校后的处理方式是：那就让他背吧，一点都没有支持自己的孩子；爸爸还说虽然对他很满意，但是怕他骄傲，从不夸他，还总是敲打敲打他，说世界之大，比你强的人多了去了。于是药家鑫总是压抑着自己，遇事总是先害怕不知道怎么向家里交代。

我哭，是因为那种感受我太懂了：爸妈知道了，肯定饶不了我——那是一个孩子的世界里，不能再大的恐惧。

我哭，也是因为庆幸自己安全地度过了那个时期，长大后开始懂得父母内心真正的大爱，他们只是不懂表达，也欠缺正确的教育方法。

可是无法否认，这样的家长因为自己教育理念的片面和缺失，不仅没能在孩子脆弱时安慰一番，没能在孩子跌倒时扶上一把，还让自己变成了孩子成长过程中最大的绊脚石。

孩子遇到挫折的时候，明明已经没能力前进，却也不敢退回来，因为父母的指责和失望更伤人。于是渐渐变得无助、软弱、抑郁，不知道人生的意义。

3

其实我成为妈妈之后，也犯过相同的错误。

那时我一味地坚持，小朋友的事情就要自己去处理，不要求助于大人。于是小苹果和小朋友发生冲突时，我只冷静地站在一旁，看他孤军作战。别人抢他玩具时，我不会帮他护着，让他自己去解决，我想让他学会捍卫自己的物权；而他偶尔抢别人东西时，我会及时阻止，我也希望他尊重别人的物权。

虽说在家把“人不犯我我不犯人”的道理说了无数次，告诉他不要去侵犯别人，可同时别人侵犯时也不要手软。可他亲临“战场”时，还是怯懦。别人打他他不敢还手，别人抢他东西他倒是护得住，可即使护住了，他也并不会开心，而是号啕大哭。

一度我认为那是他对冲突的厌烦和恐惧，对小朋友不遵守规则的控诉。直到有一次，他被别的小朋友用金属汽车狠狠地砸了头，一边大哭一边看着我，眼睛里全是“你为什么不保护我不支持我”的控诉。

那一瞬，看着小苹果的眼睛，我忽然明白了，他的控诉不仅仅是因为他的头被打痛，还因为，长久以来，他觉得我作为妈妈，却从来没有和他站过同一立场。那一刻我歉疚极了。

其实那天他不是没有机会还手，只是平时我教给了他太多理智，即使怒气上头，他也明白那些坚硬的玩具杀伤力大，所以不用来对付朋友。然而，我只教会了他“己所不欲勿施于人”，却没办法控制其他小朋友的行为。甚至，没来得及第一时间制止别人对他的伤害。

我第一次开始怀疑，自己不是个好妈妈。

后来我问他：“你怕吗？”

他说：“怕。”

想到在孩子害怕的时候，妈妈却在冷眼旁观，我的心都碎了。抱着他安慰了很久，然后我郑重其事地告诉自己：不能再做一个这样“冷静理智”的妈妈了。

后来，有一次在游乐场，苹果找到一辆玩具车，正要坐进去，旁边忽然冲出来一个男孩抢了去。那个孩子的父母跟在后面看着，无动于衷。我有些气恼，可看那个孩子已经走远，也就抱着息事宁人的态度，先带苹果去玩别的玩具，我看到了苹果脸上的失望。

等那孩子玩完，苹果眼疾手快又跑去要坐，那孩子马上又冲了过来要抢，我及时阻止了。他的父母这时却来为孩子争取，说那是他们孩子刚在玩的，我据理力争，他们没再坚持。

就在我和那对父母理论的时候，男孩却已经在后面用力推着苹果往前冲了。苹果有些害怕，大喊不要。我赶紧冲过去制止那个孩子：“我们不喜欢这样，请你放开！”

这时候，那男孩的父亲冲过来，指着我的鼻子骂我有病。一个粗壮的男人，光是气势汹汹地站在我面前，就够让我胆怯了。可我一点没退缩，一步不退地和他对峙，直到保安赶来。

我知道那样做太冲动，可我觉得一切都值得。我希望让苹果明白，妈妈会为他争取合法权益，当遇到伤害的时候，妈妈会第一时间跑出来保护他，以及在和别人发生冲突的时候，我们应该据理力争，而不是只能委曲求全。后来每次提起这件事，苹果都会说妈妈勇敢，不怕坏人。更重要的，他知道妈妈会为他而战斗。

那是我成年之后唯一一次和别人起冲突，事后想起也是种种后怕种种后悔（因为当你的注意力放在与人冲突上时，其实疏忽了孩子，是置孩子于不安全。而且，如果遇上无法自控的人，很可能被打进医院，那对孩子来说是更大的伤害）。但是，那件事让我开始确信：“一切你都自己去面对”已经不再是我的原则，对于苹果来说，我开始变成一个可靠的妈妈。

父母可依靠、可依赖，对孩子来说有多重要？其实每个人心里都有答案。只是，不知道为什么，为人父母后，总是会不觉中忘掉。

4

在生命的初期，孩子是一张空白的纸。父母在上面写了什么，就会成为他一生的三观导向。

写了勇敢，他就会所向披靡；如果写的是“父母面子第一”，他便会为了父母的面子委曲求全；而写了“尽善尽美”的话，做不到的他只能极力逃避、掩饰。

要求尚未有独立能力的孩子独自去面对世界面对纷争，要求未成年的孩子去遵守成年人的行为准则，都是揠苗助长一样的伤害，沮丧、挫败、愧疚会绊倒孩子，甚至会摧毁孩子。

所以，为人父母的头几年，真的只有一个选择：无条件做孩子的靠山、港湾、后路。

他只是一个孩子，他需要坚强、勇敢、独立面对的路还很长很长，而你可以帮他遮风挡雨、扫尽不平的日子，只有短短几年。

所以得让孩子知道，他的靠山很硬、港湾很暖、退路很宽。

别让我们的想象力限制了孩子的未来

1

先生的公司组织团建，大家都带家属，我和小苹果也去了。到了地方，苹果很快就找到了同龄的小朋友，一起玩得不亦乐乎，妈妈们在旁边看着，也渐渐熟络起来。

一位妈妈看到苹果在和小朋友一起玩时展现出来的沟通和组织能力，特别羡慕地说："苹果以后上学了，肯定是个班长。"我及时制止了她，因为我不希望苹果听到这样的话。

等孩子们跑开后，那位妈妈问我："苹果长大以后，你准备让他做什么啊？"

我听了有些诧异，因为从各方面来讲，这位妈妈都算得上是中产人士了，没想到在育儿观念上会如此保守，居然还想着要去规划孩子的人生。

没等我回答，她就开始介绍自己对孩子的规划，"我们家孩子身子骨弱，性格也比较软，与人相处又不会来事儿，体育圈娱乐圈什么的是不行了。我本来想着他将来可以当个作家，可是现在教他认字背诗，他也没兴趣。只能努力学英语了，以后出国或者进外企，都有优势。”说完之后，她深深地叹了一口气。

其实，对于孩子未来的焦虑，应该是所有父母或多或少都会有的。可是，这位妈妈的焦虑，已经转化成了一种迫切，表现在一举一动、一呼一吸里。

那天，孩子们玩了一个射箭的项目，原本只是游戏，孩子们玩得很放松，可她站在儿子旁边，不厌其烦地传授射箭技巧，等儿子拉起弓时，她眼睛里的期待，能放出光。看她眼神，谁都能猜出她在幻想孩子下一秒就射中靶秒杀全场的样子，在我看来，真的有些功利了。

孩子，不就该自由自在地去体验生活，享受无忧无虑的童年吗？为什么每件事都一定要有目标，一定要做到最好呢？能投入地享受，本身就是一种快乐啊。

不只游戏，几乎她在孩子身边的每一分钟，都在试图把孩子改造成她希望的样子。饭桌上，我们随意聊着孩子上兴趣班的事，我每问一个问题，她都会将问题抛给孩子：“告诉阿姨，你都报了些什么兴趣班啊？”“告诉阿姨，你喜欢你的画画课吗？”“告诉阿姨，你们的英语老师是中教还是外教啊？”

我理解她的初心，是希望抓住一切机会，培养孩子的社交能力，让孩子摆脱羞涩，勇于交流。

可是，站在孩子的立场上，我能想象他有多别扭，因为妈妈时刻在给他的行为设限。首先，妈妈给孩子做了一个成年后的画像：性格上，要成为一个标准的受欢迎人士，外向、善言、不怯场；能力上，要成为一个能文能武的学霸。问题是，一个五六岁的孩子能理解妈妈的标准吗？哪怕能理解，有必要时刻朝着这个目标去强迫自己吗？最重要的是，她的孩子在我看来一点问题都没有，谁能说这孩子按照自身的特点发展下去不会成为一个优秀的人呢？

当孩子想心无旁骛地享受游戏时，妈妈希望他能赢；当孩子在享受独处，天马行空地放飞想象力的时候，妈妈希望他能和大人落落大方地沟通；当孩子很努力地跟在大孩子身后，体会追随的快乐时，妈妈希望他能跑到前面，做孩子们的领袖。

想想，这样处处被限制的童年，真的好没意思。

那位妈妈开始问我的问题，后来我想到了答案。我希望苹果童年能过得自由快乐，将来能做个独立快乐的成年人。可她一直都没给我说话的机会。她一直都在忙着指导孩子，或者跟我评价两个孩子的表现，“哎，你看我家孩子，就是那样，爱哭，将来性格内向，在社会上可怎么混啊？”“你看苹果多好，外向爱说，你多省心呀！”

我苦笑：“要是把我们家这个喋喋不休的孩子给你，你会崩溃的。”她听了，尴尬地笑了笑。

其实我想说的是，把哪种孩子给她，她都会崩溃。因为，没有哪个孩子能够按照父母的设置，像爬楼梯一样，按部就班地爬到父母规划的人生顶峰。

我想培养一个什么样的孩子？我希望孩子拥有一个怎样的将来？我不知道。偶尔我也会想象，他长大变成歌星、演说家、职场精英、霸道总裁的样子，但也只是想想而已。

我相信，到了特定的时间节点，孩子会给出我一个恰如其分的答案。

2

你想培养一个什么样的孩子？这个问题我问过许多人。

还没有结婚的年轻人们，会爽朗地笑着说：“都行啊，想象自己有个孩子，感觉好神奇！”准爸爸准妈妈们不无担心地说：“全手全脚没毛病，健健康康过一生就好。”可是孩子出生之后，随着孩子慢慢长大，父母的诉求就有了新的变化，许多父母开始期望孩子优秀出色，有礼貌有才华，最好能胜过同龄人一大截。当孩子表现出一点点兴趣和能力时，又开始帮着规划孩子的人生。

苹果有个好朋友小喜，爸爸妈妈开着一家设计公司，都是艺术圈的。小喜四岁多时，开始喜欢画画。当父母发现小喜的这一爱好之后，两个人马上就慌了神，觉得自己原先打算让孩子上公立学校的规划是有问题的，然后马上着手开始联系私立学校，希望孩子以后走出国留学、回国搞设计的艺术道路。

因为关系处得比较近，所以我坦诚地告诉小喜妈妈：“不要帮孩子去规划她的人生，你规划得再好，对孩子来说都是限制。”小喜妈妈解释说，其实只是看到孩子有这个爱好，想帮孩子提供更好的条件而已。

其实哪怕是根据孩子的爱好和特长推想出来的未来，孩子也会理解为家长对他们的期望。父母的期望对孩子来说，通常意味着压力。而压力对孩子来说，并不是有益的能量。

我跟小喜妈妈分享了一个小故事。有个小女孩，和小喜一样疯狂地喜欢画画，纸上、书上、家里的地板和墙上，都有她的杰作，一有机会，她就会画。她的画作充满灵气，大家都说她将来一定会是个大画家，然后建议家长好好培养，别浪费了孩子的天赋。于是，父母决定培养孩子的画画特长，带女孩去上专业的课程，可学了没多久，他们就发现，孩子的画开始变得中规中矩，灵气渐失。故事的结局是，女孩开始厌恶画画，学了两年之后放弃，再没拿过画笔。

如果让孩子自由自在地画下去，结局会是怎样呢？谁也不知道。但是父母的助力，对那个女孩的人生来说，无疑是一种限制。

小喜妈妈听完，觉得有道理，在孩子的规划问题上恢复了冷静。也许小喜对画画的喜欢会持续下去，将来也可能真的会走上艺术的道路。让她自然而然自发自愿地走下去吧，与其在孩子兴趣刚萌芽的时候就操之过急，不如在她确定要勇登高峰的时候，在背后默默给她助力。

3

在网络上看过一个帖子。有个孩子和家长说，我长大以后要做快递员，他的父母马上就暴跳如雷，跳起脚来指责孩子，说孩子没出息，让他想出个高远的志向来。

志当存高远没错，可当快递员，一定是个卑微的梦想吗？

要知道，在今天的中国，快递行业支撑了大半个电商行业。

也有许多家长，会这样激励孩子："你现在不好好学习的话，将来就只能去卖菜，去打扫卫生。"

说这话的家长，大概也无法想象，未来的卖菜和打扫卫生会是怎样的行业气候？

在我们很小的时候，都被问过这个问题："你的理想是什么？"那时我们的梦想几乎千篇一律，当一个医生、老师或者科学家。偶尔会有卡车司机这种不从众的理想，大概率上也会被大人笑一番。

可是后来呢？我们中到底有多少人成为了医生、老师、科学家？寥寥无几。相反，现在我们从事的行业，很多是小时候听都没听说过、想都不敢想的。但是有一点我们确定，那就是：现在的生活，比过去的想象要精彩百倍。

千万别用我们有限的想象力，去限制孩子未来无限的可能。你嫌弃孩子理想的工作不够高大上，也许你的孩子将是那个提高行业地位的人呢？

所以，何必对孩子的人生设限呢？

比起帮孩子规划人生，更重要的是：培养孩子识别社会发展趋势、经营自己人生、获取个人幸福的能力。

职业是没有尊卑之分的，如果孩子说想当快递员，不妨好好地了解孩子的想法，值得鼓励的地方要给予积极的肯定。同时，告诉孩子，不管哪个行业，都在急速地发展，将来的快递行业和现在相比一定会有翻天覆地的变化，鼓励孩子多关注快递行业的改进空间和行业前景，让孩子从小学着去触摸时代的脉搏。

更重要的，是告诉孩子，不管将来做什么，现在都要好好学习。这样，不管将来我们从事哪个行业，在疲惫或想改变的时候，都有能力随时转身，拥有别的选择。正如龙应台说的："孩子，我要求你读书用功，不是因为我要你跟别人比成绩，而是，我希望你将来会拥有选择的权利，选择有意义、有时间的工作，而不是被迫谋生。当你的工作在你心中有意义，你就有成就感。当你的工作给你时间，不剥夺你的生活，你就有尊严。成就感和尊严，给你快乐。"

任何时候，都不要给孩子的人生设限，就让孩子自在生长吧。

未来社会是一个更加多元的社会，思维不设限的孩子，将拥有更多选择的权利。

最好的爱，是“我能看见你的感受”

1

我们家有条特别好玩的食物链，名字叫作“求看见”。

苹果从幼儿园放学回家，满头大汗地坐在沙发上，做的第一件事情通常是就兴高采烈地叫我：“妈妈，你快过来看我，你看我！”

然后，他就会从包里掏出道具，准备表演在幼儿园学到的“绝活”。

我放下手中的活走过去。他开始之前会再确认一遍：“妈妈，你在看吗？眼睛一眨不眨地看啊！”

“好的。”

确认过眼神，他就开始表演。

等表演结束，又问我：“妈妈，你看见了吗？”

“看见了，妈妈觉得你表演得特别棒。”

听到我的答案，他会舒心地笑起来。那是我最喜欢的笑容。有一点点小成熟，有一点点小羞涩，还有一点点小骄傲，特别温馨。

每次和先生聊天，他总喜欢低着头，或者，手里拿个玩具把玩。于是我需要一遍一遍地提醒他："你看着我。""你先把手里的东西放下，专心和我说话好吗？""你看着我的眼睛啊。"

提醒完，他会放下手中的东西，停下小动作，歉疚地看我一眼，然后重新进入聊天。

先生是个不太自信的人，不习惯和别人有长时间的眼神接触，总是无意识地逃避，找一些小动作，分散自己的注意力。

但他和苹果在一起时，会变成另一个人。他有很多好玩的游戏，每次都有新的拿出来："你看着啊，爸爸给你表演一个厉害的！"

紧接着，他会全神贯注地表演，苹果会全神贯注地观察，结束之后，往往会爆发出一场大笑。

很多人看到先生投入地陪苹果玩儿，都会表扬他是个好爸爸。其实在陪伴孩子的过程中，先生也在疗愈自己的旧伤，克服自己的问题。

苹果总是在求我的关注，我总是在求先生的关注，先生又去求苹果的关注——这条食物链把我们的家庭关系，联结成一个完整的圆环，真的很有意思。

斯科特·派克说，爱最好的形式就是关注。所以在一个家庭当中，我们互相关注对方，就是最好的情感沟通方式。

所谓的关注，其实就是看见对方，看见对方的感觉和感受。

而家，就是交流感觉的地方。

2

有一次，我下班回家，跟我妈撒了个娇："今天好累啊！"

结果我妈一边擦桌子，一边甩给我一个白眼："就你累，我们都不累！"

顿时觉得好心塞，原本只是身体疲累，一下子变成了心情的低落。于是走进卧室躺了下来，想要休息十分钟。

可我妈一看到我躺下，马上就发了飙："饭都好了又躺床上去了！懂不懂得尊重别人啊？还是我又哪里惹你了！"

我知道妈妈的脾气，也知道自己这样做不好，所以强撑着出来，和妈妈默默地吃完了那餐饭。

我妈最烦别人坐在餐桌上心不在焉的样子。于是又把我数落了一番。我从不敢顶撞我妈，只是把委屈堆积在心里。

晚上和朋友聊天说起这事，她问我："工作很累吧？"

听到这句话，我的眼泪忽然决堤。

"你是希望妈妈问你这句话的，对吧？"她问我。

是啊，其实我只是希望自己的感受被妈妈看到，被理解，被接纳，然后被抚慰。可妈妈却从"每个人活着都很累"的道理出发，认为我是在矫情，当我表露出情绪时，她还很是不爽。

当人情绪低落的时候，他的感受能被看到，就是最好的治疗。可惜，大多数人不明白这个道理。

在我们的成长过程当中，几乎每个人都遇到过这个场景：

考试没考好，回家对父母说：“爸妈，我这次没考好。”

很多父母会这样说：“谁让你平时不好好学习！”

“我已经尽力了。”

“行了，现在说什么都于事无补。别不高兴了，下次努力考好一点吧！”

“算了，我要回屋静静。”

“莫名其妙。”父母也有些恼了，“你没考好我都没发脾气，你倒先生上气了！”

结果就这样不欢而散。

父母的态度不算过分斥责，为什么我们却更加不高兴了？这里面有个关键点：我们的感受没有被看到。

如果父母在听到我们没考好的消息之后，第一句话说的是：“你心里不好受吧，没事的。”然后和我们分析这次没考好的问题出在了哪里，讨论下一次如何改进……我们的感受是不是会完全不一样？

3

不管是亲子关系，还是婚姻关系，其最大的诉求，都是希望自己的感受被看到。

心理学家曾奇峰曾经举过这样一组例子：

情景对话一

妻子：累死我了，一下午谈了三批客户，最后那个女的，挑三拣四，不懂装懂，烦死人了。

丈夫：别理她，跟那种人生气不值得。（给妻子出主意）

妻子：那哪儿行啊！顾客是上帝，是我的衣食父母！（觉得丈夫不理解她，烦躁）

丈夫：那就换个活儿干呗，干吗非得卖房子呀？

妻子：你说得倒容易，现在找份工作多难啊！甭管怎么样，每个月我还能拿回家三千块钱。都像你的活儿，是轻松，可是每个月那几百块钱够谁花呀？

丈夫：嘿，你这个人怎么不识好歹？人家想帮帮你，怎么冲我来啦？

妻子：帮我？你要是有本事，像隔壁丈夫那样，每月挣个四五千，就真的帮我了。

丈夫：看着别人好，和他过去！不就是那几个臭钱吗？有什么了不起？！

情景对话二

妻子：累死我了，一下午谈了三批客户，最后那个女的，挑三拣四，不懂装懂，烦死人了。

丈夫：大热天的，再遇上个不懂事的顾客是够呛。快坐下喝口水吧。

妻子：唉，挣这么几个钱不容易。

丈夫：是啊，你真是不容易，这些年，家里主要靠你挣钱撑着。

妻子：话不能这么说，孩子的功课、人品，没有你下力，哪儿能有今天的模样？唉，我们都不容易。

同一件事情，不同的对话方式，结果完全相反。

第一个例子，是错位的交流。妻子需要的是感受被看到被理解，而丈夫，却不断在给出解决方案。

第二个例子，是丝丝入扣的交流。当感受被看到，情感就会良性流通，理智就会被唤醒，情感上的交流就变得柔软温暖。

家是交流感受的地方，而不是解决问题的地方。感受被看见，才是最有效的交流方法。

4

网络上曾经疯传一个视频，一个小女孩因为做错事情，被妈妈教育。

她不断对妈妈强调："我知道错了，那又怎么了？我现在想自己静静，行吗？"

可妈妈坚持不懈地给孩子讲道理，要求她端正认错态度。

直到孩子强势说了很多遍"想静静"之后，妈妈才勉强给她留出空间。

那就是典型的，孩子的感受不被看到。

在接纳孩子的感受上，大多数的父母做得不够好。

有位朋友和我分享过一件事。她在看书，孩子在画画。孩子完成作品后，捧着作品走向她："妈妈，你看。"

孩子还没说完，她抬了抬眼睛说："宝贝，你画得真棒！"可是九岁的孩子很沮丧地说："妈妈，你能听我说完吗？我觉得这个作品很差，鞋子好像选错了颜色！"

因为这件事，她觉得惭愧。

可是，她做得已经很好了，因为她的孩子，会表达出自己的感受。

好的沟通，是健康家庭的一个标志。在这样的家庭中，孩子可以直接对父母表达自己的情绪和不满。在更多的家庭里，孩子连表达的权利都被扼杀了。

当谈论一些所谓的"坏孩子"时，人们往往会说："这个孩子是被宠坏的，他的父母对他太溺爱了。"可真实的理由却常常是，他的父母根本看不到他的真实需求。

武志红老师在《为何家会伤人》中说，一个人太脆弱，很少是宠出来的，而多是幼时没被看见。

在以前，物资匮乏的年代，爱的主要表现，就是保证对方的物质需求得到满足。父母省吃俭用，为了能让孩子吃饱穿好，而孩子在父母的付出中感受到父母的爱。

可现在，物资过剩，心理需求的重要性则日益突出，许多父母爱的表现形式，却仍然停留在过去的形式。这其实，是一种偷懒和逃避。

所以，我们应该尽快升级我们爱的方式，重视家人的心理需求。

很多时候，在我们忙碌的时候，孩子在旁边闹得不可开交，我们斥责孩子不体贴不懂事，但其实，我们可能忽略了一个事情，孩子只是希望你看他一眼。

哪怕你在忙碌，没办法抽出大段时间陪伴他。但你可以暂时停下手头的事，看着孩子的眼睛说：“孩子，我看见了，你做得真好。妈妈真想赶紧忙完陪你一起玩。”

在妻子穿上新衣服臭美地问你的意见的时候，与其头也不抬地敷衍她：“你穿什么都美。”不如抬起头认真地看着她说：“这条裙子真的很适合你，很有气质。”

这一刻你存在，我也存在；你需要被看见，而我认真地看到了你的感受；我们都感觉到了，对方明确无误的爱。

别让你的付出感，绑架孩子的人生

1

每次在网络上看到有小学生或者中学生自杀身亡的新闻，总是会发现相同的细节：他们在自杀之前，都曾经给家长留下遗书。而遗书的内容，大多绕不开这样的内容：“爸爸妈妈，我不争气，我对不起你们。”

新闻里，那些得知孩子死讯的父母，通常是一脸悲痛加茫然：“我不知道孩子为什么会选择走这样一条路。”然后，他们常常会歇斯底里地问出这样的问题：“好端端的孩子为什么会忽然想不开呢？”

大家习惯于把这种悲剧归结于学业的繁重、孩子压力过大和父母对孩子的疏于关注。这些的确都是其中诱因，但有一点往往被大家忽视了。这样的孩子，在活着时，常常被一种愧疚的情绪笼罩，觉得自己对不起父母的付出。而他们离开人世时，最大的释然就来自于：我死了，我的父母就能轻松了。

不论在哪对父母看来，这种逻辑都是无法接受的。因为这世上最不缺的，就是为了孩子付出一切甚至连命都可以不要的父母。养儿育女，是世间最没私心的一件事。

父母总觉得自己对孩子的付出是无私、不求回报的，而孩子，却往往会觉得自己欠父母太多。是什么原因，造成了这巨大的认知鸿沟？

答案就是，父母的付出感。

付出感，是一个人对自己的付出和牺牲的补偿心理。说简单些，就是“我不能白为你付出这么多，你得有所回报才行！”付出感越强，就越希望能收到相应的回报。

关于这点，也许很多父母不会承认，“我可从来没要求孩子回报啊”，当然，大多数父母都不会直接用口头去表达，但不停地强调自己的付出是很多父母的通病，而这本身就是一种变相的“索取回报”。对孩子来说，就是一种无形的束缚和压力。

许多父母不知道，自己的付出感，正在温柔地毁掉孩子。

2

苹果三岁时，我准备送他去幼儿园。得知这个消息，对门十岁的叮当姐姐特别严肃地找我谈话，希望我问清楚，苹果是不是真的想去幼儿园。如果他不想去，一定不要强迫他。

她坚定地看着我的眼睛，说：“阿姨，我喜欢苹果弟弟，所以我不希望他过和我一样的人生。”

听到这么小的孩子竟用到了“人生”这样的字眼，我心里“咯噔”一下，觉得这其中应该有故事。

叮当说，自己当初上幼儿园，一点都不开心。常常一个人坐在角落，不参与班里的活动，也不与同学们交流。

“可你当时看起来很开心的样子啊！”我有些意外地说。印象中，从认识起，任何时候看到叮当，都是懂事又活泼的样子，像个快乐的小精灵。

叮当垂下眼睛：“装的。我妈妈带我太辛苦了，我不想伤她的心。”

“那么你现在快乐吗？”我问她。

“有些时候是快乐的，有时候不是。像练琴的时候，我就特别不快乐。”一个十岁女孩无意间坦露出来的真实，竟让我非常无力。

“那些让你不快乐的事情，你为什么还要去做呢？”

“妈妈为了我放弃工作，每天全心全意陪伴我，我总应该为她做些什么。每次我参加钢琴比赛获奖了，我妈妈就特别高兴。我妈妈高兴，我也就高兴。”

那她到底是快乐还是不快乐呢？这个总把“妈妈的付出”挂在嘴上的小姑娘，好像被某种东西绑架了，让她在小小的年龄，就要违心地去做不喜欢的事情，还要装出快乐的样子。

而绑架她的那种东西，就是妈妈的付出感。

一个十岁的孩子，内心竟有那么多不为人知的苦衷，一定是家长的教育方式出了问题。

叮当妈妈原本的工作单位是很好的，可生育之后，她辞职做了全职妈妈。起初常有人替她可惜，她都会说：“为了孩子，一切都值得。”

可是在带孩子的过程中，每当叮当对妈妈的要求有所忤逆，她妈妈就会用“我为你付出了这么多”这样的话来镇压她。

“我为你付出了这么多”，对于父母来说，的确是很有效的话术。只是我们从来都没有意识到，原来这句话会给孩子那么大的压力。

利用孩子的懂事，让孩子用顺从和自我牺牲，来回报父母的付出，这是一种强烈的付出感。

而其后果，就是让孩子压抑自我去顺从父母。

3

我们看到多少父母为孩子的成长和教育操碎了心，哪怕再苦再累，也要给孩子更好的。

这一切原本是出于天性的伟大付出，可家长往往不经意地毁掉了它自带的光辉。

“含辛茹苦把你带这么大，你就这样对我？”

“背井离乡跑来这里读书，你考不上大学对得起谁？”

“你爸外出打工为了什么？还不是为了你？你这样对得起他的辛苦吗？”

这样的句式，用来束缚一个孩子，绝对有效。然而却也把父母心甘情愿的付出，变成了功利性的行为。

这句式中包藏着的父母的付出感，是锁住孩子“自我”的枷锁。

于是，父母的付出感越强，孩子越不快乐。而那些蕴藏在孩子身体内的负能量，足以毁掉一个孩子。

“你这样对得起我的付出吗？”

“对不起。”这句“对不起”也许没说出来，却在孩子心里回荡了千百遍。

当孩子开始认为，父母的付出是需要回报的，他们只会变得很绝望。因为他们常常会发现，自己根本没有能力回报父母沉重的付出，或者说，父母要求的回报，总是超过他们的能力。于是，孩子就会变得消极，对自己充满失望，变得沉默，不愿与父母沟通。

不在沉默中爆发，就在沉默中死亡。

那些自认为对不起父母的孩子，有些索性自暴自弃，一蹶不振，有些甚至会直接做傻事。他们留给世界最后的声音，往往是“对不起”。

更多的孩子有幸安全地长大成人，然而，他们中的大多数，终其一生，都摆不脱内心的自卑和歉疚。

父母的付出感，会温柔地毁掉孩子，会让孩子变得畏手畏脚，把自己的希求放在第二，而把父母的感受放在第一位。然而，这是作为父母想要的吗？

4

其实每个父母都该明白，我们首先欠孩子一句“对不起”：当我们把孩子带到这个复杂的世界时，并没有问过他同不同意。

我们对孩子全心全意的爱，一部分出自天性，还有一部分，大概也是出于某种歉意吧。

那些嘴上说着“你这样对不起我”的父母，心里其实多半也是不图回报的，这样的话术，只是一种工具，其初衷，也是“为孩子好”，为了能让孩子顺从他们，按照他们认为对的方向走，去到更好的地方。

然而，把付出感作为工具，来换取孩子的顺从，效果立竿见影，后患却无穷无尽。

意识到这点，想要改变，其实并不难。

首先，多点真心，少点套路。

爱和陪伴，才是家庭教育的核心。在爱和陪伴中长大的孩子，与父母的关系很亲密，交流起来并不需要那么多的“套路”。

说教有多么强大的毁灭力量，在我们成长的过程中早有体会。它会掩盖住父母对孩子的爱，也常常会毁掉孩子的自尊心，激发孩子的逆反心。

太多的方法论，也往往会让我们忘记初心。曾经我们对孩子的期望是“快乐就好”，从什么时候开始，我们变得热衷于控制，把他们对我们期望的背离，变成道德责备。

亲子关系就像弹簧，用力越猛，反作用力越大。一小时的说教，比不过一句“没关系”；每天絮絮叨叨的灌输，不如一个宽容的拥抱；一万句指责的话，不如一句“爸妈相信你做得到”。

为人父母，让孩子感受到充足的爱意，是最基本的素养。

其次，给孩子选择的权利。

很多时候，孩子做不好是因为他在做自己不喜欢、不情愿做的事情。

人生是孩子自己的，应该由他们自己来规划，来期待。不要对孩子有太过具体的安排，把选择人生的权利还给孩子。

不论孩子多大，我们都该明白，孩子是拥有自由意志的独立个体。给孩子自由，让他成为自己想成为的人，而不是你希望他成为的人。

自己选择的路，孩子会走得更加坚定，也更加用力。

最后，减少对孩子的付出。

有些父母行动上对孩子大包大揽，语言上却对孩子各种嘴炮攻击：懒惰、没有生活能力、不独立，对不起父母的辛苦。

这对孩子来说，太不公平。

中国式父母，很多都有一种苦情的情结，认为自己为孩子牺牲得足够多，才算得上是好父母。

并不是。

最好的父母，应该是孩子幼时的伙伴，长大后的坚实后盾。他们总是乐于让孩子在生活中得到锤炼，用过来人的经验给出建议，协助孩子做出正确的人生决策，而不是用自己的付出强行绑架孩子。

收回那些不该在孩子身上付出的时间和精力，去经营自己的生活。

父母过好自己的人生，才是对孩子最漂亮的引领。

1

朋友给我发来微信，说孩子爱玩手机游戏的习惯，怎么都改不了，而且有变本加厉的势头，让她十分崩溃。

末了，她补充一句："我真是嘴皮子都快说破了，没用啊！你说咋办？我总不能打他吧！"

听完那句话，我眼前马上出现了这样一个场景：孩子瘫在沙发上玩手机，妈妈在旁边一边做家务一边对着孩子不断唠叨。妈妈一脸不耐烦，孩子却一脸无所谓，好像什么都没听到一样。

"玩手机对眼睛不好，玩一会儿得了啊！"

"手机有什么好玩的，起来去干点正经事啊！"

"说你多少次了，不要总是玩手机，行吗！"

"你去看看别人家孩子，还有谁跟你似的，整天就知道玩手机！"

……

就像小学生常在作文中写的那样："我的妈妈爱唠叨，从起床能唠叨到睡觉。"

在中国，大多数的家庭中，都有一个这样的妈妈，不论她手里在做什么，嘴里总是不忘同时给孩子讲各种大道理、小道理，或者喋喋不休地数落孩子的种种不是。

遗憾的是，即使是妈妈本人，内心也很清楚：说得越多，孩子越不爱听，因为孩子早已经关闭了耳朵。

为了让孩子听进去，父母只好不断地再去强调道理。而孩子，听的次数越多，就越容易产生逆反心理。

于是，父母越爱讲道理，孩子就有可能越不听话。

大思想家卢梭说，三种对孩子不但无益反而有害的教育方法是：讲道理、发脾气、刻意感动。可惜千百年过去，我们依旧纯熟地运用它们。

讲道理位居其首，却被父母们运用得最为广泛。而且，明知道收效甚微，却还在不断重复。

孩子知道父母是为自己好，也知道父母说的是对的，可大多数时候，他们还是不愿意听。为什么？

不是道理不对，而是由你讲出来没用。

因为许多父母，并没有讲道理的资格。自己一有空就玩手机，却教育孩子不许打游戏；自己对人粗鲁却责令孩子不许讲脏话；自己放弃努力却教育孩子“只要功夫深，铁杵磨成针”……

而那些以自身的行动在践行道理的父母，他们根本不需要把道理说出口。因为他们自己，就是道理本身。最好的教育，从来不是夸夸其谈的言传，而是润物细无声的环境影响和身体力行的身教。

你想要孩子养成什么样的习惯，就先要为孩子营造那样的环境，麻将桌上难见学霸，书香门第也少出流氓。

你想要孩子成为什么样的人，自己就先做什么样的人，即使做不到，也要朝那个方向去努力。

父母的行动，胜过一万个大道理。

2

有次在商场，见识了一个五岁男孩和妈妈情绪的拉锯战。

男孩站在橱窗前，闹着要买里面的变形金刚。妈妈看向那个变形金刚，马上皱着眉头说："怎么又要买，家里不是已经有这个了吗？"

"这个不一样，颜色不同！"孩子说出要买的理由。

"颜色不同也不用在家里攒那么多破烂吧？有多少玩具才够你玩啊？"看到孩子理直气壮的样子，妈妈情绪有所升级。

没想到的是，孩子也毫不退让，他噘起嘴说："我就要买嘛！"

"不买！我怎么可能给你买这个！"

妈妈话音刚落，孩子就躺倒在了地上，一边嗷嗷大哭，一边声嘶力竭地喊着："买！就要买！买！买！"

妈妈先是威胁孩子："你再不起来我自己走了。"可是即使她转身离开，孩子也无动于衷，她只好折返回来，付钱拿下那个变形金刚。

他们离开时，妈妈怒气冲冲地说："买买买，整天就知道买，早知道这样就不带你出来玩了！”而孩子，抱着心爱的玩具，一脸得意，似乎根本感受不到来自妈妈的怒气。或者，他已稳拿胜券：反正下次你还是斗不过我。

那位妈妈也许根本都没有意识到，她和孩子的这场拉锯战，并不是斗智斗勇，而是情绪的战争，并且，她完败了。

可惜，她并不是败给了孩子，而是败给了自己。

从孩子提出不合理要求的那一瞬间，她就开始动用了自己的脾气，而且全程并无收敛，于是将孩子的斗志一步一步激发起来，并且使孩子遇强则强。

如果她能在出门前制定规则，并且在孩子提出要求时强调规则，孩子一定不会那么执着。

和孩子沟通的方式有无数种，而她，从一开始就选了最差的一种：用坏情绪来控制孩子。

爱发脾气的妈妈和爱发脾气的小孩，似乎总是成对出现的。这也验证了那句话：榜样的力量。

脾气火暴的父母会养出什么样的孩子？如果不懂得收敛和灾后重建，那么，一种就是同样的火暴脾气，亲子关系变成针锋相对；或者，养出逆来顺受的小乖乖，看上去很听话很合作，但是孩子的内心，承受着大人无法想象的痛苦。

发脾气，大多数时候只是父母情绪的发泄，而不是为了让孩子变得更好的手段。也许父母的初心是好的，但是通过发脾气，一定无法达到想要的结果。

因为，我们永远无法通过让孩子感到糟糕的方式，使得孩子变好。

3

某次聚会，有个朋友的孩子在现场调皮捣蛋，怎么讲都不听。最后朋友实在忍不住脾气，把孩子打了一顿。打完孩子之后，她抱起孩子，眼泪汪汪语重心长地说："妈妈虽然打了你，但是妈妈的心里也很难受。妈妈打你还不是为了你好！你要是好好表现的话至于挨这顿打吗？"

孩子一脸茫然：打了我还是为我好，这是什么道理？

打了孩子，还要找理由升华自己的暴力行为，这真的有些别扭。

这种戏码，影视剧里和文学作品中很多见了，在过去，父亲把孩子捆在树上用树枝抽打，一边抽打还一边热泪盈眶："儿啊，爹也是为你好啊，你不要记恨爹呀！"

可真相是什么？强调父权的绝对性，通过暴力手段，达到对孩子的控制。可牺牲的，是孩子的人权和自尊。

遗憾的是，时代发展日新月异，可这种苦情戏一般的古老的教养方式，却被一部分人传承了下来。

除了"打你是为你好"之外，还有各种各样感人的戏码。

"为了你，爸爸妈妈付出什么都可以的！"

"只要你能好好学习，考出好成绩，我和你爸再辛苦都是值得的！"

"家务不用你帮忙，妈妈辛苦点没关系，你能学习好，我们就满足了。"

大多数传统的中国式父母，都把这招用得炉火纯青。这种戏码，就是卢梭所说的刻意感动。

许多父母都知道，刻意感动对于激励孩子来说，立竿见影。每次刻意感动完，都会发现孩子好像长了心。可他们并不知道，这个行为内在的逻辑是：通过强调自己的付出，来加强孩子的内疚感，从而达到控制的目的。

和孩子强调养育的艰难，生活的辛酸，甚至跟孩子夸大自己的付出和牺牲，其出发点，是想督促孩子努力上进，可这套话术，却是在对孩子强调：我的付出很贵，你一定要回报。

大多数的孩子，在这种攻势下会变得很听话。因为，他们内心已经背负了内疚的十字架，负担太过沉重，他们不敢不听话。

可是他们的听话，真的只是很被动的听话。不是为了自己，而是为了报答父母，他们的内心，极度渴望父母不再为自己付出的那一天。

这是一种隐形的，但更具有杀伤力的控制。长期处于内疚之中的孩子，创造力丧失、个体意识薄弱，难以寻找到真正的快乐。

4

教育是什么？

德国哲学家雅思贝尔斯说，教育就是一棵树摇动一棵树，一朵云推动一朵云，一个灵魂唤醒另一个灵魂。

一个爱讲大道理、大发脾气、刻意感动的灵魂，如何唤得醒一个纯净的孩子的灵魂？企图用这些手段来养出理想中的孩子，结果只会是南辕北辙。

好的教育，从来不该是形式主义的。而是从心出发，辅以科学、人性化的教育手段。

第一，就是要给孩子足够多的爱。

任何时候，我都会首先倡导父母给孩子足够的爱，因为这是亲子关系的基础。这听起来很多余，因为天下没有不爱孩子的父母。可是，爱孩子和让孩子感受到爱，是两个完全不同的概念，爱的初心和爱的到达之间，还有一段长长的路程。

为什么不管你讲道理还是发脾气，都不起作用？最根本的原因就是，没和孩子建立起爱的联结。名义上是为了孩子好，却并没有顾及孩子的真实想法和感受，只是用大人的意志在捆绑孩子。这不是真正的爱。

爱最好的表达方式，是关注。关注孩子的行为，也关注孩子的内心，如果你真的了解了孩子，很多道理其实不用讲，很多脾气也完全不必发。

父母和孩子之间有了爱的联结，才有了沟通的基础。不用说，孩子也知道：父母都是为我好。

第二，做孩子的榜样和战友，而不是导师和监督员。

好的教育，从来都是润物细无声。

想要孩子有礼貌，我们要先做有礼貌的父母；想要孩子爱读书，我们要先做爱阅读的父母；想要孩子爱运动，我们需要先自己跑上运动场。

父母们总是会不自觉地对孩子要求很高，并期待通过反复督促、言语教育甚至吼叫责骂，去推动孩子。可是，其效果，往往不如亲自示范，甚至拉起孩子的手，陪他们一起度过。

真正做到言行合一，才会对孩子的成长有所帮助。

第三，学会等待。

在孩子成长的过程中，总是会有不同的人告诉我们：“别急呀，等孩子长大就好了。”

在面临崩溃的时候，听到这种安慰往往会觉得对方是在拱火，可过后就知道，这是真理。

花开需要时间，雨停需要时间，孩子的成长也一样，需要我们耐心等待。我们要学会牵着蜗牛散步，陪着孩子慢慢长大。

只要帮孩子把住方向、科学引导，假以时日，他一定会比你想象中长得还要好。

Chapter 3

请成为你曾渴望的父母

你不必成为完美妈妈

1

有些女人活着，就是为了把别的女人给气死。

翻开她们的微博，今天在某电视台参加真人秀，昨天在某活动上领奖，生完孩子就能美美地上镜赚奶粉钱，还能在工作之余隔三岔五带着孩子去国外旅行。永远光鲜亮丽，永远生机勃勃，永远完美如童话。

对，说的就是那些明星妈妈们。

特朗普的女儿伊万卡生了三个孩子后，每天还在忙着开会；米兰达·可儿生完孩子没多久又上维密秀了；更不用说贝克汉姆的妻子维多利亚，每次生完孩子，事业就又上一个高峰。

真的都是超人妈妈。

所以有段时间，“辣妈”这个词特别流行，说的就是生完孩子之后，变得更美了，事业发展更好了，丝毫不会因为孩子耽误了人生的那些神奇女性。

于是大家开始认为，这就是妈妈们的正常状态：一边健身跑马拉松，一边就把孩子生了；一生完就可以高高兴兴、充满活力地和孩子愉快玩耍；做饭都和米其林大厨似的；疯狂工作赚好多钱的同时，还能把孩子教育成精英。

可是，大家看到明星妈妈们在网上晒娃晒日常，却不知道明星妈妈们身后站着多少人专门为她们服务。她们不需要做饭洗碗打扫，有保姆代劳；不需要带着孩子跑各种辅导班，家庭教师会上门；即使出门旅游，也不需要做攻略、订酒店、买机票，助理会代劳。

维多利亚身后经常跟着一个抱着小女儿小七的贝克汉姆，赵薇的产后身材恢复都有两个教练轮流伺候着。

可即便如此，明星妈妈的生活，也只是看上去很美而已。背后的辛苦和辛酸，她们都藏起来了。

小S曾说过一件事。她通宵录节目，早晨回家时，女儿刚起床。看到她回来，特别兴奋，跑上来要她陪着玩。可是她实在太累，需要睡眠。只能很抱歉地对孩子说："妈妈现在如果不睡觉的话，会死掉的。如果你不希望妈妈死掉，就让妈妈去睡会儿。"女儿只好让她去睡，并且守在门口，防止别人打扰妈妈。

听到这件事时，心里狠狠疼了一下。

心疼孩子。从见到妈妈的欣喜，到愿望落空的失望，可以想象孩子情绪上的落差。可她不仅得适应这种落差，还要去照顾妈妈。

也心疼小S，纵使再怎么努力，再爱孩子，一个妈妈的一天也只有24小时，"又美又能干的小S"和"完美妈妈"两个头衔是无法兼得的。

内外兼顾、家庭和事业平衡，说到底只是一种完美却脆弱的人设。

有钱有资源的她们，尚且平衡无力，更何况普普通通的妈妈？

2

女性独立的趋势，让大众对女性提出了更高要求。普通的妈妈们，总是被要求经济独立、内外皆修，还要照顾好家庭，给孩子高质量的陪伴。

白天光鲜亮丽地在外拼事业，赚得一份收入，分担家庭经济压力；下班俯首甘为孺子牛，回家洗菜做羹汤，相夫教子洗衣裳。里里外外一把好手，一个人能顶一支队伍。

想做一个又上班又顾家还能把自己照顾得美美的妈妈，到底有多难？看看一个职场妈妈的日程表就知道了：

6:30，起床，花半个小时洗漱化妆。

7:00，开始叫孩子起床，从低声细语到大声咆哮，才终于把孩子从被窝里拉出来。

7:40，穿好衣服、洗漱完毕磨磨蹭蹭出门时，孩子的起床气还没消。送完孩子，开车上班。起了个大早，还是赶上了堵车最高峰，到公司门口刷脸时，8:59，好险还有一分钟就迟到了。

9:00—18:00，工作，讨好上司培养下属，中间还不时看看手机，万一幼儿园老师联系呢。

18:00，工作还没完，但是得先去幼儿园接孩子。接回家后，匆匆忙忙准备晚餐，然后陪玩，中间还得抽空回复一下上司和客户的微信。

21:00，把孩子洗漱干净按在床上，开始讲晚安故事。

22:00，孩子终于睡着，差点把自己也哄睡着了，挣扎着起来加班！

00:00，洗完澡，终于可以把自己放倒了。

一天的时间，往往被工作和家庭杂事占用得满满当当，丝毫没有自己喘息的空间，更别谈什么买买买、练练练、美美美。许多职场妈妈说，我能活到今天，全靠一口仙气吊着。

又美又有钱，还能兼顾家庭和孩子？

对不起，我成不了那样的妈妈。

3

比起孩子屎尿屁、闹情绪、生病受伤的烦恼，其实更让妈妈们纠结的，是自己价值的实现。

而全世界“最没价值”的妈妈，就是全职妈妈。她们的工作就是照顾家庭和孩子，她们的战场就是家里的一亩三分地，她们没有收入，需要向丈夫伸手要钱，她们还没什么成就感，因为，她们“什么都不用做”。

在我还很年轻的时候，真的羡慕过全职妈妈。想象中，全职妈妈的生活是这样的：每天读读书喝喝茶，伺候伺候花花草草，心情好时陪孩子玩耍一下，等到丈夫下班回来时，还会带回来一束美美的玫瑰花。

在我的朋友中，玲玲是第一位全职妈妈。她生孩子之后，请了几任保姆，都没能留住。家里老人因为各种原因不能来帮忙带孩子，她权衡之后，选择辞职做家庭主妇。

她的朋友圈，一直都是岁月静好的那种。可爱的孩子把她每天的日子填充得有趣又有爱，老大三岁时，她生了老二，朋友圈变得更热闹，给人一种儿女双全、人生赢家的感觉。

有次我去看她，和她待了四个多小时。四个多小时里，她一直都在不停地忙碌，几乎没有停下来的时候。一会儿老大要吃，一会儿老二要抱，一会儿老大耍脾气要她陪玩，一会儿老二闹情绪犯困。她一直都在忙着处理问题，我们真正能说上话的时间，一个小时都没到。

中午，她把老二哄睡着，老大自己在玩，我们终于能安静地聊一会儿。聊得正酣，她忽然警觉地冲我嘘了一声，问："怎么这么安静呢？"

等走进卧室一看，她的大女儿把一罐昂贵的晚霜倒在地上，卖力地给地板按摩吸收。

她大喊一声，喝止了女儿。接下来的一幕，却让我目瞪口呆：她火速冲去客厅，拿了手机进来，拍下女儿和作案现场。紧接着，才蹲下来耐心地告诉女儿，以后不能这样浪费东西。然后，心疼地唏嘘着，把表层的晚霜收集起来，又把挖不起来的抹到自己手上、腿上。

后来她说，如果不是我在，她一定会冲女儿发飙，然后老二被吵醒，最后崩溃收场。

那天晚上十一点多，她把女儿的作案照片发到朋友圈，配文是"女儿的眼光真好，挑了最贵的晚霜嚯嚯哈哈哈哈哈哈哈！"

如果不是目睹了事故现场，我真的会以为事情就像玲玲发的朋友圈中所透露出来的那样，充满喜感。我恍然大悟，原来玲玲朋友圈里的岁月静好，不过是她生活中小小的一角。

大概每一个妈妈，都在同时过着两种生活。一种是现实中的生活，一地鸡毛；一种是朋友圈中的生活，岁月静好。

其实那时我还不知道，原来妈妈们还有第三种生活，那就是她们内心的生活。

全职妈妈，可以说是全世界最辛苦又最容易被忽视的一种职业。烦琐的家务，每一件都没什么价值，但是每一件都需要去完成。而且，完成之后，没人会觉得这是一件值得被肯定的工作。

家里任何时候都干净整洁，孩子任何时候都听话懂事有礼貌，这似乎是一个全职妈妈理应做到的事。可是，没做过的人一定不知道，这些事情到底要消耗多少时间精力和耐心。

中国的全职妈妈们，很多都在过着“守寡式育儿”的生活，因为自己不能为家庭提供一份收入，所以理应相夫教子，承担家庭所有事务。

而丈夫，因为承担着一家人的生计，所以在家庭中的地位通常很高。回家之后一句“上了一天班累了”，就可以躺在沙发上看手机。

而如果一个全职妈妈喊一声累，就会收到这样的反馈：“你整天在家什么都没干，有什么好累的？”

4

一个现代女人，面临着实现社会自我和完成一个雌性本能的碰撞所带来的压力，其实比你生养一个孩子本身的压力要大得多。

女性本弱，为母则刚。当了妈后，你就得像管理公司一样管理这个家，每个婚姻和亲子关系幸福美满的家庭背后绝对是有一个罩得住的妈妈。

管理好一个家庭的基础，其实是要管理好你自己。只有充分地取悦了自己，你所做的事情才会有正向的影响力。

为什么做妈妈一定要牺牲呢？如果你想去健身，那就把孩子交给爸爸啊！他也许没你带得好，可是他也有责任去学习、去成长，与你共同担起家庭的负担。

大家会热衷于告诉你，你要牺牲，你要胖五十斤，围着孩子转，再感动中国，方显母亲伟大。但那些，其实是对女性的不尊重。如果你的意识被绑架了，总觉得自己怎么做都不够好，付出的不够多，他们就得逞了。

生了孩子之后，你就从女孩变成了女人，从女儿变成了母亲。可是，请别忘记，不论你背负多少责任，你都是一个女人，一个需要用自爱来取悦自己的女人。

想去逛街就去啊！想去健身就去啊！想和闺密去旅游就去啊！想去美容院就去啊！你总该留些空间给自己，去体会你作为独一无二的“自我”的存在。

又美又有钱又能全身心高质量陪伴孩子？那是想象中才会有的完美妈妈。

你不必成为那样的妈妈。

做你自己，就很好。

1

开学季，带孩子坐动车的人特别多。

车还有半个小时才到北京站时，坐我后边的那位妈妈就站了起来，开始整理行李。

旁边热心的阿姨提醒她：“还早呢！”

这位妈妈说：“得早点收拾，我的行李特别多！”

我本来在想，到底有多少行李需要提前半小时就开始整理啊？可看了她从行李架上取下来的东西，我服了。除了箱子和包，还有各种大小的袋子，甚至还有一个塑料桶。不仅多，而且零零碎碎。

她一边整理行李，一边和旁边的那位阿姨聊天。她说袋子里装的是她妈妈做的包子、油条，还有各种小吃，而桶里，是妈妈腌的咸鸡蛋。因为怕外面卖的食品不卫生、不健康，她的妈妈特意起早给她做了许多吃的带着。

阿姨听了问她：“自己做不就行了吗？这么辛苦地背！”

她爽朗地一笑：“我不会做，我就会吃！”

她的儿子大概七八岁的样子，一直在旁边乖乖地帮着整理行李，默默地听着她们的对话，不知道他心里在想些什么呢？

我很羡慕那位妈妈，哪怕她已为人母，她的妈妈仍然不辞辛苦为她做健康又美味的食物让她带着，让她即使身在千里之外，也能品尝到妈妈的味道。

同时我也很为她担心，等他儿子成家立业或者离家远行，回家探望她的时候，她又有什么可以带给儿子呢？

这样的现象，在我们身边比比皆是。越来越多的妈妈，十指不沾阳春水；越来越多的厨房，常年冷冷清清不见烟火；越来越多的孩子，常年在外就餐，不知道什么是“妈妈的味道”。

2

美食家蔡澜说，世界上最极致的口味，永远是妈妈的味道。

幼时妈妈烹饪的美食，会深深地埋藏在我们的记忆中，变成一个人顽固的喜好，无论去哪里都不会改变。

几乎每个人想起妈妈，首先想起的，都是妈妈做的拿手好菜。流浪在外，每次回家时，最先唤醒精神、洗去一身疲惫的，也是妈妈做的饭菜。

在我的童年记忆中，妈妈在厨房做饭、爸爸陪我们玩耍，就是童年最好的时光，也是一个家该有的样子。

妈妈做好饭之后，大家一起端饭端菜摆碗筷，然后围坐一起，一边吃着，一边有一搭没一搭地说着话。

有时爸妈聊着家常，我们安静地听着；有时弟弟会讲些无厘头的笑话，逗得全家人喷饭。偶尔，爸爸也会在餐桌上训斥我们，我们一边掉眼泪一边吃饭，气氛严肃又吓人，可现在想起来，竟也挺好笑。

有时菜不够，妈妈就临时去加。西红柿切开，撒上绵白糖，就是一道美味的凉菜；鸡蛋打碎，加入盐和青椒末搅拌，三分钟就能上桌一盘热腾腾的青椒炒蛋；卷心菜切丝，加入葱花、盐和醋，滴几滴香油，就是一盘美味的凉菜。

不论走到哪里，这些回忆在我的脑海中都永远鲜活，永远生机勃勃。

在我们小的时候，没有那么多饭店，更没有外卖。一个做饭好吃的妈妈，几乎是每个家庭的标配。伺候着每一个家庭成员的胃，也支撑起一个家庭热火朝天的生气。

在那个时代，很难想象妈妈不会做饭的家庭是什么样子的。大概是冰锅冷灶，毫无生气吧，让人想到回家就觉得沮丧。

一个热气腾腾的厨房，一个做饭好吃的妈妈，永远是一个家庭最宝贵的财富。

3

我的一个朋友，两口子都是工作狂，孩子一直由保姆带。去年他们因为孩子的吃饭问题，伤透了脑筋。

她儿子每次坐到饭桌上，都不肯好好吃饭，闹着要吃上一个保姆阿姨做的寿司。现任阿姨尝试了很多次，都没能让孩子满意。

时间久了，因为心疼儿子，朋友厚着脸皮去请教了她辞退的保姆，却怎么也做不出相同的味道。

孩子思念保姆做的寿司，就好像恋爱一样，茶饭不思。朋友很是吃醋：哪怕她出差十天半个月，儿子也没有像那样思念过她。看着儿子的样子，她心里特别难受。

她开始意识到，自己几乎没为孩子做过饭。同时也开始恐惧，孩子的童年，回忆起来都是保姆的味道。

于是她开始学着做饭，变着花样地为孩子做各种好吃又好玩的美食，鹌鹑蛋做出小兔子的造型，米饭团成维尼熊的样子，连煎个鸡蛋，都要煎出笑脸。每次做完之后，将热气腾腾的饭菜端到孩子眼前，都是她最有成就感的瞬间。

渐渐地，她的厨艺不断晋级。而孩子对寿司的执念，也终于被妈妈的味道覆盖。

朋友说，她最初学着做饭，是当作一场保卫战，而现在，对她来说，做饭更像是一种享受。家人和孩子满足的笑容，让她更能感受到自己在家庭中的价值。

抓住孩子的胃，也就抓住了孩子的心。

4

胃是人的第二“故乡”。

童年时妈妈做的菜，就是成年人乡愁的归处。

现在，随处可见的饭店，给大家提供了莫大的方便；外卖业的发达，也给了我们偷懒的理由。越来越多的妈妈选择不再做饭，越来越多的厨房里，昂贵的锅碗瓢盆成了利用率极低的摆设。

有一年，朋友搬新家，大年初一我们一大堆人在她的新房子里聚餐。

茶几上摆满水果和坚果，孩子们嬉戏打闹，家长们坐着聊天。气氛轻松又愉快，却总觉得缺了点什么。

朋友家两口子都不会做饭。到了饭点，朋友打开餐桌上早就摆着的超大号保温袋，一盒一盒取出丰盛的菜肴。因为早就送来，已经放了好一阵子，温吞吞的，味道也不那么新鲜了。

孩子们对着一桌排列整齐的一次性饭盒，兴味索然。随便吃了几口，就陆续下桌去玩了。大人们吃着聊着，淡淡的，总觉得缺了一点什么。

后来朋友去厨房里，煮了一锅热气腾腾的丝瓜鸡蛋汤端出来。那锅汤味道十分一般，卖相也不好，可是当那锅汤被端上桌来，冒着白腾腾的热气，顿时就有了家的气氛，也有了年的味道。大家有说有笑，调侃着主人的厨艺，餐桌上的气氛也活络了起来。

从那次起，朋友开始认真地钻研起了做饭，凡与厨艺有关的活动，她必定热情参与。自家的厨房里，也渐渐有了生活的烟火气。

5

生活最本真的部分，都藏在衣食住行里。

一个家庭过得幸福与否，看厨房就知道了。厨房热热闹闹，日子也热热闹闹；厨房冷冷清清，日子估计也冷冷清清。

一个热气腾腾的厨房里，凝聚着一个家的生气，也衍生着一个家庭最大的幸福。

在家做饭，不仅仅是一种生活方式，也是一种生活态度。用最好的食材，把握恰恰好的时间，佐以一颗爱心，为家人制作一桌美味的饭菜，是充满仪式感的工作。

全家人围坐在桌前，吃着妈妈做的饭菜，在如今这个外卖时代里，将会是孩子最美好的童年记忆。

妈妈会做饭，能让厨房的烟火气聚拢起全家的精神气。

许多人说，妈妈走入职场，爸爸却没有回归家庭，让妈妈承担更多家务，这不公平！当然了，做饭不应该是妈妈们独自承担的义务。在许多家庭里，做饭的人是爸爸，孩子们也吃得很享受，这当然也很好。比起谁做饭，更重要的是一个家庭中的生气和一家人的凝聚力。

我之所以倡导由妈妈来做饭，是出于一个妈妈的私心。

家的味道，都藏在一日三餐当中。私心上，我更希望孩子长大后回忆时，家的味道是妈妈的味道，而不是爸爸的味道。

反正还有洗衣、洗碗、扫地、拖地等各种家务活可以让爸爸分担，不是吗？

爸爸，是孩子最好的玩伴

1

苹果出生之后，我一直是二十四小时陪伴在旁，先生工作繁忙，总是回家很晚，回来虽说会帮忙，但也十分有限。

苹果四个月时，我第一次离家办事，留先生一个人在家看着他。

虽然说出门只有三个小时的时间，但那三个小时对我来说，特别的漫长，怕孩子饿，怕孩子困，更怕先生手足无措什么都应付不来。因为婆婆向来贤惠伟大包办一切，我先生一直没什么生活能力，一个连自己都照顾不好的人，把孩子交给他，我又怎么能放心？

三个小时的时间里，我给先生打了好几个电话，详细地询问孩子的情况，再三嘱咐他："你要是不行，一定及时给我打电话，我马上就回去！"每次，先生都笑着说没事，他搞得定。

办完事，我一分钟都没敢耽搁，马不停蹄地往家赶。以为家里会是一片狼藉的场面，可推开门的瞬间，我笑了。

那个画面，是我一生都不会忘记的。

四个月的小苹果“坐”在一直闲置在客厅的婴儿床里，身后靠着一摞被子，先生坐在婴儿床旁边的椅子上。床头的音乐摇铃一直在旋转，爸爸和儿子，两个人四只眼睛，都跟着摇铃上的小动物，一直在旋转。两个人的表情，如出一辙，张嘴傻乎乎地笑着，专注又无邪。

大概是因为紧张了三个小时的神经忽然放松下来吧，又或者，是第一次看到他们父子俩单独相处的画面，那一瞬我几乎要落下泪来，内心特别的感动。

看到苹果坐着的那一瞬间，我其实是很惊讶的，让这个还不会坐的孩子强行坐着，会不会伤害到他的坐骨神经什么的？可是，我没有去指责先生，因为，他真的已经做得很好了。看得出，第一次和孩子单独相处，他很享受，也很感动。

从那一次起，我开始相信先生带孩子的能力，也偶尔会把孩子扔给他，自己去放松。

后来，随着小苹果长大，我先生负责的，主要就是陪玩。孩子一岁多时，先生弹着尤克里里，苹果吹着玩具小喇叭，听起来也是个像模像样的演奏会；两岁时，在公园里踢足球，笨笨的爸爸和胖胖的儿子，追着一颗印满美羊羊的小足球，画面也暖暖的；三岁时，通常是苹果骑着滑板车遛他爸；后来，苹果再长大些，就变成了一个小领导，他提意见，做安排，先生负责服从……

而我，乐得清静，同时也很享受苹果小同学疯完闹完一脸尽兴的样子。

2

我知道身边许多妈妈，并不敢把孩子放心地交给爸爸。

周末和妈妈党们小聚，分开时，大家都心急火燎地准备往家赶，亚文却坐着不动，叹口气说："我真是有点不敢回去。"

她说，每次把孩子交给老公出来聚会，都是开开心心出门，战战兢兢回家。

到家之后，她会站在门口先深呼吸一口，告诉自己要坚强。可推门进去，家里的状况几乎每次都能瞬间击穿她的承受底线。

有一次，她进门发现老公正歪在沙发上打游戏，而在地垫上的孩子，撅着屁股趴在一堆玩具里睡着了，小脸蛋下面还压着一辆小汽车。

还有一次，老公睡着了，孩子坐在他旁边啃手机。

而另一次，爸爸和孩子倒是都睡着了，可爸爸裹得严严实实，孩子却光着身子躺在旁边，之后感冒了半个月才好。

这些就很让人头疼了，可她最怕的，是刚进门孩子就大哭着上来抱大腿告状："爸爸打我！""爸爸吼我！""爸爸抢我玩具！""爸爸说要把我扔出去！""爸爸说妈妈不回来了！"

有时孩子倒是笑着迎接她，可是脸上却挂着彩，不是额头撞了，就是鼻子磕了，最严重的一次，眼睛肿着，玩打架游戏的时候爸爸不小心误伤的。

……

亚文说，在他们家，爸爸是孩子上辈子没还清的债主。她苦笑着让我们计算她心理阴影的面积。

我们忍着笑，安慰她："人家都说父爱如山，岿然不动。你老公能帮你带孩子，已经很不错啦！"

是啊，在许多丧偶式育儿的家庭里，父爱是山一般的存在，任他地动山摇，我自岿然不动。在这样的大环境下，愿意主动带孩子、陪玩的父亲，已经是一股清流了。

3

小右的老公大刘就是这样一股让人又爱又恨的清流。

小右的座右铭是"防火防盗防爸爸"。

因为让爸爸陪玩，付出的代价是惨重的。

大刘很喜欢陪儿子玩，每次都玩得特别投入、特别专注，脸上透着一种孩子般的快乐，似乎他自己也是个低幼儿童。不过，他的行为也特别低幼，这让儿子吃尽了苦头。

儿子一岁时，大刘兴高采烈地送他一套电动轨道。拆了盒子，他一边把孩子扒拉开，一边组装轨道。组装好之后，火车往轨道上一放，开关一按，火车大声鸣着汽笛快速向孩子冲去，孩子被吓得哇哇大哭，后来看见那辆火车就躲。

孩子一岁半时，大刘给买了辆豪华四驱越野遥控车。孩子看着那个庞然大物毫无兴趣，他自己倒玩得不亦乐乎。后来，大刘又发明了新玩法，他遥控着汽车跑，让孩子气喘吁吁地追，刚学会跑的孩子，头上摔了好几个包。

再后来，大刘又给孩子买了一大套拼插轨道，可是，为了防止孩子捣乱，他把自己关在书房玩得废寝忘食，急得孩子不停地挠门。

……

小右说，保姆陪孩子玩要钱，爸爸陪孩子玩要命。

有一次大刘骑着孩子的小滑板车在公园飞奔，孩子一边迈着小短腿在后面追一边绝望地大哭："踩坏了，踩坏了！"大刘不管不顾，大笑着继续骑，根本不知道孩子已经在后面摔得满膝盖都是血。

小右心疼得哭了。从那次起，她彻底放弃了让老公带孩子的想法，所有事情都亲力亲为。她说："我辛苦一些，总好过让孩子折在他爸手里。"

被打击多了，大刘也学会了"父爱如山"。哪怕孩子把家闹翻天，妈妈忙得四脚朝天，也好像和他没关系。

小右终于过上了"丧偶式育儿"的生活。

每当小右指责大刘不帮忙，大刘就摊开双手："谁让我做什么错什么，不做就不会错，与其做了挨你骂，还不如自得其乐。"

有些陪玩的爸爸，都是孩子躲不过的劫，也是妈妈解不开的心结。他们陪玩的时候全情投入，智商情商瞬间和孩子齐平，不惜和三岁小儿争长短论高下，孩子难免受伤。

在妈妈的眼里，这是幼稚、不负责任。可这正是爸爸们的超能力，像同龄人一样和孩子玩耍，是爱子心切的妈妈们很难做到的同理心。

如果因此而指责爸爸，甚至剥夺他陪玩的权利，那对爸爸和孩子来说，都是莫大的缺憾。

4

和那些视爸爸如虎狼的妈妈相反，我的好朋友鑫鑫，特别在意老公对孩子的陪伴。

为了让爸爸参与育儿，她想了各种各样的办法。

她让爸爸给孩子读绘本，可爸爸读着读着说起了梦话，后来干脆开始打呼噜，孩子在旁边抠鼻子、挖耳朵、拽睫毛都叫不醒。

她给孩子买了许多益智类的玩具，让爸爸陪着玩。于是，经常听到爸爸得意的欢呼声：“哦耶，我赢了！”紧接着是孩子沮丧的哭声，然后她冲进去一边安抚孩子一边凶老公：“赢过一个两岁小孩，觉得自己特牛掰是吗？”

她让爸爸带着孩子去公园踢球，没一会儿孩子就哭着回来了，说球老在天上，他够不着。

……

过程也一样充满辛酸，只是，鑫鑫看到的更多的是积极的一面。虽说爸爸陪着时孩子更容易受伤，可是，爸爸陪着时，孩子的笑声也更多、更加放肆，更有童真的味道。

儿子三岁生日时，鑫鑫送了一套拼插积木给他，让爸爸陪着玩。这回，儿子终于反败为胜占领了主场。他们一起拼插时，儿子想象力丰富，总是在爸爸一筹莫展时拿起一块积木大喊：“这是‘警报’！”“这是‘引擎’！”

爸爸总是一脸惊奇："对，还真是！再找个'炸弹'来！"

因为总是被儿子的创意打败，爸爸一颗不服输的心更是蠢蠢欲动，总是想赢回一把，于是，父子俩越来越热衷于一起玩。而鑫鑫，也乐得看到父子俩一起的快乐时光，更乐得享受难得属于自己的清静。

鑫鑫说，其实，每个陪玩的爸爸，都是长不大的小孩。他们喜欢陪孩子玩，喜欢孩子的玩具，更喜欢回到童年的感觉。陪玩的时候，他们是简单直接的，同时又是缺乏界限感的，因为在那一刻，他们自己，也不过是个孩子。

我深有同感。每次先生陪苹果玩时，我都能看到他脸上那种只有孩子才会有的表情。陪苹果玩时，他一定是百分百投入的，他的快乐，也是毫无杂念的那种。

所以，我特别愿意让他陪孩子玩，那种浸入式的快乐，只有从孩子身上才能得到，我愿意让他从苹果身上去索取那份快乐。

一个成年人孩童式的陪伴，也只有父亲能给。我陪苹果玩时，总是藏不住一个妈妈的细心，会忍不住关心他是否口渴、穿没穿暖、冒没冒汗，甚至会停下来帮他擦干净蹭脏的脸，很难全情投入。所以，我很希望苹果从父亲那里，去获得那份单纯的快乐。

虽说苹果几乎每次受伤都发生在我先生陪他玩时，甚至，连和爸爸一起走路都比较容易摔跤，可是，比起他从爸爸的陪伴中得到的，这些真的不值一提。

我总觉得，把爸爸定义为"凶险"，是妈妈的狭隘。为了孩子的安全，将父亲和孩子隔离开，进而引起家的分裂，导致"父爱如山，岿然不动”，而自己，只能苦哈哈地“丧偶式育儿”。

这真的有弊无利。

5

杨绛曾在《我们仨》中写过这样的细节：她希望钱钟书和阿圆用完毛巾折叠整齐，而钱钟书和阿圆从来都会忘记。看到随意堆着的毛巾，杨绛不会指责父女俩，也不生气，只是耐心地一次又一次帮他们折叠整齐。

看似简单的一个细节，却蕴藏着值得我们学习的相处哲学：接纳。

家人不按照她要求的方式挂毛巾，她不去唠唠叨叨说教，而是身体力行地帮他们折好。这是接纳家人的不完美，也接纳自己的太要求完美。

而接纳，正是许多妈妈需要上的重要一课。

初为人母的大爱，给妈妈们带来许多焦虑和不安，似乎只有自己能带好孩子。于是吹毛求疵，要求家人完全按照自己的方法去带孩子。

其实，妈妈的方式不一定是完美的。而爸爸的陪伴，虽然有更高的危险系数，却能让孩子在过程中获得男性独特的规则感、幽默感，以及坚强和勇气。

退一万步讲，现在流行挫折教育，有爸爸陪玩的家庭，都不需要再专门对孩子进行挫折教育了，因为爸爸本身就是挫折。

所以，妈妈要做的就是接纳、放手、信任、引导，接纳爸爸的不完美，放手让孩子享受父爱的浸染，信任爸爸的底线和初心，完全将孩子交给他，引导他们玩得安全、玩得和谐、玩得有创意。

爸妈，你们爱的是我，还是手机

1

周末带苹果去上篮球课。

孩子们在场地上课，家长们坐在场地旁边的长椅上等待。

班上个子最高的那个女孩，心思一直都不在课上，不停地扭头看向她的爸爸。

她每隔一会儿就会气急败坏地喊一句：“爸爸，你又在看手机！”

起初，她的爸爸笑眯眯地答应：“好的好的，我知道了，不看了不看了。”然后关上手机，放入口袋。

可不到五分钟之后，女孩再转头过来，发现爸爸又埋头在手机里。于是她又叫：“爸爸，你怎么又看手机？”

过了几次，爸爸开始显示出不耐烦，对自己看手机的问题避而不谈，反倒怒斥孩子：“不好好上课你操什么闲心！”

女孩又坚持提醒了几次，爸爸斥责她的口气越来越强硬。她终于放弃，注意力回到了教练那里。

可她的嘴整节课都噘着，表情抑郁，中途还因为别的小朋友碰到她而大哭了一场。

其实我注意那个女孩很久了。她的年龄在班上算大的，情绪控制能力却是最差的。她比其他小朋友高出大半头，可几乎每节课都要崩溃大哭一两次，原因往往是没能完成游戏任务、没拿到贴纸奖励这样的小事，有时甚至只是因为别的小朋友按照老师要求的那样去抢她的球。

好多次，教练都不得不将奖励直接送她，以息事宁人。旁边的父母们也总皱着眉头看她，觉得她影响上课秩序。

我一直很好奇，那么大的孩子为什么情绪控制能力会那么差。可看到他爸爸沉迷于手机，而她气急败坏的样子，我忽然开始理解她。

想必，父母沉迷手机、极少关注孩子，已经是他们家的常态。而在家庭中得不到关注的孩子，是很容易出问题的。这样的孩子，往往没什么安全感，所以情绪管理能力比较差。

其实每一个行为出格的孩子都一样，最根本的原因就是爱的缺失。他们想通过夸张的举动，吸引别人的注意，强调自己的存在。

而导致很多孩子缺爱的原因竟是，父母把本该给他们的宝贵的注意力，都给了手机。

2

随着无线网络的发展、各种 APP 上线，手机不再只是交流工具，而是增加了一个身份：杀手。

它谋杀时间、谋杀注意力、谋杀人与人之间的关系，甚至谋杀生命。

有人因为玩手机入神，不知不觉走入西湖；有人因为玩手机，酿成两岁孩子被车轧死的惨剧；有人因为玩手机，孩子被溺亡都浑然不觉；有人因为玩手机，孩子就在自己身后被人贩子抱走……

这样的事故数不胜数，事故发生之后，父母都表示后悔不迭，然而世间没有后悔药。

比起这些令人触目惊心的偶然的生命事故，更可怕的是每天钝刀子割肉一般的情感暴力。

在孩子的价值观里，父母给谁的关注更多，就说明父母最爱谁。所以，孩子们逐渐建立了这样的认知：我在爸爸妈妈的心里，没有手机重要。

于是，许多孩子在作文里写道："爸爸，你是手机的爸爸。""妈妈，我想成为你的手机。"孩子的心声里，满含着对父母的绝望。

世界上最远的距离，不是生和死，不是骨肉分离，而是我在你身边，你却在玩手机。

小区里有一对父母，两个人都要上班。孩子放学之后，会被保姆先接回家，父母回来之后，保姆下班，父母上岗。周末也由父母带着。

和许多孩子不同的是，孩子并不想念爸爸妈妈，相反，他很依赖保姆。每天保姆要下班时，他都会拉着保姆的衣服不让她走，哭得歇斯底里的，场面特别壮观。

保姆走后，家里变得特别安静，他的父母各自玩手机，并且不时从手机里探出头来，询问他的作业状况。如果碰巧发现他在开小差，就会有一通怒吼、斥责。

有时他作业不会写，去找父母帮忙，父母多半会将题目扫描进手机，然后搜出答案给他看；有时他觉得百无聊赖想要父母陪他玩，父母也会一脸嫌弃地把他扒拉开。

久而久之，孩子变得很识趣，不再轻易打扰父母，作业也都能糊弄过去，反正父母在忙着看手机，没心思检查。

只是，孩子也变得越来越沉默了，在家里不爱说话，去了外面也变得不愿意和人交流。而他对保姆的依赖，也愈演愈烈，每次保姆来，他都欢天喜地，保姆要走时，又好像生离死别。父母因此还揍过他。

这对父母，会对着手机里的搞笑视频哈哈大笑，却极少给孩子一个温馨的笑容。有耐心读完网络上长长的段子，却没耐心看孩子短短的作业。

对孩子来说，父母的漠视，真的是不能再锥心的冷暴力，他甚至都不知道该如何反抗。

可他们并不是不爱孩子，他们也在各种网站，给孩子买各种昂贵的玩具、衣服，也给孩子报各种逼格满满的课外班，并且风雨不改开车接送。

他们只是被手机绑架了灵魂。

3

手机真的很好玩。

各种资讯软件会将最新时事推送到眼前；微博上能看到你喜欢或者讨厌的明星的八卦和日常；朋友圈能看到同事、同学、朋友都吃了什么，去了哪儿玩，收到了什么礼物，发生了什么糗事；直播间里还有现实中永远触不到的男神女神，礼物刷够了他们还会不停地对你说“亲爱的么么哒”……不出门就能尽知天下事，联上网络就可以娱人娱己。爽飞了的感觉！

可是，当我们的注意力被手机抓走并囚禁起来时，往往会忘记去思考：什么才是我们生命中最重要的东西？

亲情、爱情、友情、自我。这些东西每一日都需要我们用心、用注意力去浇灌，我们却任由它们渐渐枯萎，并且对此视而不见。

上面所说的这对夫妻的故事，还有后续。

保姆因为带了孩子好几年，对孩子用情很深，她见不得孩子闷闷不乐的样子，哭着对夫妻俩说：“你们要是还这样丝毫不关注孩子，我就准备辞职了，实在受不了孩子哭！”

之后，老师也找夫妻俩谈话，说孩子在看到同学和父母亲昵时，总是一脸羡慕的样子。

夫妻俩这才意识到，手机到底占用了自己多少注意力。一家人在一起时，总是各忙各的，父母各自看手机，孩子自己安排自己。即使偶尔有交流，他们也总是被手机的一声响动，就轻易地拉了回去。

和孩子是这样，彼此之间更是这样。两个人面对面说的话，不如在微信里说得多。似乎他们，生活在一个平面的空间里。

手机，已经不仅仅是亲子关系的杀手，也变成了夫妻关系的障碍。它似乎有一种魔力，总是能将自己的注意力从家人身上拉开。

他们对孩子说："对不起，以后爸爸妈妈回家不玩手机了。"

小小的孩子泪流满面，哭着说没关系。

后来他们定下了关于手机的一系列规矩，并写下来贴在了墙上：和彼此说话的时候一定不看手机；手机不带进卧室；删掉所有游戏 APP……如有违反，谁都可以马上指出，并且索要一个 10 分钟的熊抱。

很庆幸，他们能够意识到自己的问题，并且及时做出了改善。后来，孩子渐渐变得开朗，对保姆的依赖也渐渐减轻。

手机能够毁掉一个孩子，也能毁灭一个家庭，这绝不是危言耸听。

每种关系都需要耗费精力去悉心维护，你把精力和注意力给了手机，必然会在其他地方有所亏欠。

4

对孩子来说，世界上最远的距离，大概就是父母就在自己身边，却在埋头玩手机。

父母在外奋斗一天，终于回到家里，却把时间都用来刷手机。刷完微博刷微信，又刷完了好几个新闻 APP，直到深夜来临困得睁不开眼。

你知道世界政局、经济趋势、明星八卦、邻人日常，却不知道伴侣每天睡前的叹息、孩子内心的咆哮。

两个人如胶似漆的时光，因为有了手机的介入，多出许多莫名的空洞。当关系出现问题的时候，想弥补，会发现无所适从。因为，似乎谁都没有做错什么。

那些本应该陪伴孩子的亲子时光，因为有了手机的干扰，大人少了许多耐心，孩子多了许多焦躁。

不知道有多少人意识到了，你的家庭、生活、自我，正在手机面前一点点沦陷。

常听到人这样说：我也知道总看手机不好，也想不看，可是，总是一个恍惚，就发现手机又在手里了。

好像一切都错在手机似的。

其实戒掉手机瘾并不难，主要在于决心和行动力，还有辅以监督。

每个家庭，都应当设置全家完全不看手机的时间段。在这个时间段里，所有人把手机上交、上锁，全身心地投入到和家人的相处中。

这种不受外界干扰的高效率相处，哪怕每天只有一两个小时，家庭关系也能得到足够的浇灌，愉悦每个家庭成员。

简化你的手机页面，对自己没有好处的 APP，全都卸载。同时培养手机之外的兴趣、爱好。这世界上有太多事情，比刷手机好玩一百倍，只是需要你去发现。

戒掉手机不容易，可陪伴孩子成长的时光、全家人其乐融融的相处更难能可贵。作为父母，应该互相监督，互相改进，幸福的时光，且行且珍惜。

1

雨后清晨，清冽的空气里有泥土的芳香，阳光穿过薄雾投射到小区里，一出楼门，整个人都心旷神怡。

我牵着小苹果的手，送他去幼儿园。小区的路上，每走几步就会有一两条长长的红色蚯蚓，有些正在蠕动，有些已经被粗心的路人踩成照片，一片污渍般粘在地上。

我和苹果一直低着头默默走路，小心翼翼地避开脚边的蚯蚓。偶尔，苹果会大叫一声，提醒我注意脚下："妈妈，你小心点啊，你看那些被踩死的蚯蚓多可怜！"

我忙不迭回应："放心，妈妈看着呢。"

当了妈后深有感触，每当看到孩子在看一朵云、嗅一朵花、听一阵风，或者小心翼翼地走路，避开地上的蚯蚓时，内心总是特别容易感动。我常在想，让人动情的，也许正是孩子对自然、对世界、对其他生物发自内心的爱意和尊重吧。

我攥紧苹果的小手，享受这幸福的时刻。

忽然，背后传来一个声音，是一个妈妈在尖声提醒孩子：

“小心！别踩着地上那些蚯蚓，蚯蚓可臭了，会把你鞋弄臭的，哎，恶心死了！”

那个声音很有辨识度，是苹果同班同学的妈妈，也是让小区里其他妈妈比较头疼的一位。

我正想拉着苹果赶快走，他却停了下来，转过身去，义正词严地反驳：“蚯蚓才不臭呢！”

那位妈妈没搭理苹果的话，反而用她一贯阴阳怪气的语调说：“哎呀，你妈也不教教你，见到阿姨要打招呼，小朋友要有礼貌，知道吗？”

我和她随便寒暄了两句话，就拉着苹果赶紧走了。

我担心和她待久了，孩子又会被她的嘴炮攻击，她的嘴巴毒是小区里出了名的。

见到熟悉的小朋友，那位妈妈最常说的话就是“哎呀，你怎么这么瘦，好吃的全让你妈吃了！”“告诉阿姨你为什么这么胖，是不是你妈每天除了吃，啥都不让你干？”“哎呀，你这孩子怎么都不说话啊？是不是你妈不让你和陌生人说话？”“哎呀，看你整天上蹿下跳的，阿姨猜你是属猴的吧？”

她总是能一句话就击中要害，直戳孩子的缺点。虽然孩子还年幼，往往一脸懵懂，不知道她真正的意思，却也能感受到她的不怀好意。大人们十分反感她那样，又不想闹得太僵，就尽量躲着她。孩子们在一起玩时，看到她远远走来，通常就会装出要回家的样子，散开了。

没有哪位妈妈愿意和她在一起聊天超过十分钟，她的孩子也自然没有同龄的孩子愿意陪着玩耍，时间长了就变得十分寡言，三岁半上幼儿园时，她孩子还不能说完整的句子。

忘了说了，这位妈妈很胖，而她的孩子，特别瘦。有些妈妈被她讽刺得气不过，就会以牙还牙，见到他们娘俩就调侃孩子："瞧这孩子瘦的，跟非洲难民似的。你妈是不是自己把好吃的都偷偷吃了，什么都不给你留？"

不知道那孩子听到这些话是怎么想的，反正他的眼睛总是十分忧郁。

大家暗地里也会感慨，这孩子运气真差，摊上这么一个口无遮拦的妈妈。

父母说话的方式，真的会不知不觉中影响到孩子的生活。父母毒舌，孩子也会被隔离，虽然孩子并没有做错什么。而那些与人交往礼貌热情的父母，他们的孩子通常更受人喜欢。

爱屋及乌这种道理，人人都懂。

2

有次带苹果到一所大学里玩，在运动场的跑道上散步。

没走一会儿，就遇上两个年龄和他差不多的孩子，一个男孩一个女孩，他们三个蹲在地上一起捡树叶玩。

虽说玩得很开心，可那个男孩，明显不受苹果和女孩的欢迎，他总是指手画脚，还会抢走他俩捡来的树叶。两个孩子每看到他靠近，都会格外提防。

捡了一阵子后，男孩说要去篮球场看别人打篮球，征询他爸爸的意见。爸爸说："可以看，但是离远一点啊，别让篮球打到你！”孩子听完，兴高采烈地跑去了。

女孩问妈妈她可不可以去，她妈妈很认真地蹲下来，对女孩说：“你当然可以去看啊。但是请你离球场远一点儿好吗？不然会影响到哥哥们打球。哥哥们害怕撞到你，就没法集中注意力打球了。”女孩也手舞足蹈地去了。

征得我的同意，苹果也追着去了。

看着三个孩子跑过去的身影，再看远处篮球场里的大学生们，我的内心被一种强烈的感受冲击着。这三个孩子，将来都会长成球场里那些青年的样子，可到那时，他们会变成完全不同的人。

因为他们父母的价值观，会影响甚至决定他们的价值观，进而决定他们成为什么样的人。

“我可以去看哥哥们打篮球吗？”

孩子们问的是相同的问题，两位家长都给了肯定。可在我这个旁人听来，那位妈妈的说法就更加舒服一些。深思下去，这两位家长的话其实映射了两种完全相反的价值观。

那位爸爸要孩子注意，别被球打到，他在告诉孩子，自己的安全是第一位的。那位妈妈要孩子注意，别影响到别人打球，她在教孩子共情。

两种不同的说法后面，藏着两种不同的价值观。一种倾向于利己，我的孩子就是全世界最重要的，只要我的孩子安全，其他无所谓；而另一种，却是心中有他人，孩子要去看别人打球，首先想到了这可能影响到别人的状态。

在两种不同价值观的耳濡目染下，两个孩子一定会形成不同的性格。第一个孩子，大概率上会变得自私自大，以自我为中心，没有人会喜欢和这样的人做朋友。第二个孩子，则很有可能变成一个受欢迎的人，因为她从家长的身上学会了共情，懂得时时去关心别人的感受，和这样的人相处，很舒服。

3

有一次闺密心情不好，约我陪她去逛街。我们逛累了各自沉默着走在回家的路上时，她叹了口气，跟我说了一句话，让我印象特别深刻。

她说："每次我不开心的时候，内心都会蹦出一个句式来。'都怪……'可是我发现自己是凑不全这个句式的，因为我再清楚不过，眼前的困扰都是我自己造成的，跟任何人都毫无关系。"

停顿了一两分钟，她又苦笑着说："大概是因为我妈过去常说这样的话吧。不管遇到什么事，她总是能找到责任者。有一次她拿着一个油瓶，不小心手滑摔碎了，香油洒了一地。明明是她自己洒的，可她马上冲我爸说'都怪你和我说话！'"

当时，闺密是当个笑话讲给我听的，我也只是跟着大笑一番，那个话题就结束了。可是她说的那些话，却深深埋进了我心里。

闺密所说的事，再次印证一个道理：父母说过的话，都会印刻进孩子的灵魂。不管那些话是对还是错，有没有逻辑支撑，它们都会变成子女意识的一部分，在特定的场合从孩子的脑子里蹦出来，影响孩子的状态，甚至影响孩子所做的决定。

父母说话的方式里，藏着他们教养孩子的方式。不管父母用什么样的方式去教养孩子，孩子都会吸收进去，并且以这样的方式去成长。

当你在饭店对孩子说“别乱跑，会影响别人用餐”时，你是在告诉孩子：在公共场合，每个人的需求都应该被尊重，不影响别人，也是每个人该拥有的基本礼仪。

当你对孩子说“别乱跑，别人会撞到你”时，你是在告诉孩子：只要你能保护自己不受伤害，怎么样影响别人都没关系。但是，要注意，每个人都有可能伤害你。

当你在飞机上为孩子的哭闹向每位乘客道歉时，你是在告诉孩子：不管你多大，影响到别人休息，就是一件不好的事。

当你面对别人的指责不以为然，还说“我们家孩子还小，你要是忍不了就去包专机啊”时，你是在告诉孩子：你的年龄就是特权，你做什么都可以被原谅，没关系的！

人的价值观没有贵贱之分，却有好坏之别。父母说的话，真的会在潜移默化中决定孩子的三观。

所以我特别反对那种“孩子还小，在他面前说什么都不用避讳，和他说什么都没关系”的论调。恰恰相反，我认为孩子越小，父母越该谨言慎行，因为哪怕一词一句，都有可能嵌入孩子的灵魂，影响他的一生。

就好像一张画布，如果它还是整幅空白，那么，只要轻轻画上一笔，画面就会发生天翻地覆的改变；而如果它已经有了自己的底色以及结构、基调，哪怕重重一笔，对整体也造不成太大的影响。

所以，从孩子很小很小的时候开始，父母就应该认真对待“说话”这一件大事。

父母真的不能当着孩子面吵架吗？未必

1

下午，有个妈妈往我们的育儿群里抛了一篇文章，文章的大致意思是，父母吵架对于孩子来说，是一种致命的伤害。严重的，孩子还会落下自虐的毛病，并且终其一生，都生活在痛苦当中。

紧接着，群里就炸了锅。大家都说，每次当着孩子的面吵架，事后都愧悔不已，发誓下不为例。可到了下一次，又没能控制住体内的“洪荒之力”。很多人都说，因为忍不住当孩子面吵架，总觉得自己不是好父母，对不起孩子。

平常讨论起某个观点，大家都是众说纷纭，有支持也有反对。可是这一次，是一水的反省和忏悔，感觉像进入了教堂的告解室。

有人问为什么不能当着孩子的面吵架，大家的回答集中在两点：一是父母之间的冲突会让孩子感觉恐惧，甚至留下心理阴影；二是在给孩子树立坏的榜样。

说得都挺对。可是，不当着孩子的面吵架，有几对父母做得到？

2

从孩子出生起，我也一直用“不当孩子面吵架”的原则约束自己，有时候哪怕再生先生的气，也咬着牙默默劝自己忍耐，忍到孩子睡着再吵。

可每次等孩子睡着，火气往往又没那么大了，加上一天的疲累，实在懒得把宝贵的休息时间用来吵架，于是，原本准备吵的架也就不了了之。

然而吵架虽然避免了，情绪却并没有消失，而是慢慢地积累起来，让人变得更加暴躁。坏情绪积累久了，就特别容易爆发更大规模的战争，造成极大的杀伤力。

更糟糕的是，我发现每次和先生起矛盾，我压抑下去的怒火，最终倒霉的是孩子。

那一团堵在胸口的恶气，在身体里面横冲直撞，寻找出口。于是，往往会在带孩子的过程中不小心泄露出来，让孩子错愕地承受无名之火。

所以我开始怀疑，不当着孩子的面吵架，真的对孩子有好处吗？或者说，当着孩子的面吵架，真的有我们认为的那么可怕吗？

孩子三岁时，有一次我没忍住，当着孩子的面和先生吵了起来。有过那一次，后来就再也刹不住车了。

我们又回到了生孩子之前，有情绪及时沟通及时宣泄的相处模式。

有天早上，刚起床就因为一句无关痛痒的话和先生吵了起来。来回拌了几句嘴之后，他扔下一句“不可理喻”就气呼呼地带着孩子出门了。他去上班，顺便送孩子去幼儿园。

没过几分钟，先生从微信上给我发来一条信息，内容只有三个字：“谢谢你。”

我问他谢什么。

原来，领着孩子出门之后，出于愧疚，他问孩子：“看到爸爸妈妈吵架，你害怕吗？”

孩子特别不以为意地回答：“不害怕，我妈妈说了，每个人都会吵架。我在幼儿园也会和小朋友吵架，可是吵完之后我们还是好朋友。”

他说他听了十分感动。其实我也一样，很感动。

3

后来我偶尔忍不住当孩子的面和先生吵架，都会留心观察孩子的反应。

每次吵架，几乎都是先生先挑的事，但先发飙的总是我。

每次苹果一看到我生气，就会先问我：“妈妈，是我惹你生气了吗？”

很奇怪，哪怕我再生气，也能够先停下来，心平气和地将吵架原因告诉他：“和你没关系，是爸爸说话不算数，妈妈很生气，必须和他理论清楚。”

听到这个答案后，他就放心地坐到沙发上看书去了。有时候还会热心观战，兼任纪检委员：“爸爸，你不是说不能说脏话吗？”“妈妈，有话好好说，冲动是魔鬼！”

有时他会在我们还没吵起来时，就先及时制止：“你们小声点好吗？好吵啊！”

有时，他会根据自己的是非观来站队，站到正确的一方，要求错的一方道歉。

面对父母的吵架，他的表现总是特别的成熟。甚至在吵架的过程中，我和先生都会觉得自己不如一个小孩，然后不好意思地停止争吵。

慢慢地，我发现他在和小朋友的相处过程中，也能理智成熟地去解决问题。和小朋友起冲突时，辩论能力也特别强，总能精准地抓住对方犯错的要点，去说服对方。

孩子能够在父母吵架时淡然处之或者理智劝架，很大的原因是，平常我们都不吝于表达对他的爱，他有满满的安全感。

而且每次吵架之后，我都会不断地和他说：“每个人都有可能和别人吵架，尤其一家人，每天在一起，观点不同的时候吵架很正常。爸爸妈妈吵架，和你没关系。而且，爸爸妈妈吵完架，还是好朋友。”他听了点点头。

慢慢地，对于吵架这件事情，他也有了正确的认知：没有人是不生气的，生气了就有可能会吵架，吵架不代表我们不爱对方了。吵过之后，感情依旧。

我们也知道当着孩子的面吵架不好，可是，人都有七情六欲，暴脾气上来了很难刹得住车。而孩子，其实都很聪明，你是心无芥蒂地快乐着，还是咬牙切齿地隐忍着，他都能感觉到。与其在凝重的气氛中苦等孩子入睡，还不如痛痛快快地吵一架，不藏着、不掖着，想说的话都说出来，然后达成和解。

这看起来像是在放纵自己，可事实上，不管对大人，还是对孩子，都是有好处的。

4

我们这一代人，大多是被父母按照本能随心所欲地带大的。所以，父母的争吵声，几乎是大部分孩子成长的伴奏音。父母吵架，见怪不怪！

那我们的心中是不是都有抹不去的阴影？问了一圈周围的朋友，除了场面太过激烈、升级为暴力和迁怒于孩子的，很少有人说留下了什么阴影。

我的同学静静相反，她的家庭总是和谐幸福，她从小到大没见过父母吵架。有时他们哪怕言语之间已经失去了和谐，也还是会有一方先隐忍退让。

初三那年，有一天她身体不舒服，于是请了晚自习的假回家。可才到楼道里，就听到父母争吵的声音，声调很高，语气也都很决绝，甚至夹杂着不堪入耳的脏话。

那一刻，她觉得自己的整个世界都崩塌了：原来父母一直以来的恩爱有加，还有所谓的内涵和修养，都不过是在她面前的表演。

那天她在小区里游荡了很久，到放学时间才回家。她回去时，父母仍然和平时一样，和颜悦色，似乎刚才的一切都没有发生过。然而在她心里，一切都回不到过去的状态了。

后来，每每看到父母相敬如宾的样子，她就会想他们那晚的恶语相向，不知道哪个才是父母真正的样子。

自从那件事之后，她变得很怕看到别人起冲突。高中时，她住校，有一次同寝室的两个室友发生矛盾，对骂了起来，她坐在自己床上，默默观战，内心充满了无助。后来两个室友和好了，她却很久都没能释怀，一看到那两位室友之间有交集，就胆战心惊。

大学时，有次她和别人起冲突，对方指着鼻子骂她，她也只会默默地站着，不知道该如何反击。等对方走了很久，她才流下泪来。

对于一个孩子来说，父母就是他的全部世界。因为从没见过父母吵架，静静一直都以为，不与人起冲突是做人的基本修养，面对别人的挑衅和欺凌，她也只懂得隐忍不发。

可隐忍有多痛，只有她自己知道。

孩子总归要长大，总要去面对真实的世界。因此，家长都有义务在孩子面前展现一个真实的世界。让孩子学会欣赏好的一面，也学会对抗不好的一面。

刻意不在孩子面前吵架，其实是过度保护，隔绝了人性中负面的一面，只展示好的一面。于是，当世界负面的一面在孩子面前徐徐展开，孩子只能不知所措。

5

其实孩子害怕大人吵架，深层次的原因有两点：一、本能地以为父母吵架是因为自己做错了事；二、害怕父母吵架之后会离婚，家庭再也不完整。

所以，只要让孩子明白父母吵架与自己无关，并且，父母吵架不代表会分开，吵架不是洪水猛兽，而只是生活中的小插曲。

只不过，父母当着孩子的面吵架必须坚守以下底线：

1. 不肢体接触，不摔盆砸碗，不飙脏话，这是家长修养的体现。如果做不到，就还是忍着，忍到孩子不在场时再吵吧，不然真的会留下心理阴影。

2. 告诉孩子父母吵架并不是他的错，大人也会做错事，也会有意见不合的时候。

3. 必须让孩子明白，父母虽然会有吵架的时候，但彼此是相爱的，不会分开，而且会永远爱他。

4. 吵完一定记得安抚孩子，也把吵架的结果、吵出来的道理告知孩子，也可以让他发表看法。

5. 对事不对人。针对事情本身进行争论，绝对不能上升到人身攻击。

6. 吵完就完，不记仇，不就着一个话题重复吵。

7. 争取吵出花来。如果两口子吵架吵成辩论赛，把吵架变成心理学、逻辑学、哲学知识的秀场，不仅自己的口才能得到锻炼，孩子也能在旁学到不少。

以上，孩子太小的不适用。太小的孩子有的特别无所谓，天翻地覆都与己无关；有的特别敏感，有一点点动静都会吓哭。

最后，我想说，在孩子面前打嘴仗，真的用不着愧疚。该愧疚的是，你将坏情绪发泄到孩子身上，以及在吵架之后没能安抚孩子。

但是，终归吵架是不好的。冲动是魔鬼，控制得住的话，还是能少吵就少吵，能不吵就不吵。

毕竟，家和万事兴嘛！

如何温柔而坚定地和孩子立规矩

1

过年走亲戚，对于家长们来说，就是孩子的秀场。养儿育女一整年，结果怎么样，带着走走亲戚就知道了。

我家亲戚多，孩子也多，来来往往的孩子们，各有所长。但是，我发现一件很有意思的事情，那就是，几乎每一个孩子手里都掌握着一个控制家长的锦囊。

不管自己有什么要求，如果家长不同意，只需要当着众人的面躺在地上，一边哭一边喊“我就要嘛”，家长九成以上会妥协：“好好好答应你！”毕竟，当着众人的面打骂孩子，家长脸上也挂不住。

看到家长们被孩子“要挟”时脸上的表情，我常常觉得想笑，那表情里，有爱，有不忍，更多的是束手无策。

2

有一个周末，我和苹果在逛玩具店时，进来了一家三口，小女儿不到四岁的样子。

刚进商店的门，妈妈就特别坚定特别大声地告诉女儿："说好了，今天只逛不买啊！"

小女孩很配合地点点头："我知道！我只看！"然后就雀跃着跑去看玩具了。

大家都对母女俩投去欣赏的目光，旁边有位妈妈甚至和她的小儿子说："你看姐姐多棒，你要和姐姐一样棒哦！"

可是没过一会儿，画风就开始变化了。女孩拿起一个芭比娃娃，特别期待地看着妈妈问："妈妈，我可以买这个吗？"

妈妈看了她一眼，说："没带钱。"

女孩眨巴眨巴大眼睛，马上就帮妈妈想出了解决方案："可以用手机扫啊！"

"用什么手机，你爸爸昨天不是刚送你一套新玩具吗？"看到孩子的坚持，妈妈的口气开始有些不耐烦。

"可是那个我不喜欢！"女孩噘起了嘴。

"不喜欢也不行，不能整天买玩具！"妈妈亮出了自己的底线。

女孩不干了，开始耍赖，大声叫道："我就要买嘛！"

接着，母女就开始了漫长的拉锯，女儿执着地闹着要买，妈妈开始找各种借口搪塞，一会儿说别人家的孩子不这样，一会儿说家里玩具太多。

后来，女孩开始大哭，妈妈佯装发怒，拉着爸爸走出了玩具店。女孩见状，并没有急着追出去，而是坐在了地上，一边拍打地板一边哭得更大声："我就要买嘛！"

爸爸和妈妈在玩具店外面站了好几分钟，女孩都没有要追出去的意思。最终，爸爸妈妈一脸无奈地走了回来，妈妈心疼地抱起了女儿，爸爸去款台结账买了那个玩具。

他们出门时，妈妈对孩子不断强调："这是最后一次了啊，下回不许这样！"小女孩爽快地答应着，脸上露出胜利者的笑容。

这真的会是最后一次吗？不管是父母还是孩子，心里都很清楚：这绝不会是最后一次。因为和孩子斗智斗勇，父母永远都不会是赢的那一方。

他们害怕孩子不开心，害怕孩子觉得父母不爱他，所以，不得不一次次地妥协于孩子的"要挟"，满足孩子的无理要求。即使他们知道这样不好。

3

有一次在饭店吃饭，旁边桌坐着一家三口，男孩十多岁的样子。

男孩从上桌开始，就开始不断地跟父母撒娇，说要买最新款的 iPhone。父母坚持说他的旧 iPhone 还能用，不肯买新的，可孩子一直都在磨。

后来，他的撒娇就变成了哀求，一口一个"求求你了"，连坐在旁桌的我，听着都有些心烦。男孩父母一直在找理由拒绝，后来又提出可以买一件别的东西来补偿他，可男孩一直都不肯让步。

正僵持不下时，男孩忽然失去耐心，怒吼一声，骂了句脏话，捧起一盘菜狠狠摔在地上，然后扬长而去了。

服务员闻声跑来清理，男孩的父母不断道歉。服务员走后，两口子对着一桌饭菜，谁都没动筷子，爸爸叹气妈妈流泪，气氛十分尴尬。

过了很久，爸爸才说：“都是你把他惯坏了，要什么给什么，一点不懂体谅大人。”

妈妈红着眼瞪向爸爸：“你就没惯着他吗？”

“那我不也是没办法嘛，”爸爸无奈地叹了口气，“总不能一有点什么就揍他吧！”

那对父母的无奈，其实也是许多父母的难题。

在我们还小的时候，教养孩子真的是一件很简单的事情，不管孩子做没做错，反正有问题先一通胖揍。揍对了那是让你有则改之，揍冤枉了那是让你无则加勉，反正父母永远不会错。被揍得多了，我们心中满是条条框框，一点不敢逾矩，更别提撒泼打滚了。

可当我们成为父母，整个社会环境发生了变化，孩子不仅要养要教，还要科学地养，有耐性地教。

用打来解决孩子成长中的问题，那一定是下下之策。可是，许多父母只知道打孩子解决不了问题，却不知道用什么办法能搞定孩子的无理取闹。于是，每当孩子步步紧逼，家长只好步步妥协。

殊不知，这样养出来的孩子，会变得自私自利、骄横乖张、性格懦弱，经受不起打击，而且做事也会懒散、毫无纪律。

4

小区里的小米妈妈，在朋友圈分享了她和小米斗智斗勇的趣事。

上床睡觉前，她要求小米收玩具的时候，小米虽然嘴上答应着，却仍然在兴致勃勃地玩着，继续把玩具箱里的玩具往外翻。

她只好提醒小米："如果你还不收好玩具去睡觉，明天去幼儿园就会迟到，老师就会批评你。"

小米听了之后，才拿了两件玩具放进玩具箱，就开始垂头丧气地说："我好困，好累，我必须得去睡觉了。"

小米妈妈虽然有些心疼，但还是坚定地说："妈妈知道你困了，可是你必须把玩具收好才能上床睡觉，这是咱们家的规矩。"

于是小米又提出新的条件，要妈妈和她一起收。

小米妈妈拒绝了这个请求，并向小米强调，自己的玩具必须自己来收。

这时候，小米的情绪有些坏，说："我不想自己收嘛，你陪我一起收！"

"如果你不能把玩具收回玩具箱，那我会认为你不想要这些玩具了，打扫卫生的时候我会给你扫进垃圾桶。"

小米听了，开始崩溃大哭。

小米妈妈蹲下来，握着小米的手臂，看着她的眼睛温柔地说："妈妈知道你现在很累，也很困，不想自己收拾玩具。但是，自己的玩具必须自己收好，这是每个孩子都应该做到的事情，也是我们家的规矩。如果你能够自己收拾好玩具，妈妈会觉得你特别棒！”

最后，她拥抱了小米，然后耐心等小米平复情绪，让她自己收好了玩具，才去睡觉。

看完之后，我特别佩服小米妈妈的处理方法。温和，但是坚定；认同孩子的情绪，同时也坚守自己的立场。

而在她和孩子说的话中，多次出现了这个词：规矩。而这两个字，正是最终小米能够合作的根本原因。

5

这是一个最好的时代，因为我们很容易就能够获得各种免费的信息，也能学到很多育儿的知识。相比过去，我们能够获得的帮助不仅快捷，而且高效。

可这同时也是一个最坏的时代，因为，很多传统的东西正在被摒弃、被忘记。

在古装剧中，几乎每个名门望族都会有一个庄严肃穆的宗祠，那是家族的圣殿，同时也是家规的执行地。每个家族，都有一本厚厚的家规，对孩子的行为举止做出全面的规定和约束。

每次看到那些犯了家规的孩子跪在祠堂里挨罚，就觉得好残忍。可“没有规矩不成方圆”是我国的古训，在所有的道理中，我最服的就是这一条。因为，几乎所有机制、组织的运行，都是靠规矩在约束。

然而，在现代父母的育儿过程中，“规矩”这两个字，渐渐被遗忘了。

新一代的父母们，用最新的育儿理论教养孩子，给孩子爱，给孩子尊重和自由，却很容易忘记，所有这些都应该以规矩为前提。不夸张地说，现在的孩子一半以上是没规矩的。

更可怕的是，大家对于这种没规矩没约束的状态，早已经习惯，甚至开始认同。

记得有一次，苹果指着玩具店的某个玩具问我：“妈妈，你带钱了吗？”

我没带任何感情色彩地回答他：“带了，但是我们今天没有买玩具的计划。”

这在我和苹果之间，是特别正常的对话，他不过是试探性地问，而我也不过是走程序一般地答。可是，就在我话音落下的一瞬间，周围的好几个家长齐刷刷地看向我，那眼神，好像在看一个后妈（我保证，我说那句话时真的只是普通音量，并没有很高）。

在那种注视之下，我心里有些心塞。难道为了不给孩子买玩具，骗孩子说没带钱这种伎俩，能被大家普遍接受，而诚实地告诉孩子说带钱了，但不可以买玩具，居然要被围观？

另外一次，也是在买玩具。我们家的规矩之一是，如果当天去了游乐场玩，就一定不能买玩具；如果买了玩具，就不去游乐场。可是那天，刚从游乐场出来，苹果就闹着要买玩具。因为玩累了有些犯困，情绪不好，所以不管我如何强调我们家一向的规矩，他还是缠着要买。

拗不过，我只好和他谈条件：“你如果一定要买这个玩具，可以。但是买了玩具的话，等会儿我们去吃饭，不会点你那份，你只能拿着你的玩具在旁边看。”

我还没说完，苹果特别痛快地说：“那我不买了！”

可一直在旁边听着的营业员却有些诧异，她问我：“说反了吧，不都是好好吃饭才奖励买玩具吗？”

我听了，也是一样的感觉，心塞。

看起来只是两件小事，可背后的原因是，大多数的家长，都在被孩子要挟，而不被孩子要挟的家长，反倒成了另类。

6

如果大家都认同孩子可以没规矩，如果大家都默认父母在孩子的要挟之下除了撒谎和妥协别无他法，那么，教养孩子会变成一场艰难的拉锯战。

被孩子要挟真的很痛苦。当孩子在大庭广众下撒泼打滚时，足够让你颜面扫地；当孩子面对你的软硬兼施毫不体恤时，足够让你心寒如冰。可无数父母还在前赴后继，被要挟，然后妥协。

其实改变这种状况，真的很简单，那就是给孩子立规矩。

不是一定要白纸黑字写在纸上，但是一定要红口白牙挂在嘴上。

曾经有许多妈妈请教我，为什么苹果总是能够讲通道理，很少撒泼打滚胡作乱闹？我如实告诉他们：“很简单啊，就是因为从小开始，几乎所有的事情，我们家都会有一个大概的规矩。比如，吃饭时如果不好好吃，一定不提供零食；再如，一天最多只能买一个玩具；等等。”

通常，不等我说完，对方就会打断我：“我们家也有规矩，可是孩子根本就不听啊！平时答应得好好的，可事到临头又开始撒泼打滚！”

“有规矩，但是孩子不愿意遵守”，这听起来像是一个很难解决的问题。事实上，责任还在父母的身上。父母不仅要给孩子制定规矩，还要帮孩子遵守规矩。

在孩子大庭广众之下满地打滚的时候，耐得住性子去坚持底线而不是碍于面子赶紧妥协。在孩子使用苦肉计的时候，忍得住心疼让孩子独立而不是为之代劳。平日里不厌其烦地向孩子重申规矩和道理，并且多多演练，哪怕你自己都觉得枯燥……孩子知道规矩而不遵守，多数原因出在父母的不坚持。

让孩子遵守规矩的原则，就是温和但是坚定。在孩子面前维护“不”的权威性，而非朝令夕改，这点尤为关键。

孩子，我很爱你，但是，定好的规矩一定不能变。我会及时认同你的情绪，给你拥抱给你安慰，但我一定要坚守住自己的立场。

所有长久的合作，都需要双方的配合，育儿也是如此。

Chapter 4

愿你被世界温柔相待

命令式育儿，真的能培养出理想的孩子吗

1

周末，受邀去附近的跆拳道馆观看学员们的汇报表演。

在汇报表演的间隔时间，主办方安排了他们机构年龄最小的小男孩上台独唱，给大家助兴。

小小的人儿，站在舞台中央，用稚嫩的声音唱着一首大气豪放的《家在东北》，可爱的反差萌，把全场都逗乐了。

可是舞台下面，有一个人，却特别的扎眼，那是男孩的妈妈。她一边用双手比画，一边用语言不停地发号施令：“声音大点！再大点！大声！”

男孩在台上，一边胆怯地进行演唱，一边委屈地看向妈妈，还要兼顾理解她的指手画脚。虽然妈妈一直在发出指令，但他的表演状态，显然并没有达到妈妈的要求。

完成表演之后，在大家的掌声中，他走回妈妈身边。妈妈没给他任何鼓励，而是迫不及待地告诉他：“这次的声音太小了，下次一定要大声一点。”

小男孩轻轻地点了点头，满脸的落寞和委屈。之后的时间

里，他一直心不在焉。

后来，老师给每个小朋友送了礼物。他拆开老师送的礼物，泄愤似的把垃圾扔到地上，妈妈看到后，指着地上的垃圾说："那像什么样子？捡起来！"男孩看了妈妈一眼，不情愿地把垃圾捡起来，送进了垃圾桶。

会演结束离开时，妈妈又命令他向老师说再见，他小声地说了句"拜拜"，可老师在和别人聊天，没听到。妈妈推了他一把，让他走过去说。男孩走过去再说一遍，老师还是没有听到。

孩子接连跟老师说了三次"拜拜"，老师都没有听见，他的妈妈只好黑着脸把他牵走了。

作为全程旁观者，我特别心疼那个小男孩。在同龄的孩子中，他算是很优秀了，可是，哪怕所有人都夸他，他也没从妈妈那里得到过任何鼓励。妈妈的肯定，才是他最在意的呀。

在这位妈妈和孩子的相处中，几乎感觉不到亲子关系中爱的流动，相反，很像老师和学生、教官和新兵之间命令和服从式的互动。

大概是望子成龙的心情太过迫切了吧，甚至都忘记了自己是个妈妈。一个原本应该给孩子爱、亲密和自由的妈妈。

2

命令式育儿的环境中，会养出什么样的孩子？

会演结束后，和我同去的妈妈给我讲了她的故事。

她说，看到那个男孩，就像看到了小时候的自己。她就是一直被父母命令着、催逼着长大的。

每一件事情，都要按照父母的指令去做，不仅要做，还要达到父母的要求。否则，等着她的，不是语重心长的说教，就是劈头盖脸的指责。

在很长的时间里，她的内心明明充满反叛的欲望，行动上却又不得不服从，渐渐活成了一个特别别扭的人。

参加工作之后，她发现自己和别人沟通的时候总是充满障碍。因为，她总是下意识地把别人的请求甚至求助，都曲解成命令，进而生出抗拒之意。

当上司指示她做某项工作时，她总是会瞬间生出怨气，潜意识里马上冒出一个“不”字。有时同事忙得走不开，请她帮忙带个盒饭，她也会觉得那是命令，然后说话、做事都变得别别扭扭。

因为不懂和人沟通，她的职业生涯推进得十分困难。

我想起我的一个同事，父母都是军人，他也是在命令式育儿环境下长大的。成人之后，他表现出来的是依赖，总希望事事都有人给他发出明确的指示。

工作上，他总是希望上司把工作安排得满满的。每次把手上的活干完，就跑去问上司，接下来要做什么。如果上司出差几天，他干完手上的活就会整天坐立难安，不知所措。他从来都不会有主动找点事情做的自觉，非常被动。

我的父母，也是命令式教养的实行者，在读大学之前，我从没为自己的生活做过主。我所表现出来的弱势，就是无法自律。过去事事有人安排有人监督，读大学之后，所有安排和监督瞬间消失，人就变得特别迷茫。整个大学期间，我都是在无所事事中荒废过去的。

现在，虽然我针对性地读了一些书，也在刻意地训练自己的自律能力。但是，还是会经常恍神，陷入空茫。我知道，在我的潜意识中，任何时候，都还在等待着来自父母的命令。

心理学认为，人终其一生，都在重复幼年时的生活模式，没有人能彻底摆脱来自原生家庭的影响。幼年时，父母对我们来说就是整个世界，父母对待我们的方式，就是我们成人之后所期盼的相处方式。

命令式育儿，就是从小在告诉孩子：你是属于我的，你的一切，都该遵从我的安排。这是在剥夺孩子心智成长的机会，也在给孩子之后的人生设置障碍。

命令式育儿的环境中，养出来的孩子大多有这样的毛病：没有安全感、依赖性强、不善沟通、无法自律。

这并不是在指责我们的父母，因为我们知道，父母所在的那个时代，条件很差，信息流通也不畅，比起我们现在，他们有更大的认知局限。

只是，当我们明白问题出在了哪里，就应该尽量去避免它。

3

一次，有个同学在朋友圈发了和女儿斗智斗勇的搞笑段子，我看完之后，特别佩服她。

事情是这样的：

她和五岁的女儿一边看电视一边吃红薯，一转头才发现，女儿很随意地把红薯皮扔了一地。本来她伸出食指指着地上准备发飙了，可转念一想，冲动是魔鬼啊，忍了！接着，她把自己的红薯皮也扔了一地。

等看完电视，她指着地上的红薯皮问女儿："地上怎么这么脏？你说妈妈这样做对吗？"

女儿看看地上，又看看妈妈，笑着摇头。

"那你说，错在哪里啊？"

女儿说："垃圾不能随便乱扔，应该扔到垃圾桶里。"

她又问："那现在该怎么办啊？"

女儿说："你打扫掉吧。"

"可这不是我一个人扔的啊，我看到你也扔了，我们一起打扫好吗？"她装出为难的样子问女儿。

女儿赖在沙发上不肯下来，她便一直温柔地强调："又不是我一个人扔的，干吗让我一个人打扫啊？"

接着，他们两个一个拿笤帚，一个拿簸箕，合作完成了这项"艰难"的工作。

在文末，她调侃女儿："小样，我还治不了你了！"

也许在很多人看来，这只是一件和孩子斗智斗勇的趣事，可我却看到了这位同学对自己的克制、对孩子的尊重。

如果她看到女儿乱扔垃圾就立马斥责她，并且命令她马上打扫，女儿多半也是会照做的。可是她选择了另一种方式，用了一点智慧，最后和女儿协商一致，一起收拾这个残局。达到的结果是一样的，可心情却大不相同。大人不必动用情绪，孩子可以在合作中意识到自己的坏毛病，还能感受到来自妈妈的爱和尊重。

孩子虽小，做了错事，也不能因此就否定她的独立人格。每一个独立的人格，都值得也应该被尊重，而不是被命令，被控制。

命令式育儿，毁掉了孩子的独立性；而学会和孩子协商，就是在尊重，并且鼓励孩子的独立性。

4

教育和受教育，都应该是一件愉快的事。

有一种家长，总是在对孩子发号施令，他说什么孩子都会听，然后去执行。因为孩子明白，自己并没有不听的余地，服从是唯一的选择。

还有一种家长，他们会在尊重孩子的前提下，去和孩子协商、讨论事情的处理方法。他说什么，孩子也会听。因为孩子明白，父母所说的话，是一个方向，自己还需要鉴别，询问自己的内心，然后决定是否遵从。

两种不同的教养方式，看似达到了相同的结果，可在孩子的内心里，却留下了完全不同的印记。命令式育儿，是在摧毁孩子的自我；而协商式育儿，是给孩子的自我不断施肥，让他自由生长。

家，应该是个充满爱的地方。而育儿，应当以丰盈而流动的爱、尊重和自由为基础。家庭中只有命令和服从，孩子的心便会无处安放。

许多家长本身拥有很高的学历、渊博的学识，却因为望子成龙心切，抱着“我为你选的路一定比你自己选的好”的心态，成为了命令式育儿的实行者，渐渐毁掉了孩子的自主性。

这样养出来的孩子，有的是家长的简单复制品，父母是他们永远都突破不了的上限。有的长大成人后变成了无根的浮萍，总是在等待水波的推动。

聪明的家长，永远都懂得，给孩子足够的爱和尊重才是育儿的根本。他们态度温和，但是立场坚定。帮孩子把住了大方向，然后给孩子留下协商和自己选择的余地，让孩子凭借自己的力量，去寻找自我发展的空间。

对孩子，他们从来都确认这一点：

你的选择也许是错误的，但是我永远捍卫你选择的权利。

别在孩子最需要你的时候，暴跳如雷

1

电影《血战钢锯岭》中最让我动容的，是戴斯蒙德·多斯小时候与哥哥打架的往事。

多斯在与哥哥打闹中，一时失去理智，拿起砖头砸向了哥哥的头，哥哥瞬时昏厥，父母手忙脚乱地施救。知道自己闯了大祸的他，不安地站在神像前面，默读上面的戒条。他面色惨白，神情恐慌，甚至连听觉都失灵了，周围的声音像幻觉一般在他的耳朵里重复播放着。

确定哥哥脱离危险后，多斯的爸爸拿着皮鞭走来，大声恫吓他，扬起鞭子准备抽他。那一刻我紧张极了，因为我知道，此时任何责罚，对他来说都是二次伤害。

还好，妈妈及时拦下狂躁的爸爸，抱住多斯，温柔地告诉他，哥哥会没事的。

“哥哥会没事的。”这天籁般的声音，对多斯来说，一定是天大的宽慰。

闯了大祸的多斯，当时一定以为自己会大难临头，结果却得到妈妈暖如春风一般的安慰。正是那种如释重负般的极乐，为他后面的一生，写下温暖的前奏。

多斯入伍之后，坚守信仰拒绝拿枪，因此拖了队伍的后腿，遭到无尽的排斥和欺辱。可即使这样，他也不妥协、不抱怨，仍然保持一颗宽厚的心，在战场不遗余力地冒死拯救那些毫不留情嘲笑他的人。最终，他在冲绳战役中用大爱写下了赤手空拳救下 75 位战友的传奇故事。

导演在一部战争主题的电影里，插了这样一段温暖的童年旧事，想必就是要为多斯日后的宽厚埋下伏笔。

父母的温情，能够成就孩子的一生。温情体现在日常，更体现在孩子最“魔鬼”的时候。

2

我表姐的孩子，我外甥，从小是个蔫瓜，不爱学习，但也不爱捣蛋。成绩差、性格内向。

小学四年级，外甥与同班同学结伴离家出走，留信说不混出个样子不回来。他走后，表姐全家出动四处寻找，搜寻范围越来越大，却毫无收获，大家心力交瘁。

八天后，大家正陷入绝望时，孩子回来了，蓬头垢面，精神萎靡。他站在门口，怯怯地说：“妈，出租车在下面等着，我没钱付了。”

看到孩子的一瞬间，表姐和表姐夫别说多激动和欣喜，可是等他们一起下楼去付了车钱，回到家时，内心只剩下了愤怒。看到孩子垂头坐在沙发里落拓又没出息的样子，两口子气不打一处来，指着孩子说："你有本事走就别回来啊，还回来干吗？！"这一句话，让孩子原本困顿的眼睛里忽然冒出凶光，他站起来拎了脏包要往门外冲去。

甚至在孩子爷爷眼疾手快把孩子拦回来时，两口子嘴里还在叫喊："别拦着，让他走！"最后孩子被爷爷强推进卧室，在之后很长的一段时间里，他都不愿意再和父母讲一句话，个性从以前的内向变得有点自闭了。

表姐和表姐夫事后愧悔不已，说当时应该抱抱孩子关心关心孩子的，看他那副可怜的样子，都不知道在外面经历了什么，一定过得很辛苦。

然而他们很难有机会知道了，因为孩子被伤了心，对他们关闭了交流的渠道。

在他最脆弱时给他再次施加痛苦的父母，他又怎敢将痛苦拿出，与他们分担呢？

3

听过一个睿智的小故事。

攒了数年钱的父亲，终于买下了自己梦寐以求的那款车。他美滋滋地开车回家，然后到水房提水准备清洗一下。

五岁的儿子看到了，很想帮父亲一把。于是跑到厨房，把妈妈平常洗碗用的钢丝球拿了出来，就着父亲刚提来的水，开始擦拭父亲的新车。父亲心情很好，一边吹着口哨一边甩着手里的抹布，向这边走来。

等走到车前，才发现自己的儿子在干什么。只见车身被儿子手中钢丝球划出一道又一道的花纹，他心疼得叫了起来。听见父亲的叫声，儿子高兴地抬起头来："爸爸，我能帮你一起擦车。你看！"

儿子的小手指着刚擦过的地方，当他的小脑袋随着转过去时，才发现那些刺眼的花纹。儿子显然吓坏了，他惊恐地垂下头去，两条小腿不停地打着战，心惊肉跳地等着即将到来的惩罚。

这可是我新买的车！父亲心想，怒气难抑。但是许久过后，他蹲下身去抱住了哭泣的儿子："傻孩子，谢谢你帮爸爸擦车，爸爸爱车，但是爸爸更爱你。"

儿子停止了颤抖，如释重负般哭了起来，哭声中夹杂着喃喃的"对不起"。

不管父亲是否惩罚他，儿子都知道自己做错了。而父亲及时压抑住自己的怒火，孩子免去经受一次狂风骤雨。

是否应该惩罚孩子的标准在于他做事的初衷，而非事情的结果，如果这两者不统一的话，他其实已经受过了惩罚。

4

多斯举起砖头，不过是为了打赢哥哥，看到哥哥昏厥，他已经知错，并且预估了最差的结果，他甚至在心里已经把自己打入地狱。哥哥没获救时，正是他最恐惧的时候。

表姐的儿子离家出走，是怀着理想主义的心情，想去闯荡一番，做出一番作为再回来。他铩羽而归，是因为第一次知道世界残酷，第一次发现自己在广阔的世界面前，如此渺小无助，他失落地退回家庭，心上满是伤痕，正是他最需要父母关怀的时候。

而那个用钢丝球擦车的儿子，他是满心喜悦地去帮父亲的，他甚至在等着父亲的一顿奖赏呢！车被划伤，对于他来说也是出乎意料、触目惊心的，那正是他最内疚又迷茫的时候。

当孩子做了意料之外的“错事、坏事”，父母们总是会在第一时间暴跳如雷，但是父母们往往忽略了一点，孩子已经被违背了初衷的结果惩罚，内心充满挫伤，正渴望得到安慰，父母暴跳如雷的一刻，往往是孩子最需要安慰的时候。

5

当你暴跳如雷时，心里的想法也许是“这孩子怎么变成这样了”，感觉如果不暴揍他一通，他非得变成无法无天了。

而这时，孩子恐怕也正在惊讶：“我怎么会做了这样的事情，我的想法不是这样啊！”

看，父母和孩子的认知，存在着本质上的区别。父母往往因一件偶然发生的事件而担心孩子变成必然的坏人，而在孩子的认知里，它只是一个出乎意料的偶然事件。

此时，如果你任由自己的怒火燃烧，对孩子施以责罚，就等于是在对他强调，“你就是这样的坏人”，孩子在受到二次伤害的同时，也会对自己的坏身份做出进一步肯定。

所以，每当你察觉自己要发脾气时，都应当强迫自己先冷静下来，思考一下到底是孩子真的应该被惩罚，还是你纯粹为了发泄自己的情绪。任何时候，父母向孩子发泄情绪都是禁忌。

相反，如果你及时刹车，明白这只是一个偶然的错误，设身处地地站在孩子的角度去考虑他们此刻的感受，你就会知道，此刻孩子更需要的是宽慰。

而此刻你的宽慰，会换来孩子的宽厚。等你和孩子的情绪都平复了，再去“复盘”，给他讲道理，教给他正确的处理方法，孩子更容易接受。

其实很多时候，表面上孩子是“犯罪者”，可事实上他们已经在“犯罪”中受到了惩罚，因此更是受害者。此时是去指责他们的“罪行”，还是安慰他们受到惩罚的苦楚，全在于父母的选择。

横加指责，会压垮孩子。而最脆弱时的宽慰，会照亮孩子往后的人生。

请勿再以爱之名，剥夺孩子的勇气

1

2017年上映的动画片中，我最喜欢的一部是《海洋奇缘》，那是一个关于勇气的故事。

故事发生在一座岛上。女主角莫阿娜是一位酋长的女儿，她从小对海洋充满热望，海洋也选择了她承担归还海洋之心拯救族人的责任。然而每次她那颗靠近海洋的心才刚蠢蠢欲动，警惕心极强的酋长爸爸就会适时出现，把她“捉拿归案”，反复告知海洋的凶险。因为海洋之心未能及时归还，岛上即将鱼尽粮绝，爸爸明知道归还海洋之心才能拯救小岛，却还是不肯让她去远航拯救族人。

这一切只因为爸爸航海受到过伤害，觉得大海凶险无比，所以不愿岛民和女儿重复他的经历，或者说，重复他受过的伤害。

然而莫阿娜并未安守孤岛，她遵从内心的声音，听从海洋的召唤，鼓起勇气离开小岛，独自远航去找到半神毛伊并一起归还了海洋之心。小岛得救了，父亲和族人的勇气也被她召唤了回来，航海民族再次扬帆远航。

莫阿娜不仅仅如父亲所愿当了酋长，还远超父亲的期许，成为了一位杰出的酋长。

这一切，都是因为勇气。

然而在现实中，很多孩子的勇气，都夭折在父母百折不挠的“保护”中，随着时间的流逝，安全地变成平庸无趣的成年人。

2

苹果上幼儿园之前，园里安排了亲子课，家长可以陪同幼儿入园体验。

有一节课，老师要求孩子们从小椅子上跳下来。小椅子的高度只有 20 厘米，不及孩子们的膝盖，可竟有一半的孩子没能独立完成。那些都是三岁以上的孩子，身高大多超过了一米，小椅子只及他们身高的五分之一。从那么点高度跳下来，比起原地蹦高实在没增加多少难度。这样的结果实在让人汗颜。

孩子们不是不能跳，而是不敢跳。并不是能力不足，而是勇气不足。而勇气不足，背后的原因几乎都是大人的过度保护。

其中有一些孩子，自己瑟缩着不敢跳，大人在旁边，马上就会同意孩子放弃。而另外一些孩子，刚在老师的鼓励下准备走上椅子，家长就会马上阻拦：“宝贝，你还是先别跳了，危险！小心受伤！”

无知者无畏，其实小孩子最不缺的就是勇气，然而他们还未及长大，勇气就已经被温柔地杀死在摇篮里。保护孩子的安全无可厚非，可是过度的保护，真的会扼杀孩子的勇气。

更令人汗颜的是，那些阻止孩子跳下来的家长，往往又同时在说着这样的话："你看小哥哥、小姐姐多棒，你要像他一样棒哦！"另一方面告诉孩子，那样做是很好的，一方面又阻止孩子去做。这是中国最常见的矛盾式教育，也许家长能够找到无数种理由来为自己辩白，但是结果就是会造成孩子的纠结：明明是家长阻止我进步，可似乎又在嫌弃我不够好，我怎么做才对？

3

目之所及，长辈对晚辈做得最多的事，就是以自己的经验为孩子做出选择，拒绝让孩子自己去求索，规避风险，以免遭受"不必要"的挫折和伤害。

不要爬高俯低，因为你有可能掉下来摔伤！

不要早恋，因为那会使你的成绩下降！

不要去选那些你感兴趣但是不太了解的专业，因为你毕业后极有可能找不到工作！

不要去别的城市工作，因为离家太远，遇到事没人帮得上你！

而能够让他们总是如愿的唯一办法，就是尽早杀死孩子的勇气。失去勇气的孩子，自然对世界充满恐惧，对长辈完全依赖。于是在长辈的庇护下，过上了长辈们认为正确的标配的人生。

大人们为什么会害怕孩子充满勇气？

因为他们受过勇气的伤害，知道削去锋芒才是最安全的活法，于是“聪明”地想将自己的哲学传递给孩子，让孩子安全第一。

因为他们是“没有勇气”的受惠者，在社会，在江湖，在商海，在体制，越是缺乏勇气的人，越是能够长长久久地呼吸。

因为他们太爱孩子，太想给孩子一个安全正确的未来，太怕孩子被勇气冲破理智，将自己放飞到不受他们控制的未知空间。

因为他们吃过的盐比孩子吃过的饭还多，所以坚定地认为有朝一日孩子会达到与他们相同的认知，然后感谢他们当初对孩子“冒险”的成功阻挠。

可最根本的，是因为他们不知道怎样爱孩子。他们并不知道，他们给的，其实并不是孩子真正想要的，而且，他们用“为孩子好”的名义，将孩子眼前的璀璨世界蒙上了大半。

孩子也是人，需要被尊重，被理解；不应该被安排，被剥夺。

如果中国父母能够认识到这一点，可能其中为数不少的父母要为自己的试卷打上不及格。

在日复一日的警告和阻挠中，抽丝剥茧般地剥夺了孩子身上最珍贵的勇气，然后看他用最快的时间成为下一个你。或者，依靠时间积累的经验，比你过得好那么一点点，心满意足地以为这是对孩子最好的安排。事实上，这是在强行干预孩子的人生，剥夺他参与生活的权利。

电影《盗梦空间》中的费舍父子，父子关系特别差。最后，他们在梦中因为一段对话得到了和解。

“我……我……我很失望……”奄奄一息的老费舍开始交代他的临终遗言。

“我知道。你很失望我没有办法成为你。”小费舍十分沮丧地替父亲说出这句话。

“不！不！不！”父亲的情绪十分激动，他说，“我很失望，你想要成为我。”

不去探究电影情节，只探讨这段对话。我觉得这段对话里，其实就藏着父母教养子女的真理。哪怕老费舍已经成为商界巨头，他也不希望孩子只是单纯地成为他的复制品，何况我们中的大多数，不过是庸庸众人。

王尔德说，做你自己，因为别人已经有人做了。同理，让孩子做他自己，你已经有你在做了，为什么还要他重复一遍你的人生呢？

我一直都认为，父母之爱最高的境界就是让孩子做他自己。

家长应当给孩子试错的机会。犯错误会让孩子懊恼一阵子，可从不尝试却会让他懊恼一辈子。

家长应当不断提高自己认知的上限，因为孩子的未来将以此为起点。

家长应当更多地了解孩子，知道孩子想要什么，才能在他脆弱时，给他适时、准确的帮助。

像雄鹰一样，给孩子广阔天空；也像雀鸟一样，为孩子准备温暖归巢。这就是爱孩子最好的方式。

用自己的经验框住孩子蓬勃的勇气，是极大的犯罪。

每个没担当的孩子背后，都站着过度保护的父母

1

前几天看到一则新闻：浙江丽水一个 14 岁的孩子，两个多月花了三万多元来打赏网络游戏主播，而这三万多元是他贫穷的父母多年三班倒上班、住地下室省吃俭用存下来的。不难想象，三万多块钱对这个家庭来说意味着什么。这孩子真够不省心的！

可是，每个不省心的孩子背后，都站着疏忽教养的父母。

新闻里说，那个孩子的父母虽忙，平时却还是把他照料得很好。因为父母认为孩子只要好好学习就行。事发之后，父亲对孩子的态度是，舍不得打，埋怨都是那些网络主播诱惑不懂事的娃。

心疼这对夫妻，生活本来已经够辛苦了，还碰上这样的事情，心中的绝望不难想象；也心痛他们空有一颗望子成龙之心，却不懂教育之道，只怕以后的教育之路也不好走。

的确，商家和主播有一定的责任。但是身为父母，更多应该从自己的身上去寻找问题。看游戏直播的孩子那么多，为什

么偏偏是自己的孩子做出这样的事情?

他们的态度里，其实已经可以看出问题所在。当事情发生时，父母将责任全部推到商家和主播的身上，孩子却不需要承担任何责任。在他们心中，自己的孩子不会主动犯错，那些诱使孩子犯错的人，才是罪魁祸首，是害孩子堕落的元凶。

犯错却不需要承担任何责任，犯错的成本如此之低，孩子在犯错之前、犯错之时又怎么会有所顾忌？！

2

前些年流传很久的一件事，一个死刑犯在执行死刑之前，要求见妈妈最后一面。见到之后，他说在人生的最后时刻，想吃一口妈妈的奶。可在妈妈答应之后，却一口咬下了妈妈的乳头。因为他觉得，是妈妈害他走上了不归路，所以临终这样报复妈妈。

小时候他被石头绊倒了，妈妈怪石头碍事，踢石头；上学了他和同学抢橡皮，妈妈说同学小气，告诉他别和那个同学玩；毕业后他去面试进不了好企业，妈妈怨怪领导狗眼不识人，走后门把他安排进了国企；他谈对象都处不长，妈妈说那些女孩配不上他，错过他是那些女孩的损失。

后来他郁郁不得志，迷上赌博，之后一路欠债。妈妈一路骂债主黑心，一路帮他还债。到妈妈再也拿不出一分钱的时候，他只好去偷窃、去抢劫。在一次抢劫中，他行凶杀人，之后数罪并罚，被判死刑。

行至绝路，他才明白自己一直都是个没长大的孩子。他说，是妈妈以爱和保护的名义一次次夺走了他成长的机会，让他从来没有担当起自己人生的勇气。

没有能力为自己的人生负起责任，只好任其崩塌。即使是在生命的最后，他也没学会承担，而是将所有责任推给为他承担一切的人：他的妈妈。

这位妈妈，以爱为名，以保护为幌子，凡孩子遇事都将责任推给别人，恰恰是剥夺了孩子承担的机会和勇气。而从没学会承担的儿子，最终为此付出生命的代价。

3

我有一个朋友也是在这样的教育环境里长大的。

在他小的时候，他父母总给他传递一种观念：自己家人什么都好，不会有错。每次与人交往出现问题，都先把自己家人撇得干干净净，然后在别人身上找过错，并以此得出解决办法：下次不和他玩了。时间久了，不管是他的父母，还是他自己，都没什么朋友。

后来他离开家庭独立生活后虽然有所改善，但是现在遇到问题，仍然会条件反射地逃避责任，说话也喜欢闪烁其词。他从来不敢做出任何决定，因为在他看来，做决定就意味着要承担责任。所以，即使朋友聚会去哪家饭店吃饭这种小事，他也一定要别人来拍板。

女朋友让他下班回来顺便买菜，他忘了买，却摸摸鼻子说：

“我以为你已经买了。”

晚上睡太晚早上起不来，眼看开会要迟到了，他睁开眼睛第一句话就是冲女朋友撒气：“你怎么不叫我啊！”事实上他女朋友根本不知道他有事要早起。

……

总之，不管大事小事，只要是坏事，他就会第一时间把责任推到别人的头上，把自己摘个干净。常常是事情本身没什么，可他推卸责任的态度却会把女朋友惹毛，引来一场家庭战争。

推卸责任，对于他来说已经成了一种本能。他知道自己的问题在哪里，也刻意看过许多心理学方面的书籍，努力地在改，但落实到行动上，非常艰难。

4

其实相似的情况，我们每天都在目睹。

孩子摔倒了，家长使劲跺地：“该死的地板，把我们孩子绊倒了！踩死你踩死你！”看到家长这样做，孩子下次摔倒，也学会了怪该死的地板。

孩子想玩别人的玩具被拒绝了，家长心酸地安慰：“回家爸爸妈妈给你也买，买个更大的更好的！”下次孩子想玩小朋友的玩具，被拒绝了不去想更好的办法，而是也学家长用一句“我爸爸妈妈会给我买更好的，比你这个大得多好得多”来逃避当下的事实。

孩子和小朋友打架了，家长抱起来往家走：“没事，咱以后不和他玩！”下次起了冲突，孩子也学会了叉着腰：“我再也不要和你做朋友了！”

生活中这样的例子不胜枚举。

当孩子的境遇不顺时，父母一定是从外界找到原因。与同龄人起冲突时，家长就把问题归咎到别人的身上，以一种傲娇的姿态，给孩子赢回阿 Q 般的精神满足。

可是，把问题都推给别人，无疑是在逃避事实。而所有的没担当，都是从逃避开始的。

表面上来看，这些只是在保护孩子。但其实质，是将孩子该承担的责任蛮横地推出去，剥夺了孩子在冲突中成长的机会，也剥夺了孩子担当的意识和勇气。

将责任推给别人，是在将自己与别人对立起来。表面上，是你傲娇地说出“我不和你做朋友了”，可事实上，更加不想做朋友的，是那个被你抹黑、帮你背锅的人。

因为家长的野蛮庇护，孩子失去担当的能力，渐渐无法融入自己的小世界，结果只会习惯逃避，日趋懦弱。

我见过有个妈妈，孩子被绊倒后，温柔地蹲下来，装作自己是那块石头，呜呜地哭着说自己被孩子的鞋子踢疼了。孩子马上破涕为笑，跟石头说：“对不起，是我不小心，踢疼了你。”

当孩子为自己被石头绊疼而难过时，教会他换位思考，不仅能让孩子懂得承担自己该负的责任，还能快速从“被伤害”的情绪中解脱出来。

逃避，会让孩子越长大越懦弱。

唯有承担，才能让心灵成长。

父母打人时，孩子在干吗

1

第一次看到因为孩子之间的冲突，大人打起来的新闻时，内心是有些不相信的。该有多么的不理智，才会将孩子之间的冲突升级成大人之间的战争啊？

后来这样的新闻看多了，也就慢慢接受了。这个世界上，真的什么样的父母都有，为了护犊子，有些父母真的是什么事情都做得出来。

可是我内心有一个疑问：这样做，真的是为孩子好吗？

有则这样的新闻：杭州一所小学，一个五年级的男生鹏鹏（化名）被前桌同学晓晓（化名）拿玻璃瓶划伤。接到学校的电话后，鹏鹏父亲第一时间赶到学校，对划伤儿子的晓晓一顿拳打脚踢，打得对方鼻青脸肿、鼻梁骨折，被送进了医院。

这本来只是孩子之间的冲突。可是，受伤男生鹏鹏的父亲，生生把这件事情搞成社会新闻。

“没多久，鹏鹏爸爸就来了，我还没说对不起，就被他打了一巴掌。”晓晓说。之后，好几个老师一起用力，才把鹏鹏的爸爸拉开。

孩子被打进医院，晓晓的家长也十分愤怒，扬言一定要让鹏鹏爸爸坐牢。

但是，就在双方剑拔弩张的时候，被打断鼻梁的晓晓在病床上说了一句话。

“不要不要，鹏鹏爸爸要是坐牢了，鹏鹏会恨我的，我不记恨他，因为我不想失去一个朋友。”

经过学校调解，双方家长愿意协商解决。然而事情即使解决了，这件事情里，所有人都受到了伤害。

看到这种操作，有网友评论：“大人还不如孩子，一把年纪都活到狗身上了！”

站在鹏鹏的角度看，自己伤口缝了八针，同学被父亲打进医院，父亲被判行政拘留 15 天，而他的妈妈，一次面对这么多变故，快要扛不住了。

怎么看，都是四面楚歌。从这件事里，我看不出鹏鹏得到了什么好处，父亲的护犊心切，只是让他的处境雪上加霜。

父亲出手打人，也许初衷是给孩子出气、报仇，可结果却是对孩子造成了心理上的二次伤害。

事件发生之后，他不仅要去解决和同学之间的矛盾，要面对同学们对他父亲的看法，还很有可能因为父亲的不智行为，被同学们歧视、孤立。

他要多久能走出这样的心伤？难以估算。

2

因为孩子争端引发大人动武，继而打进派出所的事，在网络上一搜，比比皆是。

2017年7月，江苏镇江一家游乐场内，因为两个孩子的推搡，一位爸爸将另外一个孩子举起后重重摔下，继而又殴打孩子的母亲，最终打进了派出所。

2015年9月，上海嘉定区一位家长，因为自家孩子被邻居孩子欺负，家长拎起邻居孩子就打，进而引发大人之间的争端。结果一方被打成轻伤，另一方因涉嫌故意伤害罪被起诉。

……

每次看到这种新闻，我都在想：父母打人时，孩子在干吗？

在那种场景之下，孩子的选择只有一个：旁观。

看自己平时里依赖、崇敬的父母，被魔鬼上身，瞪着眼、龇着牙，冲在自己的前面，用最原始的手段，替自己解决争端。

经历过的孩子都知道，此刻，内心唯一的感觉就是恐惧。怕父母受伤害，更怕父母恃强凌弱，兽性十足，毫无风度。

父母受到的法律制裁，很快就会过去。而孩子，却一直要受到自己内心的制裁。

“要不是因为我软弱……”

“要不是因为我生事……”

“要不是因为我没用……”

原本，只是和同龄人之间的小争端，过去了，也就过去了。

谁不是在磕磕绊绊中成长？可因为父母的强势介入，一切后果，都超出了孩子的承受范围。无尽的自责，反倒成了成长的负担。而且，当父母强势介入时，孩子的自我早已被践踏。父母的行为是在向孩子宣示：你没有保护自己的能力，我只有亲自出手，去教训伤害你的浑蛋！

父母该明白，“你打伤了我的孩子”不同于“你打碎了我的花瓶”。因为花瓶碎了就碎了，孩子身体的伤害会很快恢复，而心灵的创伤若不及时抚慰，却会成为终身的隐疾。

孩子的身体和心灵，都属于自己。他们的自我，值得被尊重，也应该被尊重。

3

我上初中时，因为和一个男生推搡，从楼梯上滚了下来，脚踝受了伤。

一个妙龄少女，躺在地上，姿势难看，忍着疼痛，还被一堆同学围观。当时真是恨死了那个男生，在心里默默发誓：此仇不报非君子。

我爸的单位离学校特别近，接到电话没一会儿就来接我了。到教室后，他平静地问我：“能走吗？”

我说能走，我爸还是背起我，去了医院。出门之前，他在教室环视了一周。那一瞬，我看到了那个男生的眼神，满是恐惧。而我在爸爸背上，很得意。

我休息养伤期间，男生来我家看我，见到我父母时，也是低着头不敢看的样子。

在后来的很长一段时间里，每次在学校外面碰到我爸，那男生哪怕正在和同学打闹，也会马上就收敛自己，低下头小心翼翼地走过去。

那次受伤，在我的成长过程中也算是一个不小的事故了，可我的心里，没有留下任何阴影。甚至，我都记不起脚踝的疼痛是什么感觉。只记得，那段时间，爸妈对我特别温柔，特别关切。

至于害我受伤的男生，直到现在，我都清楚地记得他看我爸的眼神，然后忍不住笑出声来，心里特别爽。

爸妈问过我事情的原委，也轻微地责怪过我不懂得保护自己，却并没有对伤害我的男生有过任何微词。他们嘴上没说，却用行动传递给我一个立场：你们之间的事情，你自己处理，我们不干预，但我们会永远站在你身后。

现在想来，那份不干预，正是对我心理最大的尊重和保护。让我有余地去梳理自己的心情，也有机会去反思和观察自己的行为。

我一直在想：我爸并没有对那个男生表现出任何敌意，为什么他看到我爸时总是那么恐惧？

答案大概是：在孩子心里，每个父母都是会护犊子的巨人。

当伤害发生，他内心已经对对方的父母心存忌惮。“完了，他父母一定不会放过我的”，这种想法本身，就是一种折磨。

如果一定要用到“报复”这个词，打那个孩子一顿，只会把他的恐惧和愧疚，转化成身体的伤害和内心的仇恨，这对自己孩子来说，有百害而无一利。

靴子砸到头上的痛感，远不如“等待靴子掉落”的煎熬来得折磨人。

为人父母，只要你坚定地站在子女身后，就已经是一种保护。因为，在成人面前，几乎所有的孩子，都是自带恐惧的弱势群体。

4

孩子被欺负了，家长应该怎么做？

首先，第一时间关心孩子受到了什么样的伤害。

这伤害，包括身体的，也包括心理的。身体上，头痛医头，脚痛医脚，更重要的，是心理上的抚慰。

在孩子受到伤害的第一时间，父母的关心和支持，可以说是最初的疗愈。对孩子来说意味着：好了，现在我终于安全了。

其次，了解事实的真相。等孩子情绪稳定之后，向他详细了解事情的经过和原委。引导孩子说出自己的想法，并且帮孩子分析自己在事件中的对错。如果只是打闹中的意外，宽容便好。谁的成长过程没几个小插曲？如果孩子是挑起事端的一方，要鼓励孩子去道歉。如果孩子是单纯的受害者，那么，一定要支持孩子去要一个说法，伤人者，必须道歉。

道歉并没有什么用，但是会让孩子觉得，自己被尊重。

最后，也是最重要的，告诉孩子怎样面对同龄人的“欺负”。

默默忍、告老师、告家长、打回去？这是一个一直被讨论，却一直没有标准答案的问题。

在众多的观点中，我比较赞同的是：要让孩子有打回去的勇气，也要有不被欺负的底气。

打回去的勇气，源于孩子对事件的认知。父母要让孩子知道：如果有人故意欺负你，你一定要打回去，不是要让你打赢，而是要让打你的孩子明白，你不是一个谁都可以捏一把的软柿子。

而不被打的底气，源于气场。有自尊和自信的孩子，永远都不会成为被欺负的对象。而一个人的自尊和自信，源于爱和自信。

以上所说，仅仅针对同龄孩子间偶然的争端，如果有霸道、凌辱的情况存在，家长一定要强力干预。

该如何保护你，我的孩子

1

2017 年的新闻事件里，有几件是关于幼儿园虐儿现象的，特别让人触目惊心。

“到底怎么样，才能让我们放心地把孩子送进幼儿园？”是家长们的集体迷茫和呐喊。

人性之恶，远超想象。

身边没孩子的朋友愤慨道：“变态的人都去当幼儿园老师了吗？”

有孩子的朋友哀叹：“辛辛苦苦赚钱，却把孩子送进地狱。”

“当你不能保护你的孩子时，你的一切努力也就失去了意义。”

在武志红老师的微博上看到这句话时，我的眼泪不由自主夺眶而出。

感觉到一种前所未有的无能为力。

2

我有个朋友是幼儿园老师，某知名幼儿园虐儿事件被报道后，她特别无奈地说："今天早上刚起来，就有家长发微信问我，'我的孩子为什么不爱上幼儿园了？'"

言下之意，是在质问老师，是否对孩子做了什么不好的事情。

我没敢告诉她，昨天我们班上一个孩子的妈妈，把她孩子上小班时不肯在幼儿园大便、放学就尿一长泡尿的事情翻出来说，怀疑孩子当时是不是受到虐待。

我也没敢告诉她，昨天和儿子睡前聊天时，我最终还是没能忍住，问了他一些过去从没问过的问题。

"你们在幼儿园打过针吗？""老师会喂你们吃药吗？""有没有人要求过你们脱光光？""老师碰过你的小鸡鸡吗？"

答案当然是否定的，他甚至事无巨细地给我讲了某个小朋友生病时在幼儿园喝药的流程，其中有家长、老师、校医的三方参与。

可是，听完他的回答，我并没有觉得心安，而是感觉愧疚。

当恶性事件爆发，我们本能地去担忧自己孩子的安全，这本身没有问题。可是，更多人的常态是，当情绪被煽动，就去怀疑全世界。当事件被新的热点覆盖，就忘记所有的焦虑，继续对孩子忽视。

是的，忽视。

在网上看到这样一句话：孩子们是天使，天使都应该遇到善良的人。许多人表示认同，疯狂转发。

可是，当把希望都寄托在外界时，人最容易患得患失。

许多家长都没给孩子做过安全教育。平安无事时，疏忽大意，甚至还总是站在孩子的对立面；遭遇不幸时，许多人又把精力放到了愤慨上，冲出去斗天斗地，却忘了给孩子足够的安慰。

懂得那么多道理，许多家长还是没学会保护自己的孩子。

而怎样保护好自己的孩子，才是每个家长最急需学习的必修课。

3

如何辨别孩子是否被欺负？

还在上幼儿园的孩子，在受到伤害或者被欺负后，往往无法清晰地表达出事件的经过和自己的感受，这就需要家长多留神观察。

洗澡时，观察孩子的身体表面是不是无缘无故出现瘀伤、抓伤等人为伤痕。发现后，耐心地引导孩子说出是怎样造成的。

年纪较小的孩子，在受到外界的刺激之后，很容易体现在睡眠上。有的孩子会失眠、做噩梦，或者频繁尿床。

如果孩子的鞋子、文具、衣物等个人物品经常丢失或者破损，家长也需要留心。

当孩子的情绪出现特别大的变化时，很有可能就是受到了伤害。原本很喜欢去幼儿园的孩子忽然哭着喊着不肯去；原本很安静平和的孩子忽然变得暴戾、浮躁；原本活泼的孩子变得静默……当这些情况发生的时候，家长都要认真对待，去找到其中真实的原因。

我身边的很多家长，会用角色互换的游戏方式，来观察孩子在幼儿园的日常。

家长扮演孩子，孩子扮演幼儿园的老师、保育员或者校医。孩子强大的模仿力，总是能将幼儿园经历的事件重现。

小区里一位妈妈，在和孩子玩角色互换的游戏时，因为犯了一个小小的错误，孩子就伸出食指怒气冲冲地指着门说："你，给我站到教室外面去！"

彼时正是冬天，室内暖气很足，大家都穿着短袖。妈妈配合孩子的表演，准备去拿羽绒服出门罚站时，孩子却推了她一把，"还磨蹭什么，赶快出去！"然后把穿着短袖的她推到门外。

妈妈顿时感觉到事态的严重性，仔细询问才知道，老师真的会让孩子穿着单衣出去罚站。紧接着，她去和其他妈妈交流，知道了老师虐待孩子的细节，很快办理了转园。

孩子还小，不会表达，家长多观察多探究，才能早止损。

4

如果孩子真的受到了欺负，怎么办？

许多父母的做法是，实在咽不下这口恶气，冲出去讨个说法！

对坏人的追责，是对孩子权益的捍卫。绝不姑息，绝不退让，他们才不会有机会去伤害更多的人。

可这种时候，更重要的事情是，安抚孩子受伤的心。

孩子受到欺负后，特别容易出现极端情绪，比如对人际关系异常抗拒、不愿上学等。家长要宽容对待，因为孩子很可能正处于应急状态，此时任何的强迫，对他来说都可能是二次伤害。

要让孩子明白，无论发生什么，父母都是他强大的后盾。有了安全感，孩子才有康复的可能。

在极度缺乏安全感的时候，孩子更看重别人的关心和关爱，因此，家长必须在第一时间让孩子感受到爱。越早把情绪处理好，对孩子的伤害和日后的影响越小，这比解决事情本身更重要。

不幸的事情往往发生的时间很短暂，却需要漫长的时间来疗愈。因此，父母需要给孩子长久的陪伴和支持，以及长期、正确的引导。

安抚孩子的情绪，温暖孩子的心灵，永远都比解决问题、惩治坏人来得重要。

我们受伤之后，如果没能恢复好，伤口就会在每次变天换季的时候，用让人生不如死的隐痛，来提示你它的存在。

心伤，更是如此。

5

比事后疗愈更重要的，是预防。

一则美国防性侵教育的动画在网上广泛流传。

短片首先告诉孩子，坏人不一定长得坏，还可能长得很好。接着，告诉孩子什么是隐私部位，隐私部位不可以给外人看和触碰。如果有人要看你的隐私部位，或者让你看他的，这是视觉警报；如果有人和你谈论隐私部位，这是言语警报；如果有人触碰你的隐私部位，或者让你触碰他的，这是碰触警报；单独和陌生人在一起，是独处警报；如果有人拥抱、背、亲吻你，是拥抱警报。

当有人对他做出这五种行为任意之一时，就可以判定那个人是坏人。而面对坏人，一定要勇敢说“不”！

生活中，很多经历告诉我们，其实孩子并不是无法辨别事件的好坏，更多的是没勇气说“不”，对坏人的伤害逆来顺受，还让自己在痛苦中无法自拔。

孩子为什么不敢对不喜欢的事情说“不”？

因为害怕。

害怕权威，害怕威胁，可最害怕的是，来自父母的忽视、质疑，甚至嘲弄。

“什么，你怎么可以让别人碰你的隐私部位？”

“他怎么不欺负别人就欺负你？我不想听借口，多在自己身上找原因。”

“哭！哭能解决问题吗？早干吗去了？！为什么不早点告诉我？！”

当孩子的求助，得到的反馈是对自己的怒气时，孩子就会选择不再求助，而倾向于自己消化。

国内许多家长，对孩子又宠爱又控制。于是，孩子建立不起自我意识。

不管是我们小时候还是现在的孩子，潜意识里都有这样的逻辑：我的身体是属于父母的，如果有人侵犯了我的身体，就等于侵犯了父母的东西，父母会生气的。

因为没有自主意识，所以没有勇气说“不”；因为害怕父母生气，所以即使受到侵犯，也只好忍气吞声。

因此，父母要给孩子足够的尊重，培养孩子足够的自我意识和自主意识。

不敢对父母说“不”的孩子，又怎么敢对坏人说“不”？

6

我们该如何保护自己的孩子？简单总结，需要做到以下四点：

多检查。每天洗澡时，检查孩子的身体是否有伤痕。

多沟通。询问孩子的日常，也在游戏的过程中，教会孩子更加准确的表达方式，引导孩子说出真实情况和内心想法。

多做安全教育。告诉孩子，隐私部位不可看、不可谈、不可触碰，他有权利对任何不喜欢的行为大声说“不”。同时，不可以帮坏人保守任何秘密。

告诉孩子，无论发生什么，父母都会和他并肩作战。

Chapter 5

以温柔和爱，静候花开

你是在为孩子消费，还是在自我安慰

1

没孩子时，我总是觉得我和先生花钱太厉害了，往往一年下来都没什么存款，于是老想着改变一下家庭的消费结构，好让钱包鼓起来。

后来，我们有了小苹果，家庭消费结构就真的发生了翻天覆地的变化。倒不是我们学会了省钱，而是比起花在他身上的开销，我们俩的消费实在是一点都算不上铺张。

记得很久以前看到一个帖子，说过去一个孩子从出生到大学毕业，要花掉家里五十万元。看完那个数据，我顿时觉得自己欠父母的太多了，要好好努力赚钱孝顺他们才行。

可是苹果上幼儿园以后，我才发现，按照现在养育一个孩子的成本，五十万元刚够支撑他从出生到幼儿园的花费（这还是按照北京普通的家庭水平来算的）。苹果已经算是个很为家里省钱的孩子了，从出生开始一直吃母乳，直到十五个月，断奶以后他一直都排斥奶粉，以辅食为主，所以省了很多钱。三岁之前，他的开销主要就是亲子游泳课的费用，一周 400 元，一年一万多。

孩子开始上幼儿园之后，忽然处处都要花钱。光是托费和各种辅导班的费用，一年就要近十万。如果不是亲自经手，我都不敢相信现在孩子的教育费用要那么贵。

偶尔我会感慨，养孩子真贵啊！可是更多时候，我会有一种奇妙的舒服感，好像钱花出去了，就等同于拥有了他会变成一个优秀小孩的结果。

然而只消用一点点理智去分析，就会发现，这之间还隔着千山万水呢。

事实上，我们花在孩子身上的钱，很多都只是自我安慰。

2

前段时间当当网图书搞活动，我一口气给苹果买了 100 多本绘本。因为书柜太满，所以收到之后一直都没从箱子里拿出来。这几天抽了个大块的时间，想着把书整理进书柜。一整理才发现，苹果已经有 500 多本书了。

书不怕多，令我沮丧的是，其中有近一半的书我都没给他读过。尤其是英文的绘本，很多都还是全新未开封。

我颓坐在地板上，有些难过。

每次买书都能找到理由：“好久没给孩子买书了”“孩子也到学东西的年龄了”“先囤着，迟早会读的”。可结果呢？都是在浪费钱，下单之后，这件事情就算是结束了。至于自己有没有时间、精力读给孩子听，完全没去考虑。

买书还好，至少书摆在书柜里，对于家庭成员有一种积极的暗示意义。而且，在中国，图书还算便宜。

除买书之外，许多家长都给孩子买了不少从来不用，或者只用过一两次的东西。

比如，我曾经给苹果买了一张 1.2m × 1.5m 的台球桌。当时的想法是，让他每天都玩一会儿台球，这样，不需要培养，他就能拥有一项特长：打台球。但很遗憾，那个台球桌买回来没几天，就变成了他的玩具展示台。至今，苹果的台球水平仍然停留在台球桌刚买回来的时候。

类似的东西，还有很多。都是钱花了，地方占了，没几天，就被孩子打入冷宫，想想挺没劲的。其实很多时候，父母花钱给孩子买东西，都是在自嗨而已。下单之后就开始幻想某件商品带给孩子的改变：变成台球高手，变成小天才，变成读书达人，等等。然后，就没有然后了。

家长给孩子买东西时，常常自我感觉良好，觉得是在投资孩子。其实，那只是一种心理消费，花的是钱，买的是自我安慰。

3

“你简直不能想象养一个孩子要花多少钱！”这是有娃的妈妈常对没娃的姑娘们说的一句话。

这真的印证了犹太人的那句商业名言：女人和孩子的钱最好赚。

从孩子出生开始，各大商家就把眼光盯向了妈妈们的口袋，变着花样地让她们心甘情愿把钱掏出来。衣服、食物、图书、早教……不胜枚举。

我从苹果出生起，就坚定地认为，不应该过度满足孩子。玩具有几件就好，太多反而会涣散孩子的注意力；早教课不需要报，父母的陪伴最重要；衣服不必追求名牌，舒服就行。

我发誓，这个想法从来都没动摇过，即使到现在，我也这样认为。

可是，苹果的玩具还是多到塞不下；他的衣服也越穿越贵；早教课虽然没报过，但在苹果三个月时，我就给他报了亲子游泳课，400 元一节课，一节课 40 分钟。一星期一节课，一个月要花掉 1600 元。

那时很多人问我，报游泳课有效果吗？我从来都是装出一副豁达的样子，用无所谓的口气回答："没有效果，就是为了陪孩子玩嘛！"

其实我没说，带他"玩"得越久，内心就越不平衡。

刚开始上课时，因为第一次接触亲子游泳，觉得一切新颖又好玩，苹果小朋友也在水里玩得很嗨，我既开心又得意，觉得自己做了一个明智的决定。

可是苹果七个月时，忽然进入了厌水期，哭喊着不肯下水，泳池里常常回荡着他歇斯底里的号叫声。而和他同龄、刚开始游的孩子，还处于新鲜好玩开心的时期，咯咯咯地笑着，他们的父母脸上洋溢着幸福的笑容。那感觉真的糟透了！

都说学东西开始得越早越好，可在这件事上，我一点都没看出好处。想起每次孩子睡得酣畅时要把他叫醒去游泳馆上课，想起他明明不愿意却被强行带下水，我只想到一句话：花钱买罪受。

可是我根本不敢将课程停下来，因为害怕不陪他过了这个坎儿，他会从此都不敢下水。

后来我认真地回想了一下自己当初报游泳课的初衷，发现我的心路历程居然是这样的：别的孩子都报早教课，可我认为孩子不需要早教课，然而不报点什么，好像就输在了起点线上。于是“曲线救国”，报了个游泳课，心里想着，至少还能锻炼身体，为以后学游泳打个基础。

原来就连我的出发点，也不过是找个心理安慰。

4

我先生童年时没什么玩具，内心总有一种匮乏感。于是，做了爸爸之后，就总想在儿子身上弥补自己的缺憾。什么都想给孩子最好的，而他所谓的最好，通常是用价格来衡量的。

苹果喜欢那种很小的玩具，可以随时拿在手里把玩。于是，他的玩具箱虽然爆满，但大多是些零碎的小东西，看上去很不成气候。

先生曾经多次埋怨地问我：“为什么不给孩子买一些贵点儿的玩具呢？是舍不得花钱吗？”我尝试解释给他听，可是他执意认为，没有一个孩子会不喜欢又大又酷的遥控汽车，苹果没有大型玩具，一定是因为我舍不得给他花钱。

几乎每次提到这个话题，我们都会吵架。为了停止战争，我给苹果买了好几辆昂贵又大个的遥控汽车，不同款式不同颜色。不出所料，苹果对那些大块头完全提不起兴致，平常爱玩具如命的他，居然好几次都提出要把那几辆车送给朋友。

二手的玩具没法送给朋友，但在家里占空间，却是实实在在的。

除开玩具，先生还对苹果的衣服品牌颇有微词。他看到别的小孩穿着阿迪、耐克，心里就酸溜溜的，然后又说我在省钱，不肯给孩子买名牌。

多次吵架无果，我只好再次做出妥协，从此也给孩子买名牌的衣服鞋子。

然而很多所谓名牌的衣服鞋子，苹果都不喜欢，买回来也不怎么穿。他最喜欢的一双鞋子，是在一个菜市场里买的，每走一步，鞋底就会闪光。那在他看来，特别炫酷。孩子是很简单的，对他们来说，再贵的名牌鞋都比不上一双能闪灯的鞋；再贵的衣服，也比不上上面画着卡通人物的衣服。牌子是毫无意义的。

5

我观察了许多家庭，发现大多数家庭生孩子之后的第一笔消费，是给孩子买保险。我也是这样的。

许多人和我一样，给孩子买保险的主要原因，其实是保险销售人员的推波助澜，甚至有些人买完了也不知道自己的保险具体都有哪些功用和获益。

意外险、医疗险，自然是应该买的。可是大多数人给孩子买的保险，其实主要功能是理财。

大概在二十多年前，在身边的人刚有保险意识时，我妈就给我弟弟买了一份保险。记忆中每个月总有那么一天，保险业务员都会来我家收钱，我妈会提前准备好不用找零的金额（90多块钱）。

那笔保险交了十几年，最终的受益是我弟结婚时一次拿到了两万多元。拿到时我妈哭笑不得，因为她买保险时，觉得两万元是笔巨款，将来有这两万多块，弟弟的婚房、彩礼一切事宜就都妥了。可事实上，二十多年后，这两万多块还不够彩礼的零头。

在许多保险人员的嘴里，一份保险是能保孩子终生的。虽说他们的推荐中不乏夸大之词，但不可否认，那些说法也恰恰契合了家长想给孩子一生保障的奢望。

然而，给孩子买份保险所带来的保障，真的微乎其微。真正的保障，是教会孩子独立，成为一个有能力、有担当，能负责自己人生的人。

不是说买保险不好，而是要量力而行。比起给孩子买保险，其实更重要的是给老人和自己买意外、医疗保险。保证一个家庭不被突如其来的大祸摧毁，对于孩子来说，这是最基础的保障。

6

带孩子旅行，也是种风潮。

到处都有口号喊着，让孩子去看更广阔的世界，体会不一样的风土人情。于是，很多人花费重金，拖家带口，大箱小包，舟车劳顿……玩一趟回来，全家人就跟打了一场败仗似的，筋疲力尽地回到家，然后强打精神上班。

苹果很小的时候，我们也带他去旅行过几次。一岁时，带他去海南，定酒店的标准是，要有厨房。因为一岁左右的孩子，外面饭店几乎没有他可以吃的东西。而我们在外面吃饭时，总是一个人抱着苹果，另一个人抓紧扒拉两口，完全没有享受美食。

别人旅行是换个心情，而带小朋友去旅行，不过是换了个地方看孩子。一岁的小朋友还不会说话，抱着扛着推着玩了几天，在不同的景点睡了几觉。旅程结束了，翻翻照片，还挺有意思，觉得不虚此行。

后来，苹果渐渐长大了，我们家变成了一年一到两次旅行。

三岁的时候，带他去了一次草原，那是他的唯一一次跟团游。坐在观光车里，看辽阔的草场和成群的牛羊，让人心旷神怡。观光结束之后，导游带我们去了一个很好玩的地方。在那里，大人可以看赛马，孩子可以玩游乐场。

苹果玩得很尽兴，很开心，在回程的大巴上一直呼呼大睡。

回家之后，有大人问他："草原有什么？"苹果特别开心地说："游乐场！"然后，就开始绘声绘色地讲游乐场的各种设施。

后来，我发现不管去什么地方玩，他印象最深刻的永远是游乐场。至于其他，他几乎都没注意。景点里，他最关心的永远是卖纪念品的商店。

国内的大多数景点，都很聪明地设置了游乐场，它们很高效地抓走了孩子们的注意力。

曾经有一位读者问我，五岁的女儿班上好多小朋友暑假都去上海迪士尼玩，她的女儿也很想去，可是去一趟迪士尼，对她来说意味着要花去家庭一个半月的收入，这并不是小数目。所以她很纠结，到底要不要去。

我和她说，如果这笔开销对于家庭来说是个负担，你们就不必跟那个风。迪士尼的游乐设施，在每个城市的游乐场都有类似的。去迪士尼和在家附近玩游乐设施，又有什么区别呢？不如省钱省心，给孩子更高质量的陪伴。

我不是说迪士尼不好，也不是说带孩子开眼界不好，而是说要量力而行，不要盲目跟风。比如那位读者，可以等孩子大一些再去，孩子的记忆力、学习力、理解力都比现在强了许多。先有意识地给孩子看一些迪士尼动画片，帮孩子熟悉每个角色，然后再带孩子去。这样，这份钱才花得物有所值。

7

作为父母，我们总是会被“别人”绑架。总害怕自己不如别人的父母，更害怕自己的孩子不如别人的孩子。别人给了孩子的，我们若没给，就觉得歉疚。别人给孩子买什么，我们也给孩子买什么，不求有功但求无过。

所以，我们虽然给孩子花了越来越多的钱，却很有可能不知道钱花在了哪里。花在孩子身上的钱，很多都不是必需的，只是心理安慰。以为他和别的孩子吃一样贵的零食，穿一样贵的衣服，上一样贵的早教课，就不会输在起跑线上。

其实，如果那条所谓的起跑线真的存在，那么，我们唯一要比拼的，就是孩子获得了多少爱，而不是花了多少钱。

如果你有足够的经济能力，那随便花，无所谓。如果没有，那大可不必为了追求一点自我安慰，勉强去给孩子买那些要踮着脚尖才能够得着的东西，毕竟孩子真正需要花钱的日子，还在后面呢！

说白了，花钱多不一定算富养。而不给孩子足够多的爱和陪伴，花再多钱，则一定是穷养！

从孩子会说话开始，就要教会他好好说话

1

在孩子的教育过程中，“长大了就好了”这句话真的是一贴万能膏药，无论遇到什么问题，贴上一贴，就觉得好像药到病除了。可这万能膏药最让人头疼的地方是治标不治本，对痛不对症。偶尔用用可以，常用就变成讳疾忌医了。

我相信，被尊重、受过良好教育的孩子，不管出现什么问题，确实都会“长大了就好了”。但是，每次苹果出现问题，我都会在等他长大和马上矫正之间纠结良久，一边观察一边思考，很久都做不出决定。令人欣慰的是，在纠结的过程中，问题往往就自己消失了。而那些很长时间都没能消失的坏毛病，我也没什么耐心等他长大。比如，不好好说话。

前几天从幼儿园放学后，苹果遇到了他的好朋友宝宝，受邀到宝宝家玩。在玩的过程中，苹果不小心摔坏了宝宝的陀螺，没过一会儿，又不小心弄坏了宝宝的遥控飞机。

因为和宝宝家的关系特别密切，孩子们玩起来也总是不分你我，宝宝对玩具又总是抱着无所谓的态度，所以我并没有急

着要苹果道歉，而是笑着说他是玩具杀手（这是一个错误的示范，有时大人认为是个无足轻重的玩笑，孩子会觉得很严重）。原本是一个玩笑，但是苹果的反应很强烈，他说："我不是玩具杀手！宝宝才是！玩具是宝宝弄坏的。"

他居然撒谎，而且是一个这么蹩脚的谎言。在此之前，我从没见过苹果撒谎，所以那一瞬间，我开始担心他是不是变坏了。

我告诉他，我亲眼看到是他玩坏了玩具，并且要求他向宝宝道歉。他很不情愿地对宝宝说了"对不起"，但语气里没有半点诚意。

玩了一会儿，到了约定的回家时间，苹果却又提出要在宝宝家吃饭。我曾经无数次告诉他，没经过别人邀请不可以去别人家里玩，更不可以主动要求在别人家里吃饭。所以，他这句话刚说出口，我就有些生气，我语气严肃地告诉他，再玩五分钟必须回家，结果还是被他谈判到了十分钟。

十分钟后，在我的再三催促下，苹果不开心地穿衣走到门口，黑着脸准备回家。我要求他和宝宝家人说再见，他一声没吭，转身就走了。

走在小区里，我努力心平气和地对他说："不管大人还是小朋友，做人一定要有礼貌，和朋友分别时一定要说再见。"

没想到，他又撒了一个谎，理直气壮地说："我说了再见啊！"

忍无可忍，我告诉他："现在回家罚站！"

2

罚站，可以说是我们家最严厉的惩罚方式了。在此之前，我对苹果只用过一次，因为他不管多小的事情，都号啕大哭一场。有一次，居然一天发作了三次，更要命的是，不管谁来劝他，他都一把甩开，让人下不来台。罚站之后，状况稍有好转。

平常犯了小错误，把道理给他讲讲，他说知道了，然后我们拥抱一下彼此，也就过去了。可是一天里面连续撒谎两次，还理直气壮的样子，真的让我觉得必须罚站了。

回到家之后，苹果在墙角吊儿郎当地站了三分钟，我在旁边安静地陪着。站完之后，我问他知不知道自己错哪儿了。

他说："我不应该撒谎。"

"还有呢？"

"想不出来了。"他用靴猫特有的那种无辜眼神看着我，让我的怒气消失了大半，甚至有些想笑。

我憋着没笑，说："那你继续站着去，想好了再来找我。"

一分钟后，他回来了："妈妈，我想出来了。我应该和我的朋友说再见。"

"还有呢？"

"真的想不出来了。"又是超无辜的眼神。

"那你再去想。"

没过一会儿，他再次回到我身边："妈妈，我不应该要求在别人家吃饭。"

"好，那你现在总结一下，第一第二第三，你都错哪了？"

"第一，我不应该撒谎；第二，我应该和我的朋友说再见；第三，别人没邀请，我不能要求在人家家里吃饭。"

"那你以后可以不这么做吗？"

他点点头，说："可以。"眼睛里终于有了真诚。

看来，这次罚站算是收到了成效。

不过，罚站只是手段，不是目的。真正的目的是要让他学会如何做人做事，如何好好说话。知错很重要，但是更重要的，是让孩子知道以后遇到相似的状况，应该怎么做。

我温柔地告诉他："妈妈看到了，你不是故意弄坏宝宝的玩具，所以不会责怪你。你不用害怕，更不必撒谎。但是，一定要把事情解决好。"

然后，我一字一句地教他，应该这样对宝宝说："对不起，我不是故意的，让我妈妈给你买一个新的好吗？"

他一板一眼地重复了一遍，然后说他知道了。

"对不起"是态度，表达歉意。

"我不是故意的"是解释，说明事由。

"让我妈妈给你买一个新的好吗"，这是商讨解决方案。

他这个年龄，也许不会明白其中的道理，但是把这样的句式背下来，遇到相同的问题，就不会因为无措而试图用撒谎来掩盖事实了。

3

关于说话，还有一点让我特别纠结，就是苹果的礼貌问题。

同龄的孩子中，不懂礼貌的是多数，能在家长的提醒下和对方打个招呼的，就算是比较懂事的了。

而苹果，大多数情况下都是那种特别没礼貌的孩子。有时碰到熟悉的人，对方家长和孩子都很热情地叫他，他却置若罔闻，那样的场面真的让人非常尴尬。

我对苹果向来宽容，对他没有什么过高的要求。我总觉得，孩子还小，做父母的要学会牵着蜗牛散步，陪他探索，耐心地等他长大。同时，我们小区里的邻居大多对孩子都比较宽容和友善，只要不太过分，都能理解。

有一次因为他向别人要吃的，我狠狠地呵斥他，小区里一位奶奶劝我："那是因为他小啊，长大了你让他去要他都不去。"

孩子还小，真的是一个完美的借口。因为小，做什么事都可以被原谅；因为小，什么都可以等，可以慢慢来。你很无奈，但是你必须接受，因为他真的还小。

所以，很长的一段时间里，我不强制要求他一定要和别人打招呼。遇到熟人时，我会热情地和对方打招呼，希望潜移默化之下他能效仿。然后每次与别人擦肩后，都会小声地告诉他："要有礼貌，遇见认识的人要打招呼，别人叫你更不应该不理。"

他每次都会答应，但是下一次仍然我行我素。

那天罚站结束后，趁着气氛合适，我严肃地告诉他："另外，你没礼貌这件事情，我再也不想忍了。别人和你打招呼你还不理的样子，真的让人喜欢不起来。希望你以后不要那样了！如果今天说完，你以后仍然没礼貌，我会罚你。"

他含泪答应了。

第二天早上送他去幼儿园，路上远远看到认识的人，我轻轻地对他说："见到 ×× 的妈妈要说阿姨好。"等对方走近，他大声说："阿姨好！"对方马上向他问好，并且夸奖他有礼貌（插句题外话，孩子小时，最好住在一个育儿氛围好的小区，环境对孩子也会有很大的影响）。

得到表扬，苹果很开心，一路碰见好几个认识的家长，他都大声且愉快地和对方打了招呼。

这几天他在外面都比较有礼貌，坚持下去，希望会有所改观。

4

其实有一点是毋庸置疑的，就是，孩子所说的每一句话，都能从周围的环境中找到来处。要么是父母说过类似的话，要么是同学、朋友、朋友的父母说过类似的话。而其中，父母的影响是最大的。

我干活比较冒失，在厨房里摔盆掉碗搞出大动静是常有的事。每次听到动静，苹果都会火箭一般冲过来，大声地问："怎么了？怎么了？"

也许他的本意是关心我，但是在我看来，就是一副看热闹不嫌事大的观众样。每次听到他说怎么了，我就瞬间被点燃。本来摔了东西就不太爽，他还跑来看热闹，有时就难免成了我的情绪垃圾桶，我会特别不耐烦地对他说："没事，走开！"

在第二次对他说"走开"之后，我忽然感觉特别内疚。我一边做饭，一边反思自己。孩子不会说话，这是我的责任啊，有哪个孩子天生知道那种场合该说哪种话呢？

于是我关了火，走到苹果面前，向他道歉，说不应该向他发泄情绪。苹果很大气地说“没关系”。之后，我抱着他，温柔地说：“妈妈摔了东西的时候，心情很不好。这时候你应该关心的不是发生了什么事，而是应该关心你的妈妈有没有受伤。”

他点点头。

后来，每次我摔了东西，他都会跑过来，关心地问我：“妈妈，您没事吧？”

当听到我说没事后，他还会补充一句：“嗯，您没事就行。”

每次听到他那句关切的话，我的坏情绪都会瞬间跑光，觉得自己特别幸福。而这其中的转折，不过是教会了孩子在特定的场合说特定的话。

所以，我认为，从孩子会说话开始，就要教会他好好说话。多说“你好”“请”“谢谢”“对不起”，做个有礼貌的孩子，一定会更加受欢迎，而正向的反馈，对孩子来说，也是心灵成长的能量。

会说话的人情商都很高，从长远来讲，会说话也意味着能获得更多人脉、更多机会。

所以，孩子每说出一句让人不舒服的话，都要去斟酌一下，然后告诉他更好的说话之道。从一点一滴开始积累和改变，孩子长大想不会说话都难。

中国小孩该不该过外国节日

1

前几天，我们小区里举行了一场特别热闹的万圣节讨糖大会。

小朋友们化装成各种或可爱或搞怪的动画角色，由家长领着，组队挨家挨户去讨糖。而每个讨糖的孩子，家里都留了一名家长，给前来讨糖的孩子们发糖，还都把门口装扮出了万圣节的氛围。

“不给糖就捣蛋！”孩子们拎着南瓜糖果袋，一个个都嗨翻了。

活动结束之后，大家在群里热烈地晒活动照片，很多人意犹未尽，已经开始期待明年万圣节的活动了。甚至有人说：“等不及明年了，我们再策划一个圣诞节活动吧！”

可是，第二天，朋友圈就被一篇文章刷屏了：《为了您和孩子的福祉，请远离万圣节》，文章介绍了万圣节的来源和文化，认为把孩子们打扮起来是鼓励孩子们与鬼同行，是在折损孩子的福气，而“不给糖就捣蛋”是低俗的恶作剧文化。

之后，越来越多的作者开始提议，不要过万圣节，也不要过任何西方舶来的节日，认为这是崇洋媚外，是忘本。

很多家长看了，表示十分迷惑：让中国小孩过外国节日，真的是忘本吗？那以后还要过吗？

2

其实，有了孩子这几年，我自己的感觉是，对父母来说，过西方的节日时，更轻松一些。

过传统节日，对于父母来说，真的是一场劳累。别的不说，一桌丰盛的餐食是一定要准备的，装饰家里、为各种仪式准备物料也是少不了的。过一次节日，可以说是劳心劳力，往往是孩子过得开心，大人却辛苦多于快乐。

所以，我很享受过西方节日。因为，比起我们过传统节日的认真，西方的节日对我们来说，只是一场好玩的大型游戏，玩一玩，就过去了。不费太多时间，也不费多少精力。最重要的是，不论大人还是孩子，都玩得尽兴。大人的心情决定家庭的氛围，大人开心有时比孩子开心还重要。

比如万圣节，我不知道西方的万圣节什么来历，怎样过也不需要知道。这对我们来说，只是一个讨糖游戏而已！报名参加的家庭，也准备糖果，也带孩子去讨糖，大人们沟通感情，孩子们增添快乐。

比如圣诞节，我们会买一棵圣诞树放在家里，红红绿绿地喜庆几天；也会挂只袜子在孩子床头，给他一个小小的惊喜。仅此而已，我们不会劳心费力去组织一个大家庭的聚会吃火鸡，也不会像过年那样准备一大桌子丰盛的饭菜。游戏而已。

有一些西方的节日，甚至给我们的生活增添了许多仪式感。感恩节，可以借机对那些帮过我们的人说出自己内心的感谢；父亲节和母亲节给父母送礼物，则让孝心显得更加隆重。

好的东西，我们可以实行“拿来主义”，不必思考太多意义。而属于我们自己的传统文化和传统节日，我们更会郑重对待。

就像西方有些国家，也会学我们办庙会赛龙舟，他们也一样，玩得很认真，却也只是玩而已，永远也比不过本土节日的隆重。

生活中多一种娱乐方式，让自己变得更加开心，有什么不好？

3

不管这几年我们过洋节的氛围多么热烈，骨子里我们最重视的，仍然是从小到大一直在过的传统节日。

春节，无论有多远，无论有多难，我们都会一家人团聚到一起，吃一顿热热闹闹的年夜饭；把家里装扮得喜气洋洋，给每个孩子包一个红彤彤的压岁钱大红包！

我们提前两个月就买回家的机票，父母提前一个多月就开始置办年货。我们从大年初一开始就走亲串戚，挨家挨户送礼物送祝福。

大人们总是在忙，忙着准备年货辞旧迎新，忙着招待客人迎来送往；孩子们总是很快乐，从里到外穿着新衣服，收到很多很多的压岁钱，和去年见过的小朋友一起玩耍疯闹。

过年，过的不仅仅是一个节日，也不仅仅是一种仪式，而是在过一种传统，一种文化。我们这一代是如此，下一代也一样。将来我们老了，孩子们也会延续下去。

中秋节也是一样，一家人团聚在一起，吃月饼，赏月亮。妈妈准备一桌的饭菜，家人一起享受年中的团圆。在我们家里，中秋节后，也是要去亲戚家送月饼的，叔伯姑舅姨，落下了哪一家，都是失礼。

还有元宵节、清明节、端午节、重阳节、腊八节等，这些都是植根于我们心中的节日和文化，任何其他洋节都无法取代。

愿意为之付出辛苦和劳累，并且甘之如饴的节日，才叫真的过节!

而所谓万圣节讨糖、圣诞节买买买，不过是娱乐和放松。

4

我们小区里有上千户人家，但是报名万圣节活动的，也不过七八十户。而讨糖的过程中，我们只讨了十几户，热闹热闹，就各自回家了。

其中还有几个家长已经明确表态，明年不会再报了，因为孩子长大了。

至于圣诞节，除了买买买，大家也不过就是给孩子准备了个礼物，互道了一句“圣诞快乐”而已。

许多人在纠结，中国的小孩到底要不要过西方的节日？

其实在我看来，中国并没有多少孩子真正在过西方的节日。我们中的大多数，不过是被商家顺水推舟，把西方的节日当作了调剂生活的一种娱乐方式而已。

不管什么事动不动就上纲上线，就真的一点都不好玩了。

这才是陪孩子写作业的正确打开方式

1

最近闺密心情不好，总说自己正遭遇中年危机，需要人开导。

所以我每天都抽点时间和她聊聊天，可聊着聊着，所有问题都指向同一件事：陪孩子写作业。

她说一想到“作业”两个字，头就会痛。每天因为陪孩子写作业，气得都快得内伤了！孩子一会儿说饿，一会儿说困，一会儿又说不会写。她耐着性子教，孩子还质疑她的答案，要求给老师打电话确认……总之幺蛾子不断。

头两天，我们是用语音聊的。可第三天，她开始打字网聊，说吼孩子把嗓子吼坏了，后边还跟着一串大哭的表情。

闺密说：“如果孩子能每天自己主动写好作业，我能多活 20 年。”

虽然我很心疼她，可是王小波说过，人类的一切痛苦，本质上都是对自己无能的愤怒。

最痛苦的时候，恰恰意味着你需要反思：到底是哪里出了问题？

找出问题，才能解决问题。

2

许多家长在问：“我的孩子为什么不爱写作业？”

答案很简单，没有哪个孩子是爱写作业的。

只是，当家长把孩子写作业这件事，当作自己的困扰提出来时，就说明孩子的状态不仅仅是“不爱”，而是已经很抗拒了。

许多家长，对孩子说得最多的一句话就是：“今天作业多吗？”“作业写完了吗？”

放学回家之后，孩子只要对父母提出一点点要求，父母都会用这样的话术挡回去：“写完作业再来和我说吧。”“没写完作业一切免谈。”“作业写完了吗，就有脸跟我提要求？”

作业似乎成了孩子人生中最重要的事情，没有之一。如果没有完成作业，孩了就没资格提任何要求。

于是，很多孩子都有这样的困惑：到底是我重要还是作业重要，难道我活着的意义就是完成作业吗？

大脑最感兴趣的是生存，而不是学习。当孩子感觉作业比自己重要的时候，存在感减弱，就会产生生存焦虑。而你要求一个有生存焦虑的孩子去专注于学习，这实在有些苛刻。

所以，父母有责任让孩子明白，即使写不好作业，也一点都不会影响爸爸妈妈对你的爱。

经常向孩子表达爱意，放学后先问他在学校过得开不开心，关心他是否吃饱喝足，是否精神愉悦，而不是永远只关心作业。

这对孩子来说，是不可或缺的安全感。

3

朋友圈里曾经疯传一个视频，内容是一位上海爸爸教儿子写作业。

视频里，这位爸爸对孩子简直是父爱如山——天崩地裂。一边帮儿子示范解题的步骤，一边怒吼、叹气、拍桌子，甚至称呼儿子为“爷叔”，排山倒海的怒气，把旁边的儿子震慑得噤若寒蝉。满屏的坏情绪。

我计算不出那位小朋友的心理阴影面积，但是有一点可以确定：眼前的题目，他多半是到最后也没学会。因为，坏的情绪里，结不出好的果子。

如果写作业总是伴随着父母的怒气，这件事本身就意味着不快乐。作业本铺开时，就是灾难的开端。姿势不好会被吼；写歪了会被吼；写错了会被吼；不会写也要被吼。这种气氛下，孩子的内心只会充满恐惧。

在恐惧面前，人本能地会选择逃避，这也是很多孩子拖着不想写作业的原因。似乎不开始写，就可以逃避随之而来的痛苦。

人只有在心情愉悦的时候，才能把事情做好。

虽说许多家长和孩子被作业搞得焦头烂额，可身边也不乏每天能高效完成作业，兴趣、娱乐都不耽误的别人家孩子。其实那种孩子，都有一个共同点：很快乐。

因此，家长一定要努力保障孩子写作业时有一个愉快的心情，更不能让自己的坏情绪成为孩子的压力。当坏情绪出现时，一定要马上察觉到它，然后控制它。

我陪孩子写作业时，每当发现自己控制不住体内的“洪荒之力”时，就会马上站起来，走到客厅去冷静一会儿。

毕竟，孩子是亲生的，不能随意伤害。

4

亲子关系的本质是亲密。可为什么一沾上作业，就变成了对立？

不写作业母慈子孝，一写作业鸡飞狗跳。许多平时关系很融洽的父母子女，一到写作业时就变得剑拔弩张，父母怒气冲冲，孩子战战兢兢。

许多父母其实都想不起来，这种局面是从何时开始的。

朋友和我分享了她陪孩子写作业的心得。

女儿上小学前，她在家做了一些学前教育，因此，女儿幼小衔接得很好，作业完成情况也很棒，没让她操什么心。

可是，不知道从什么时候开始，孩子有了拖延、磨蹭的习惯。原本四十分钟能写完的作业，她要用掉近两个小时。喊累、饿、憋尿、手指疼，甚至刚到家就说犯困，逃避写作业。

看到孩子各种找借口的样子，每个父母都会气不打一处来。

朋友也一样，她忍不住开始河东狮吼，有一次还把女儿吼哭了。

后来她强迫自己冷静下来思考，很快就发现，其实孩子的拖拉是一种畏难情绪。从开始接触以前没学过的内容起，孩子就变得无法专注。

于是，她和孩子认真地谈了一次，除了“做事情要么不做，要么就把它做好”那一套大道理，还多次强调：“妈妈会陪着你好好写的。”

每天，她都和女儿坐在一起，一心一意专注于作业。

有一次，连续遇到好几道不会做的题，女儿的情绪明显很低落。

后来女儿说：“妈妈，我冷，你抱着我吧。”

孩子曾经对她提过这个要求，但她都拒绝了，认为那是在找借口。可是那天，她强迫自己耐着性子满足了女儿的要求。

小小的孩子把她的双手环抱在自己胸前，然后要她保持这个姿势不动。那一刻，她忽然感觉到了孩子的恐惧和脆弱。

明白了孩子的感受之后，从此即使孩子开小差，她也生不起气来。遇到难题就耐心讲解，孩子每解出一道题，她都会大声鼓励。

只用了一周多的时间，孩子就又回到原先专注学习的状态。

后来，同样的情况又出现过几次，而原因基本上都是课程加了难度，她也是用同样的方法陪女儿渡过难关。

朋友说，如果不是及时调整状态，陪孩子一起面对问题，畏难情绪很有可能会在孩子心里生根，接下来，写作业这件事就会变得鸡飞狗跳。

只有家长具备同理心，才能够理解孩子，跟孩子站到同一个立场上，成为他的后盾，而不是他的又一个敌人。

父母的支持，也会变成孩子战胜作业的勇气。

5

现在陪写作业，是为了以后孩子能独立写作业。所以在陪读中帮孩子养成好习惯，至关重要。

想要长久地坚持做一件事情，一定要靠成就感来推动。所以，家长要做的，就是帮孩子获得越来越多的成就感。

孩子的成就感，一方面来自作业进度的完成，另一方面来自外界的肯定。

一定要多多地夸奖孩子，哪怕他只有一丁点的、微不足道的进步。而对于他的缺点，最好只略微提点。

夸奖是一种养分，孩子只有得到了足够的滋养，才更容易接纳自己的缺点，进而做出改善。

所有好的习惯，都需要用时间和耐心去浇灌。如果父母没有耐心，只懂得用坏脾气去控制孩子，那结果只会与初衷背道而驰。不仅不能培养出好习惯，还会破坏亲子关系，将孩子从你身边推远。

最后，多对孩子强调“重要的事情要先完成”。久而久之，这种观念就会渐渐进入孩子的潜意识。

这不仅有利于孩子完成学业，更会让他受益终身。

过多的兴趣班，正在扼杀孩子的专注力

1

这周带苹果小朋友去上钢琴课，差点没气结。

从坐在琴凳上开始，他就摇摇晃晃亢奋不已，整个人都不在状态。老师讲课，他要么充耳不闻，要么引出一些与课程无关的话题自嗨。

四十五分钟的时间，随便开几次小差，老师提醒他几次，同一个知识点再重复讲上几次，就该下课了。下课时，老师再次向他强调课堂纪律，说再这样的话每节课都不能讲新东西了。

我承认，我是个特别俗的妈妈。在整个上课的过程中，我看到他摇头晃脑的样子，内心更多的感受是，心疼一节课 230 元的课时费。一次不珍惜，230 元就白瞎了。这孩子，真是太不珍惜钱了！

同时，我又觉得很挫败和不解：苹果专注力一直都很强啊，可最近为什么连续两次钢琴课都坐不住，屁股跟着了火似的。

我强忍着脾气，尽量用温和的语气问苹果到底怎么回事。老师的批评对于他来说，根本算不上什么打击，他仍然在延续上课时的亢奋。他一边走一边跳，一边满不在乎地对我说：“我也不知道啊！”

老实说，真的挺生气的！好在我理智残存，只简单向他重复了老师的警告，就没再过多责备他，然后我强迫自己冷静下来，去思考和分析他无法专注上课后面的原因。

在脑子里把苹果这一天的日程理了一遍，我被吓了一跳：早上 7:00 起来匆忙洗把脸，去幼儿园；下午 4:30 幼儿园放学，老师送他到指定的教室去上绘画课；5:30 我在幼儿园门口接到他，然后马不停蹄带着他赶 6:15 的钢琴课。

上完钢琴课，已经是晚上七点。我们一起去附近的商场，优哉游哉地去吃了个晚饭，那是他一天里唯一的放松时间。回家后，马上又要被催着洗漱睡觉了，因为晚上睡不够，第二天早上又起不来。

不算的话我都没意识到，从早上出门到晚上下课，居然有十二个小时那么长。一个四岁半的小孩，十二个小时都在外面学东西，真的好辛苦啊！更可怕的是，一星期的五天中，他有三天是这样被各种课程填满的。

而我，竟希望他在这么高的强度下，一直到晚上都保持专注。

即使是大人，恐怕也做不到啊。

2

我知道你心中的疑问。其实已经有许多人这样问过我："天哪，为什么要给孩子报那么多兴趣班呢？孩子不累吗？"

很多年前，在央视的舞台上，有位主持人也问过一个小孩相同的问题："上那么多兴趣班，你不累吗？"

孩子是这样回答的："不累，我喜欢！上课很开心！"

当时我还没孩子，觉得那句话特别虚伪，一定是大人教的，怎么可能有喜欢上兴趣班的孩子呢？

可是多年之后，苹果也和我说了相同的话。而且，他并不是个例，他班上的好多同学都说过相同的话，然后强迫父母给自己报许多兴趣班，主动压缩自己的玩乐时间。

每个学期，他们幼儿园都会和外面的机构合作，提供放学后的延时兴趣班。报名那天，许多家长都在朋友圈晒出了兴趣班开出的收据，金额动辄上万（三个月的费用）。

至于底下有人问这样孩子累不累，家长们的回答统一得像是对过答案："孩子要求报，我总不能不给报啊！"

的确，孩子提出的要求，家长基本都会满足。因为"不打击孩子的进取心"，是每一位家长的共识。

我一直秉持的原则都是不过早去纠结成绩，给孩子一个快乐的童年。所以，上幼儿园之前，苹果没学过任何东西。上幼儿园的第一个学期，也没报任何的延时课。

第二个学期，他自己提出要求上延时课，并且要求上好几门。乐高、绘画、奥尔夫音乐，还有围棋。权衡之下，我给他报了三门。没报绘画，一方面我担心过早学绘画会扼杀他的创造力，另一方面，我还是希望他的童年能够留出自由玩耍的时间，而不是整天被各种课程填满。

他很开心能报喜欢的课程，同时对我不给他报画画耿耿于怀，后面每次提起都会强烈要求："我要报画画！"

我心中仍然坚持要给孩子一个轻松快乐的童年，但是行动上不得不向孩子自身的意愿妥协。而直到他在钢琴课上无法专注，我才开始试着去探求孩子报课背后的原因，去思考课程太多可能带来的后果。

3

孩子们为什么会不约而同地想要报很多很多的兴趣班，多到侵占了自己玩耍的时间?

第一，因为很多兴趣班都很好玩。与我们小时候的刻板说教不同，现在很多兴趣班的教学方法，都是寓教于乐，在玩耍中获取知识。上课的过程频繁互动，乐趣十足。小孩子的好奇心都很重，所以各种好玩的课程，都想去参加。

有一次我去听苹果的公开课，下课的时候都觉得有些不舍，恨不得回到童年，每次都想和苹果一起上课。

第二，每个兴趣班，都有自己成熟的营销手段。几乎每次从兴趣班下课，苹果的包里都会有一两个小奖品，要么贴纸，要么小橡皮、小玩具。就像大人打游戏容易上瘾一样，小朋友也很热衷于去获得这小小的成就感。所以，为了得到奖品，他们也愿意去上课。

而有的老师，会在体验课上赤裸裸地告诉孩子："回去告诉你妈妈，你要报我们的课。"甚至有一次苹果告诉我，老师问孩子们谁还想继续上课，孩子们大多举了手。然后老师说，不许说话不算数哦，举了手的就一定要报名！对于小朋友来说，这样的道德绑架真的很奏效，每个孩子都很怕别人说自己是个说话不算数的孩子。

第三，小朋友大多有从众心理。看到别人报，就觉得自己也应该报。有那么一两次，我甚至听到苹果对别的小朋友说："你也来和我一起上围棋课吧，很好玩的！"

小朋友真的很容易被商家的商业套路所控制。所以，他所说的"我想报课"，很可能只是投射出商家的商业目的，而他自己真正的意愿是什么，可能他还没有能力去自行识别。

而我们，以为自己的孩子很好学，欢天喜地地掏钱报名，却不知道自己很有可能是被机构隔山打牛，还和商家联合起来，剥夺了孩子自由的童年。

4

现在的家长，很怕孩子不快乐。所以，当我们发现上兴趣班能让孩子更快乐时，似乎就找到了说服自己给孩子报名的理由。即使学不到东西，家长也乐意掏钱，就当花钱买孩子玩得开心。

可我们还是忽略了一个问题：过多的兴趣班，正在过度透支孩子的注意力。

增加了兴趣班之后，苹果不仅上课很难专注。他每天的练琴时间，也变成了亲子关系的杀手。有时他坐在钢琴前无法投入，我的脾气就会失控，大声呵斥他。

他学钢琴无法专注那一周，正好是幼儿园兴趣班开班的那一周。孩子无法专注，除了兴趣班太多，我找不出别的原因。

于是，我做出一个决定：减少兴趣班。能推迟的推迟，能减课的减课，实在不行的，就忍痛放弃。

没想到的是，效果立竿见影。每天多出一个小时的自由玩耍时间，孩子不管上课还是玩耍，又变回了原先很专注的样子。

《情商》作者丹尼尔·戈尔曼在新作《专注》一书中提到，压力过大，会导致专注力超载，削弱心理控制能力，从而引发行为失调。

过多的兴趣班，会让孩子从一个专注的状态，快速切换到下一个专注的状态。这是对孩子专注力的透支，结果就会削弱孩子的心理控制能力，然后行为失调。

长此以往，孩子就会彻底失去专注的能力。

对于每个人来说，专注力都是宝贵的资源。成年之后，决定一个人能否成功的关键因素之一，也是专注力。如果孩子的专注力在童年时期就被杀死，未来的人生又何去何从？

童年时期，是培养孩子专注力的黄金时期。如果把人的一生比作一场理财，唯有培养孩子复利的能力，才能让他过上蒸蒸日上的人生。太多的兴趣班，是一种零存整取的理财方式，不仅扛不住通胀的压力，为此还牺牲了孩子复利的能力，得不偿失。

不如做一个理智的家长，帮孩子从商家那里，夺回一去不复返的童年，给孩子足够的自由玩耍时间，还有宝贵的专注力。

并不是说不给孩子报兴趣班，而是要适量地报，只选他喜欢并且能长久坚持的一两门课。

培养有限的兴趣和特长，保留无限的专注力。这样，孩子才能既有一个快乐的童年，又有能力为自己赢得一个丰满的成年。

为什么学了那么多育儿知识，还是带不好自己的孩子

1

苹果半岁起，我一直带他在某个亲子游泳馆游泳。

馆内的电视里，常年循环播放宣传视频，视频内容有创始人两口子在央视接受采访的视频，也有他们儿子游泳的各种花絮。他俩是国内小有名气的育儿专家，而他们的儿子，是游泳馆里游得最棒的孩子，没有之一。

每次看到视频，我都特别羡慕他们的三口之家，尤其是替苹果羡慕他们的孩子。那时我以为，父母懂得育儿，是一个孩子最大的福气，这种家庭培养出来的孩子，不优秀简直没天理。

没过多久，发现创始人一家与我们同住一个小区。偶尔会看到他们匆忙的身影，也会在小区的游乐场看到他们家孩子被保姆带出来玩。

真正看到他们的生活细节，是有一次去吃早餐。小苹果骑在先生肩膀上欣赏高处的风景，我和先生一边说笑着，一边走去小区外面的包子铺。走在我们前面的，正好就是游泳馆的一家三口。夫妻俩闷闷不乐地走在前面，孩子跟在他们身后，爸

爸或者妈妈不时地回头催促孩子，怒气冲冲地喊他快一点。

孩子嘴上敷衍地回应着，脚上却并没有加快步伐，这让夫妻俩十分愤怒。后来，在饭桌上，两口子也一直都在呵斥孩子，而孩子，一直都是无所谓的样子。

那个早上，我的心情十分复杂。因为我曾无数次想象他们一家人的生活方式，以为是广告中的那种其乐融融。而眼前的现实，给了我很大的冲击。

看看那个一脸不快乐的孩子，再看看眼前傻乐着的小苹果，我忽然明白，并不是懂得很多育儿知识，就一定能带好自己的孩子。

后来，随着苹果长大，我的育儿文章得到越来越多父母的喜欢，开始有很多父母来向我请教育儿难题。有个问题屡见不鲜："为什么学了那么多育儿知识，还是带不好自己的孩子？"每次看到这个问题，我都会想到那天早晨的情景，想起那对一脸怨气的育儿专家夫妻和他们闷闷不乐的儿子。

2

"为什么我学了那么多育儿知识，还是带不好自己的孩子？"

把这个问题拆分开来，前半部分是"学了很多育儿知识"，后半部分是"带不好自己的孩子"。

你会发现，这个问题本身，其实就藏着很多问题。

学了很多育儿知识，是怎样的育儿知识？是专家的系统著作还是网红妈妈的育儿经？是系统化学习还是碎片化收集？是走马观花的浏览还是深层次的研究？这其中的差别，很可能是天地云泥。

带不好自己的孩子，所谓的带不好，到底是什么标准？孩子不优秀？孩子不听话？孩子淘气？孩子考不到 95 分？每个家长都有自己不同的标准。

我们小区的淘淘妈妈，特别爱学习。爱看书，爱读育儿热帖，也爱向邻居请教：“为什么我总是带不好我们家淘淘呢？最近他特别没礼貌，见到人打招呼很小声，真的很不好！”

被请教的人，往往会苦笑一声：“你们家淘淘真的已经很棒了，你不能要求他做个完美小孩啊！”

在同龄的孩子中，淘淘是那种典型的“别人家的孩子”。五个月会爬，十个月会走，十一个月开始数数，一岁开始学英语，两岁认识几百个汉字。除了从小表现出学霸潜质，还很聪明独立，也懂得体贴家人。想要从他身上挑毛病，真的要费些功夫。

孩子这么好，却还要说自己带不好，真的是吹毛求疵，对自己、对孩子都要求太高了。

我向来提倡给孩子足够的爱、接纳、尊重和自由，所以，对于“带不好自己的孩子”的标准是很低很低的。比如，孩子不好好吃饭、长期飙脏话、长期撒谎、总是先出手打人等。

许多特定年龄段的叛逆，孩子成长中偶尔出现的问题，我们都应该学着去接纳，耐心等待孩子长大，而不是当作问题去研究，引发自己的焦虑。

3

糖糖是苹果幼儿园的同班小同学。

第一次去糖糖家的时候，看到他们家的书柜里摆着一摞的育儿书，我有一些不相信自己的眼睛，我一直以为糖妈是那种从不读书的人。

糖妈和我说，她以前不读书的，为了带好孩子，买了许多书，每一本都认真读过。我听了有些惊讶，因为她带糖糖的粗鲁样子，并不像懂得很多育儿知识的样子。

糖糖淘气，不爱吃饭，特别喜欢动手打人，脾气也特别犟，几乎是个小孩毛病收集器。

糖妈习惯用恐吓和武力来解决问题，吓唬不成，就动手。糖糖和小朋友打架了，她打糖糖；糖糖乱动别人家的东西，也是打。偶尔会有人劝她不要打孩子，她总是不以为然："孩子不打哪能成器？"

糖糖饮食习惯不好，一到饭点就没胃口，下顿饭前又狂吃零食。碰到糖糖不好好吃饭，糖妈心情又不好时，总免不了一顿打。一个小女孩总挨揍，听了都让人心疼。

其实糖糖不好好吃饭是有原因的，因为糖妈减肥，不爱吃饭。糖爸又总不在家，所以饭桌上常常只有糖糖一个人。

我曾经小心翼翼地对她说过，育儿先育己。可她反驳我的话，比我说的要长十倍，她说："我爸妈从小打麻将，从来不管我们，但我们姐妹两个不都考上大学了吗？现在过得比谁差？而且我到现在都不会打麻将！"

道理，只能讲给愿意听道理的人听，书也一样。有些父母封闭了自己的耳朵和心灵，他们所谓的看书学习，其实只是在寻找，寻找一些理论，来支持自己的育儿行为。

如果是他们看到的育儿知识正好和他们的行为一致，那他们就会相信，并拿来作为自己的理论支撑。如果恰巧否定了他们，那他们所看到的道理，就一定是假道理。

如果说读书，只是为了确定自己是对的，而那些与自己不同的观点就忽略或者去抨击，那么读书是毫无意义的！即使读了再多书，看了再多育儿知识，你仍然会重复自己走过的弯路。

4

我的亲戚里，有一位妈妈，在朋友圈里分享了五花八门的育儿热帖，还附带着“有道理”“我怎么早点没想到呢”这种评论。

那些帖子都成为了她的育儿理论根据。有时看了一篇文章，说孩子得穷养，她就开始限制孩子买玩具；有时看了一篇帖子，说一定要带孩子去旅游，她又疯狂地带着孩子去旅游。

有时候看到帖子说孩子要多多表扬，于是就天天把“宝贝好棒”挂在嘴上；后来，又有文章说，要表扬孩子的努力，不能表扬孩子的聪明，她又挖空心思去找出孩子努力的点。有时，看到有帖子说孩子一定要有规矩，不然无法无天，没法适应以后的社会，于是她事无巨细地给孩子制定了很多规矩，写在纸上贴满了冰箱；后来，看到一篇帖子说太多的管束会限制孩子的想象力，又把那些规矩全都撕了下来。

她总觉得自己一直在用最前沿的育儿方法去教育、引领孩子。可孩子越长大，“听力”就似乎变得越差。无论妈妈说什么，他都好像一副没听到的样子。

这位亲戚特别生气，她一边寻找更多的文章，一边在各种专家、作者的文章下面留言，让别人告诉她，下一步应该怎样去做。

看她朋友圈就会发现，其实在育儿的问题上，她选了一种看起来认真，实际上特别不负责任的做法。

看上去她整天在学习。可是，学得又杂又乱，真的不如不学。而且，她的执行力太强，学到一个新理论，马上在孩子身上做试验。今天这样，明天那样，孩子就会变得错乱，不知道哪个妈妈才是自己真正的妈妈。今天是一个特别宽松的妈妈，而明天又变成了一个特别严格的妈妈，这样的变化让孩子应接不暇。孩子每天都在努力地去适应妈妈的变化，耗费了太多精力。

最后，他就选择了逃避，表现出来就是，父母说什么，孩子都像是没听到。

一个不断变化的家长，不是孩子的能力能应对的。

5

苹果没出生前，我看了很多育儿书。其中有些讲得特别好的，我甚至拿荧光笔勾了出来，好等孩子出生后照做。

苹果是个高需求宝宝，婴儿期特别爱哭。因为在一本育儿书上看过新生儿肠痉挛的案例，我总担心他是肠痉挛。于是，无数次地跑医院，去了很多家，最后都得到了相同的答案，“这孩子没毛病，长大就好了”。

那时我特别焦虑，总觉得那些医生都不够高明，我也不认为自己有耐心在他的号啕大哭中等着那个遥遥无期的长大。

可是后来，苹果真的长大了，那些整夜号哭的日子，就那么过去了。当然，好事后面总是跟着“但是”。但是，他又有了很多别的小毛病。比如，断奶之后，他拒绝任何奶粉、讨厌喝水，一岁半到两岁半那一年，每次和小朋友起了冲突，哪怕最后他赢了，他也要歇斯底里地哭很久。

每次遇到麻烦，我都会查很多资料，看许多专家以及别的父母给出的育儿建议，然后在苹果身上一一尝试。很遗憾，上面说的那几个问题，没有一个是用别人的办法解决的。

苹果十五个月断母乳，之后他喝完的奶粉桶，屈指可数。可是，喝粥、吃饭，他也一样长得很壮。

他不爱喝水，我想了各种办法听了各种建议，都没能解决。那时的心情真的很崩溃。好在崩溃之后，我调整了思路。

有次我煮了一包很辣的方便面，在一岁多的小苹果面前，装出吃得特别香的样子。他在旁痴痴地看着我，口水快流出来又吸回去，然后指着面“啊啊啊”叫。

我耐心地和他说了好多遍：“宝贝，这个是辣的，你不能吃。”可他还是坚持要吃。于是我准备好一杯水，对他说：“好吧，那就让你尝尝吧。”

短短的一截方便面入嘴，初次吃辣的小朋友被辣得伸出舌头跳起来。我赶紧端起那杯水给他，他一口气就喝光了！

后来，这个方法屡试不爽。就这样，小朋友讨厌喝水的毛病被我治好了。

我相信没人敢把这么奇葩的办法写出来推荐给别人，因为这实在像个笑话。可在苹果身上，这是唯一起了作用的办法。它让苹果不再抵触水，也让我不再整天一提“喝水”就焦虑。

所以我想说，尽信书不如无书，尽信知识不如无知识。想要带好自己的孩子，真的不是看书学习就能解决的问题，而是需要你去观察，去研究，去了解孩子，去懂孩子。

没人能为你量身定制一套百分百契合你孩子的育儿计划，除了你自己。

6

其实每一个宝宝生来时，并不是一张白纸，他们出生时，就带来了自己的性格基础。

有的宝宝整天很安静，安静吃、安静睡，醒来了还会冲着大人笑，像个小天使。而有的孩子，吃喝睡拉撒，全都要用哭来昭告全家，即使一切需求都满足了，也还是要哭上几嗓子，来求个抱抱。

所以，我们该明白，每个宝宝都是独一无二的，也就应该有独一无二的父母。没有谁的育儿套路，能直接套到我们孩子的身上。从孩子出生那天起，我们就该成为学者，而孩子，就是我们唯一的研究样本，当然，也是研究结果的唯一受益者。

我们应当读书学习，去学习专家系统的育儿知识，也去了解别的家长的育儿套路。但是，我们该明白不是所有的书都是好书，不是所有的育儿知识都是科学的。市面上不乏哗众取宠的文章，也不乏尚没生育的育儿文作者，更不乏抄袭、拼凑的育儿文章……即使前面这些点都不存在，每个作者，也都有自己的盲区和尚未发觉的误区。

所以，我们一定不能笃信某位育儿专家或者某本书。而是，尽量利用自己和孩子之间天然的联结，去了解孩子，然后根据所学的知识，去制订属于自己孩子独一无二的育儿方案。

不是说一定要条条框框写出来，而是不论遇到什么状况，内心都已经有了特定的应对方案。

此外，有几个词虽然已经说了很多次，但我还想说很多次，那就是爱、接纳、尊重和自由。

一个孩子若得到充足的爱，在被接纳、被尊重的环境里自由生长，他一定差不到哪儿去。

所以，身为家长，请首先确认，自己是否在全身心地爱孩子，无条件地接纳孩子，并且愿意付出耐心，去牵着蜗牛散步，去陪伴孩子成长。

最好的父母，首先要做好自己。然后，哪怕他们明明看到眼前有一条捷径，能够让孩子尽快过上标配的成功生活，但他们仍然能够耐下性子，对孩子说一声：“孩子，你慢慢来。”

孩子，你慢慢来，爸爸妈妈愿意一直陪你，直到你长大、独立。

那之后，爸爸妈妈会默默等你，任何时候你转身，我们都在。

番外

苹果同学的几个小段子

1

我：“苹果，你想让妈妈给你生个弟弟或者妹妹吗？”

苹果：“你想生就生吧，反正我长大了就变成了他的爸爸了。”

我：……

（大概他认为我征询他的意见是因为需要他养吧。）

2

过了大概半年。

我：“苹果，你想让妈妈给你生个弟弟或者妹妹吗？”

苹果：“这可不是我们能决定的事情。”

我：“那由谁来决定啊？”

苹果："这是由地球来决定的，地球让谁的肚子里有第二个孩子谁才能有，地球不让的话就不会有。"

我："你的意思是，一个妈妈生第二个孩子是一件概率很小的事情吗？"

苹果："是的。"

我："可是你的好朋友妞妞和妮妮的妈妈都生了第二个孩子啊。"

苹果：……

我："那如果地球决定让妈妈肚子里有一个弟弟或者妹妹，你会快乐地接受他对吗？"

苹果："当然了！"

（妈妈会心一笑，不过也感慨，小孩的世界真的好神奇！）

3

早上刚起来，苹果小朋友就要求看动画片。

我："刚起来不可以看手机，等会儿再看吧。"

苹果："为什么？"

我："因为刚起来看手机会伤眼睛。"

苹果："你不是说看手机时间长才坏眼睛吗？为什么刚起床看手机也会坏眼睛？"

我：……

（对啊，为什么？）

4

苹果坐在他的小凳子上玩拼图，我在浇阳台上的花，岁月静好。

忽然，我对着窗户打了一个喷嚏，紧接着，苹果从小凳子上掉了下去，坐在地板上大声哭起来。

看他搞笑的样子，我没忍住笑了起来。

苹果一边哭一边说："妈妈，你怎么这么坏呢？"

我："我没有坏啊！我只是打了个喷嚏而已嘛！"

苹果："你打了个喷嚏，是！可是当有人从椅子上掉下来时，你也不应该笑啊！"

我：……

（都在哭了居然还这么有逻辑感，看到他一本正经的样子，我更加忍不住笑了。哈哈，真的很坏！）

5

我："你觉得你的爸爸棒吗？"

苹果："棒！"

我："为什么？"

苹果："因为爸爸每天都上班赚钱。"

我："那你觉得你的妈妈棒吗？"

苹果："棒！"

我："为什么？"

苹果：“因为你每天都在写文章啊！”

我：“那如果妈妈不写文章了，还棒吗？”

苹果：“棒！”

我：“为什么？”

苹果：“因为我爱你啊。”

我：……

（的确，孩子的爱，会让父母变得更棒。小苹果，你真是个真理君！）